人力资源开发与档案管理实践

马少静　姚　晶　王　云　主编

吉林科学技术出版社

图书在版编目（CIP）数据

人力资源开发与档案管理实践 / 马少静，姚晶，王
云主编 . -- 长春 : 吉林科学技术出版社 , 2024. 8.
ISBN 978-7-5744-1815-8

Ⅰ . F240；G271

中国国家版本馆 CIP 数据核字第 2024K5P179 号

人力资源开发与档案管理实践

主　　编　马少静　姚　晶　王　云
出 版 人　宛　霞
责任编辑　李万良
封面设计　周书意
制　　版　周书意
幅面尺寸　185mm×260mm
开　　本　16
字　　数　350 千字
印　　张　17
印　　数　1~1500 册
版　　次　2024年8月第1版
印　　次　2024年12月第1次印刷

出　　版　吉林科学技术出版社
发　　行　吉林科学技术出版社
地　　址　长春市福祉大路5788 号出版大厦A 座
邮　　编　130118
发行部电话/传真　0431-81629529 81629530 81629531
　　　　　　　　　81629532 81629533 81629534
储运部电话　0431-86059116
编辑部电话　0431-81629510
印　　刷　三河市嵩川印刷有限公司

书　　号　ISBN 978-7-5744-1815-8
定　　价　96.00元

编委会

主　编　马少静　姚　晶　王　云

副主编　蔡振华　潘　虹　陈远霞

　　　　田振亚

编　委　刘　晶

前　言

在当今这个快速发展的时代，人力资源管理已经成为单位乃至整个社会组织中不可或缺的一部分。它关乎人才的选拔、培养、激励与留任，直接影响着组织的绩效与长远发展。而档案管理，作为记录人才信息、反映人才发展历程的重要手段，同样在人力资源开发中发挥着举足轻重的作用。在当今竞争日益激烈的市场环境中，人力资源开发与档案管理实践已成为组织持续发展的两大核心要素。它们如同组织的双翼，共同驱动着组织向更高、更远的目标飞翔。

人力资源开发是指通过一系列的培训、激励和职业发展措施，来提升员工的能力、素质和绩效，从而打造组织的核心竞争力。有效的人力资源开发能够帮助组织实现人才的合理配置，激发员工的潜力，提高员工的工作满意度和忠诚度。在人力资源开发实践中，组织应关注员工的个性化需求，制订有针对性的培训计划，为员工提供多元化的职业发展路径。同时，通过建立良好的激励机制，激发员工的创新精神和团队合作精神，促进组织内部的良性竞争和合作。

档案管理实践是组织信息管理的重要环节，它涉及员工档案、业务档案、财务档案等各类信息的收集、整理、保存和利用。有效的档案管理能够保障组织信息的完整性和安全性，为组织的决策提供有力支持。在档案管理实践中，组织应建立健全的档案管理制度，明确档案管理的职责和流程。同时，采用现代化的档案管理手段，如电子档案管理系统，提高档案管理的效率和准确性。此外，还应加强对档案信息的保密工作，防止信息泄露和滥用。

人力资源开发与档案管理实践在组织发展中具有协同作用。一方面，人力资源开发为档案管理提供了丰富的人才资源。通过培训和发展员工，组织能够培养出一批具备档案管理专业知识和技能的优秀员工，为档案管理实践提供有力的人才保障。另一方面，档案管理实践为人力资源开发提供了重要的信息支持。通过对员工档案的分析和挖掘，组织能够更全面地了解员工的个人背景、能力特长和发展需求，为制订个性化的人力资源开发计划提供有力依据。同时，档案管理实践还能够记录员工在培训和发展过程中的成长轨迹，为评估人力资源开发效果提供客观依据。

人力资源开发与档案管理实践是组织发展的两大支柱。它们相互依存、相互促进，共同推动着组织向前发展。因此，组织应高度重视人力资源开发与档案管理实践的结合，加强二者的协同作用，为组织的可持续发展提供有力保障。

鉴于此，本书围绕"人力资源开发与档案管理"这一主题，由浅入深地阐述了人力资源开发的内涵与方法，系统地论述了人力资源档案管理的原则与流程、人事代理制度下的人事档案管理、人力资源开发视域下的农村实用人才培育，深入探究了人力资源开发与档案管理的融合实践，以期为读者理解与践行人力资源开发与档案管理提供有价值的参考和借鉴，为相关领域的从业人员提供有价值的参考与指导。本书内容翔实、条理清晰、逻辑合理，在写作的过程中注重理论性与实践性的有机结合，适用于从事人力资源管理与档案管理的专业人员。

目　录

第一章　人力资源开发的内涵与方法

第一节　人力资源开发的内涵

在当今不断变化的商业环境中，人力资源已成为组织成功与否的关键因素。有效的人力资源开发与利用，不仅能够提升员工的工作效能，还能够为组织创造持续的竞争优势。本节将首先探讨人力资源的定义，接着阐述人力资源开发的内涵，旨在深入理解并提升单位的人力资源管理水平。

一、人力资源概述

（一）人力资源的定义

人力资源，简单来说，是指组织内部具有劳动能力的人口总和，包括员工的体力、智力、技能和经验等。这些资源是组织实现其目标、创造价值的基础。人力资源不仅具有生物性，即员工是有生命的存在，还具有社会性、能动性、时效性等特点。员工在组织中不仅作为生产要素存在，更是构成组织社会关系的主体，他们具有自我意识和主观能动性，能够主动进行学习和创新，为组织的发展做出贡献。

（二）人力资源的构成

在今天竞争激烈的市场环境中，一个单位的成功与否往往取决于其人力资源的构成。人力资源的数量和质量都是衡量单位发展潜力的重要因素。下面将从这两个维度对人力资源的构成进行深入分析。

1.人力资源的数量

人力资源的数量是指单位内部员工的总数。这个数量并不是单纯的数字，而是根据单位的业务需求、规模大小以及战略发展方向来确定的。一个合理的人力资源数量可以确保单位业务的正常运转，也可以避免人力资源的浪费。

首先，人力资源的数量应满足单位的业务需求。无论是生产线上的工人，还是办公室里的职员，他们的数量都需要根据工作量、工作强度以及工作流程进行合理配置。员工过多或过少都可能导致工作效率的下降，影响单位的整体运营。

其次，人力资源的数量也应与单位的规模大小相匹配。大型单位由于业务广泛、层级复杂，因此需要更多的人力资源来支撑其运营；而小型单位则可以根据其灵活性和高效性，适当减少员工数量，实现精益化运营。

最后，人力资源的数量还应与单位的战略发展方向相适应。在扩张阶段，单位需要增加人力资源以支持其业务发展；而在稳定或收缩阶段，单位则可能需要减少人力资源以降低运营成本。

2.人力资源的质量

人力资源的质量是指员工的素质、能力和技能水平。与数量相比，质量对于单位的长期发展和竞争力具有更为重要的影响。

首先，员工的素质是单位文化的体现。具有良好道德品质和职业操守的员工能够为单位树立良好的形象，增强单位的凝聚力和向心力。

其次，员工的能力是单位执行力的保障。具备专业技能和丰富经验的员工能够高效地完成工作任务，提高单位的工作效率和质量。

最后，员工的技能水平是单位创新力的源泉。拥有创新思维和学习能力的员工能够为单位带来新的想法和解决方案，推动单位不断进步和发展。

为了提升人力资源的质量，单位需要注重员工的选拔、培训和激励。在选拔过程中，应注重候选人的综合素质和潜力；在培训过程中，应根据员工的岗位需求和职业发展规划提供有针对性的培训课程；在激励过程中，应建立公平合理的薪酬体系和晋升机制，激发员工的工作积极性和创造力。

综上所述，人力资源的构成包括数量和质量两个维度。合理的人力资源数量可以确保单位的正常运转和高效运营，而高质量的人力资源则可以提升单位的竞争力和创新能力。因此，单位应重视人力资源的数量和质量管理，为单位的长期发展奠定坚实的基础。

（三）人力资源的特征

人力资源是单位中最核心、最宝贵的资源之一，其特性不仅影响着单位的运营和发展，还直接关系到单位的竞争力和长远战略规划。下面将详细探讨人力资源的五大特征：能动性、可再生性、两重性、时效性和社会性，并阐述这些特征对单位发展的重要意义。

1.能动性

人力资源的能动性是指员工具备积极主动的工作态度和行为能力。员工能够主动思考问题、提出解决方案，并在工作中不断寻求创新和进步。这种能动性能够推动单位不断创新，提高生产效率和服务质量。因此，单位应该注重激发员工的能动性，通过提供良好的工作环境、激励机制和培训机会，鼓励员工发挥自己的创造力和潜能。

2.可再生性

人力资源的可再生性是指通过培训、教育等方式，使员工的知识和技能可以得到不断更新和提升。与物质资源相比，人力资源具有更强的可持续性和可再生性。单位应该重视人力资源的开发和培养，通过制订科学的培训计划、提供多样化的学习途径和建立有效的激励机制，不断提升员工的综合素质和能力水平。

3.两重性

人力资源的两重性是指员工既是生产者也是消费者。员工通过劳动创造价值，为单位带来经济效益；同时，员工也需要消耗单位的资源，包括薪酬、福利等。因此，单位在管理和利用人力资源时，需要平衡好员工的生产和消费关系，确保员工的劳动得到合理的回报，同时避免资源的过度消耗和浪费。

4.时效性

人力资源的时效性是指员工的价值和作用会随着时间的推移而发生变化。随着科技的发展和市场的变化，员工的知识和技能可能会逐渐过时或失去竞争力。因此，单位需要关注员工的时效性问题，及时采取措施更新员工的知识和技能结构，确保员工能够跟上时代的步伐和市场的需求。

5.社会性

人力资源的社会性是指员工不仅是单位的一员，也是社会的一分子。员工的价值观、行为方式和人际关系等方面都受到社会环境的影响和制约。因此，单位在进行管理以及利用人力资源时，需要充分考虑社会因素的作用和影响。这包括关注员工的社会需求和期望、积极参与社会公益事业、树立良好的单位形象和品牌形象等。通过积极履行社会责任和关注员工福利，单位能够增强员工的归属感和忠诚度，提高员工的工作积极性和创造力。

综上所述，人力资源的能动性、可再生性、两重性、时效性和社会性五大特征共同构成了其独特性和价值所在。单位应该充分认识和把握这些特征，制定科学的人力资源管理策略和政策，优化人力资源配置和利用效率，从而推动单位实现可持续发展和竞争优势的提升。

二、人力资源开发

（一）人力资源开发的定义与内容

1.人力资源开发的定义

人力资源开发，是指通过一系列系统的、有计划的活动，充分挖掘和提升组织内部员工的潜能，以实现员工个人成长与组织目标双赢的过程。

2.人力资源开发的内容

人力资源开发这一过程包括员工培训、职业生涯规划、激励机制设计等多个方面。

（1）员工培训。通过提供专业技能、管理知识、团队协作等方面的培训，提升员工的综合素质和能力水平。这不仅能够满足员工个人成长的需求，还能够提升组织的整体绩效。

（2）职业生涯规划。根据员工的兴趣、能力和组织的发展需求，为员工制订个性化的职业发展规划。这有助于员工明确自己的发展方向，激发工作动力，同时能够确保组织在关键岗位上拥有合适的人才。

（3）激励机制设计。通过建立合理的薪酬体系、晋升渠道和奖励制度，激发员工的工作积极性和创新精神。这有助于增强员工的归属感和忠诚度，提高员工的工作满意度和绩效水平。

通过人力资源开发，组织能够不断提升员工的能力和价值，实现员工与组织的共同成长。同时，这也能够为组织创造更多的价值，提升组织的竞争力和市场占有率。

综上所述，人力资源开发与利用是组织实现可持续发展的关键。单位应该充分认识到人力资源的重要性，加强人力资源开发与利用的投入和管理，不断提升员工的综合素质和能力水平，为组织的发展提供有力的人才保障。

（二）人力资源开发的类型

在当今竞争激烈的商业环境中，人力资源的开发对于单位的持续发展具有举足轻重的作用。有效的人力资源开发不仅有助于提升员工的专业技能，还能增强单位的凝聚力和竞争力。下面将探讨人力资源开发的几种主要类型，并阐述其重要性。

1.培训与发展

培训与发展是人力资源开发的核心内容。这包括新员工入职培训、在职员工的技能提升培训、管理层的领导力培训等。通过系统的培训，单位可以帮助员工不断提升自身能力，适应不断变化的市场环境。同时，培训还能激发员工的工作热情和创新精神，为单位的创新发展提供源源不断的动力。

2.职业规划与晋升

职业规划与晋升是人力资源开发的另一个重要方面。单位应该为员工提供清晰的职业发展路径，让员工了解自己在组织中的定位和发展方向。同时，通过制定合理的晋升机制和激励政策，单位可以激发员工的进取心，提高员工的归属感和忠诚度。

3.绩效管理与激励

绩效管理与激励是人力资源开发的重要手段。单位应该建立科学的绩效评价体系，对员工的工作表现进行客观、公正的评估。同时，通过设立奖励机制，如奖金、晋升机会等，激励员工积极投入工作，提高工作质量和效率。

4.团队建设与沟通

团队建设与沟通是人力资源开发的重要辅助手段。单位应该注重培养员工的团队协作精神和沟通能力，通过组织各类团队建设活动，增进员工之间的了解和信任。同时，建立良好的沟通渠道，鼓励员工积极表达意见和建议，为单位的决策提供有力的支持。

总之，人力资源开发的类型多种多样，每种类型都有其独特的作用和价值。单位应该根据自身的发展需求和市场环境的变化，灵活运用各种人力资源开发手段，不断提升员工的能力和素质，为单位的持续发展和创新提供有力的保障。

在实践中，单位还需要注重人力资源开发的系统性和持续性。人力资源开发不是一次性的活动，而是一个长期、持续的过程。单位应该制订长期的人力资源开发计划，并根据实际情况进行适时调整和优化。同时，人力资源开发还需要与其他管理工作相互协调，形成合力，共同推动单位的发展。

此外，随着科技的进步和社会的发展，人力资源开发的手段和方法也在不断更新和变化。单位应该积极关注新的发展趋势和技术应用，不断探索和创新人力资源开发的模式和途径，以适应不断变化的市场环境和员工需求。

综上所述，人力资源开发是一项复杂而重要的工作。通过培训与发展、职业规划与晋升、绩效管理与激励以及团队建设与沟通等多种手段的综合运用，单位可以有效提升员工的能力和素质，增强单位的凝聚力和竞争力，为单位的持续发展和创新提供坚实的支撑。

（三）人力资源开发的作用

1.保障人力资源的需求

在当今这个竞争激烈、变化莫测的商业环境中，人力资源已经成为单位最宝贵的财富。为了确保单位的持续发展，人力资源开发显得至关重要，其主要作用之一就是保障人力资源的需求。

首先，人力资源开发通过系统的培训和教育，能够提升员工的技能水平和专业素养，从而满足单位对各类人才的需求。在快速变化的市场环境中，单位需要不断适应新的发展趋势，这就对员工的技能和专业知识提出了更高的要求。通过人力资源的开发，单位可以培养出具备高度专业技能和创新能力的人才，为单位的长期发展提供源源不断的动力。

其次，人力资源开发有助于建立单位的人才储备库，为单位的长远发展提供有力保障。通过招聘、选拔和培养优秀的人才，单位可以建立起一支高素质、具备潜力的员工队伍。这样，当单位面临扩张、转型等关键时期时，就可以从人才储备库中选拔出合适的人才，确保单位能够顺利应对各种挑战。

再次，人力资源开发还有助于提高员工的工作满意度和忠诚度，降低员工流失率。通过为员工提供个性化的培训和发展机会，单位可以激发员工的工作热情和潜力，增强员工对单位的认同感和归属感。这样，员工会更愿意为单位付出努力，为单位的发展贡献自己的力量。

最后，人力资源开发还有助于提高单位的整体绩效。通过优化人力资源配置，提高员工的工作效率和质量，单位可以在激烈的市场竞争中脱颖而出，实现可持续发展。

综上所述，人力资源开发在保障人力资源需求方面发挥着重要作用。通过提升员工技能、建立人才储备库、提高员工满意度和绩效，单位可以确保在关键时刻拥有足够的人力资源来应对各种挑战，为单位的长远发展奠定坚实基础。因此，单位应高度重视人力资源开发工作，不断完善和优化人力资源管理体系，为单位的可持续发展提供有力保障。

2.降低人力成本，提高资源利用率

在当今日益激烈的市场竞争中，人力资源的开发与利用对于单位的长期发展具有至关重要的意义。人力资源开发不仅能够降低人力成本，还能显著提高资源利用率，为单位创造更多的价值。下面将深入探讨人力资源开发的作用及其在实际应用中的效果。

（1）降低人力成本

人力资源开发通过提高员工的技能水平和综合素质，使得单位能够以更低的成本获取更高质量的劳动力。具体来说，以下几个方面体现得尤为明显：

首先，通过有效的培训和开发，员工能够更快地适应岗位需求，减少因不熟悉工作而导致的错误和损失。这不仅降低了因错误操作产生的直接成本，还减少了因效率低下带来的间接成本。

其次，人力资源开发有助于员工实现自我成长和价值提升，从而增强员工的归属感和忠诚度。忠诚度高的员工更有可能长期为单位服务，减少因员工流失带来的招聘、培训和离职等成本。

最后，人力资源开发能够优化单位的人员结构，使得单位能够更加精确地匹配岗位需求和员工能力，避免人力资源的浪费。通过合理配置人力资源，单位可以在保证工作质量的前提下，降低人力成本。

（2）提高资源利用率

人力资源开发在提高资源利用率方面同样发挥着重要作用。具体来说，体现在以下几个方面：

首先，单位通过人力资源开发能够培养出一批具备专业技能和创新能力的优秀员工。这些员工在工作中能够充分发挥自己的优势，提高工作效率和质量，从而提升单位整体的生产力水平。

其次，人力资源开发有助于单位构建良好的组织文化和团队氛围。一个积极向上的团队能够激发员工的创造力和合作精神，使得单位能够更好地应对市场变化和挑战。这种文化氛围的营造不仅能够提高员工的工作满意度和绩效水平，还能够增强单位的凝聚力和竞争力。

最后，人力资源开发还能够促进单位内部知识的共享和传承。通过有效的知识管理和学习机制，单位可以将员工的个人经验和智慧转化为组织的共享资源，以提高整体的知识水平和创新能力。这种知识资源的有效利用可以为单位带来更多的发展机遇和竞争优势。

综上所述，人力资源开发在降低人力成本和提高资源利用率方面具有重要作用。通过有效的培训和开发措施，单位可以培养出一支高素质的员工队伍，提高单位的竞争力和可持续发展能力。因此，单位应该高度重视人力资源开发工作，并持续投入资源和精力进行推进。

3.有利于保持单位人员状况的稳定

在当今这个快速发展的时代，人力资源已经成为单位发展的核心要素。一个单位的人力资源开发情况，直接关系到其人员状况的稳定与否，进而影响到整个单位的发展进程。因此，对于单位而言，深入理解和挖掘人力资源开发的作用，特别是其在保持人员状况稳定方面的价值，具有极其重要的意义。

人力资源开发的核心目标是提升员工的综合素质和专业技能，通过培训、教育、激励等多种手段，使员工能够更好地适应工作环境，提高工作效率。这种开发不仅针对新员工，也包括对在职员工的持续学习和成长。一个有着良好人力资源开发机制的单位，往往能够吸引和留住更多的优秀人才，形成稳定的人员结构。

人力资源开发有助于提升员工的工作满意度和忠诚度。通过为员工提供个性化的职业发展路径和丰富的学习机会，单位能够帮助员工实现自我价值，增强他们对单位的认同感和归属感。这种情感联系一旦建立，员工就会更加愿意为单位的长远发展贡献自己的力量，从而减少离职率，保持人员状况的稳定。

此外，人力资源开发还有助于提升单位的整体竞争力。在激烈的市场竞争中，一个拥有高素质、高技能员工队伍的单位，往往能够更好地应对各种挑战，抓住发展机遇。这种竞争优势的形成，离不开人力资源开发的持续投入和努力。

然而，人力资源开发并非一蹴而就，它需要单位管理层的高度重视和持续投入。单位应该建立完善的人力资源开发体系，包括制订明确的培训计划和职业发展路径，提供多样化的学习资源和平台，以及建立有效的激励机制等。同时，单位还应该注重员工的反馈和需求，不断调整和优化人力资源开发策略，确保其能够真正发挥效用。

综上所述，人力资源开发在保持人员状况稳定方面发挥着至关重要的作用。通过提升员工的综合素质和专业技能，增强员工的工作满意度和忠诚度，以及提升单位的整体竞争力，人力资源开发为单位的可持续发展提供了坚实的支撑。因此，单位应该不断投入资源和精力，确保其在人员状况稳定方面发挥最大的价值。

4.奠定各项人力资源管理决策的基础

在现代单位管理中，人力资源开发已成为一项至关重要的战略任务。它不仅关系到单位的长远发展，更是单位能否在激烈的市场竞争中保持优势的关键所在。对于任何单位而言，人力资源开发都是奠定各项人力资源管理决策的基础，其重要性不容忽视。

人力资源开发是指通过一系列的培训、教育、激励和职业规划等手段，提升员工的专业技能、综合素质和工作积极性，使其更好地适应岗位需求，为单位创造更大的价值。这一过程不仅关注员工个体的成长，更着眼于整个组织的绩效提升和持续发展。

首先，人力资源开发有助于单位识别并培养关键人才。通过对员工能力的全面评估，单位可以更加准确地把握员工的长处和短处，进而制订个性化的培训和发展计划。这样不仅可以提高员工的满意度和忠诚度，还能够确保单位在关键时刻有足够的人才储备来应对各种挑战。

其次，人力资源开发有助于单位优化人才配置。通过深入了解员工的技能、兴趣和职业规划，单位可以更加合理地安排员工的工作岗位和职责，实现人岗匹配。这样不仅可以提高员工的工作效率，还能够降低单位的用人成本，实现人力资源的最大化利用。

最后，人力资源开发还能够为单位的人力资源管理决策提供有力支持。在制定招聘、薪酬、绩效管理等政策时，单位需要充分考虑员工的实际情况和发展需求。单位通过人力资源开发可以更加准确地把握员工的需求和期望，从而制定出更加符合实际、更具针对性的管理策略。

综上所述，人力资源开发在单位管理中发挥着举足轻重的作用。它不仅是提升员工能力和素质的有效途径，更是单位制定各项人力资源管理决策的重要基础。因此，各单位应该高度重视人力资源开发工作，不断完善培训体系、激励机制和职业规划体系，为单位的长远发展提供坚实的人才保障。

5.有助于单位发展规划的制订和实现

在当今竞争激烈的市场环境中，单位的发展规划不仅关乎其短期业绩，更影响其长远竞争力。而人力资源作为单位最重要的资源之一，其开发与管理对于单位发展规划的制订和实现具有至关重要的作用。下面将从多个方面探讨人力资源开发如何助力单位发展规划的制订和实现。

首先，人力资源开发有助于单位识别和储备关键人才。通过对内部员工进行全面的培训和开发，单位可以挖掘和培养出一批具备专业技能、良好职业道德和高度责任感的关键人才。这些人才将成为单位未来发展的核心力量，为单位的发展提供源源不断的动力。同时，人力资源开发还可以帮助单位吸引和留住外部优秀人才，为单位的战略规划提供有力的人才保障。

其次，人力资源开发有助于单位优化组织结构和管理体系。通过对员工能力进行评估和提升，单位可以更加精准地安排员工岗位。同时，人力资源开发还可以推动单位内部管理体系的完善和优化，提高管理效率，降低运营成本。这将有助于单位更好地适应市场变化，提高竞争力和创新能力。

再次，人力资源开发有助于单位形成独特的文化氛围和价值观。通过对员工进行培训和教育，单位可以传递和弘扬自身的文化和价值观，增强员工的归属感和凝聚力。这种文化氛围和价值观将成为单位发展的软实力，有助于提升单位的品牌形象和市场竞争力。

最后，人力资源开发还有助于单位实现可持续发展。通过不断提高员工的素质和能力，单位可以不断拓展新的业务领域和市场，实现业务的多元化和持续增长。同时，人力资源开发还可以推动单位的技术创新和产业升级，为单位的可持续发展提供强大的支持。

综上所述，人力资源开发在助力单位发展规划的制订和实现方面具有不可或缺的作用。通过挖掘和培养内部人才、优化组织结构和管理体系、形成独特的文化氛围和价值观以及实现可持续发展等方面的努力，单位可以不断提升自身的竞争力和创新能力，为未来的发展奠定坚实的基础。因此，单位应将其作为推动单位发展的重要战略举措加以推进和实施。

6.实现单位和个人发展目标一致的关键

在当前的商业环境中，单位的发展与其内部人力资源的开发和管理密切相关。人力资源作为单位的核心资产，其有效开发不仅关乎单位自身的长远发展，更直接影响到每一个员工的职业发展和个人目标的实现。因此，人力资源开发的作用显得尤为重要，它有助于实现单位和个人的发展目标一致。

首先，人力资源开发有助于单位构建高效的工作团队。通过针对性的培训、学习和激励机制，员工的专业技能和综合素质能够得到不断提升，进而形成一支具备高度协作精神和创新能力的团队。这样的团队能够更好地适应市场的变化，推动单位业务的快速发展，从而实现单位的发展目标。

其次，人力资源开发有助于员工实现个人职业发展目标。单位通过为员工提供多元化的职业发展路径和个性化的培训计划，使员工能够根据自身的能力和兴趣选择适合的职业方向，不断提升自己的职业竞争力。这不仅有助于员工实现自我价值，还能增强员工对单位的归属感和忠诚度，为单位的长远发展提供有力的人才保障。

最后，人力资源开发有助于实现单位和个人发展目标的一致。单位通过人力资源开发能够将自身的战略目标和员工的个人发展目标相结合，形成共同的发展愿景。这有助于激发员工的工作积极性和创新精神，使员工在追求个人职业发展的同时，也为单位的发展贡献力量。同时，单位和个人发展目标的一致也能够促进单位的稳定和可持续发展。

综上所述，人力资源开发在实现单位和个人发展目标一致方面发挥着关键作用。单位应重视人力资源开发工作，通过制订科学的培训计划和激励机制，不断提升员工的综合素质和职业能力，为单位的可持续发展提供有力的人才支持。同时，员工也应积极参与到人力资源开发中来，不断提升自己的职业竞争力，实现个人职业发展的目标。

第二节　人力资源开发的理论基础与原则

一、人力资源开发的理论依托

（一）激励理论

在人力资源管理领域，激励理论占据着举足轻重的地位。它不仅是激发员工潜能、提高工作效率的关键，更是构建健康、积极组织文化的重要基石。下面将深入探讨四种主流的激励理论：马斯洛的需要层次理论、阿尔德弗的ERG理论、赫兹伯格的双因素理论以及亚当斯的公平理论，以期为人力资源开发提供理论支持和实践指导。

1.马斯洛的需要层次理论

马斯洛的需要层次理论提出了人类需求的五个层次，从低到高依次为生理需求、安全需求、社交需求、尊重需求和自我实现需求。这一理论强调，人的需求是逐层上升的，当低层次的需求得到满足后，人们会追求更高层次的需求。因此，在人力资源开发中，管理者应深入了解员工的需求层次，通过提供合适的激励措施，满足员工的不同需求，从而激发其工作积极性和创造力。

2.阿尔德弗的ERG理论

阿尔德弗的ERG理论是对马斯洛需要层次理论的进一步发展。它将人的需求归结为三种核心需求：生存需求（Existence）、关系需求（Relatedness）和成长需求（Growth）。与马斯洛理论不同的是，ERG理论认为这三种需求并非严格的层次关系，而是可以同时存在并相互作用的。因此，管理者在人力资源开发中应关注员工的多元化需求，灵活运用不同的激励手段，以满足员工的生存、关系和成长需求。

3.赫兹伯格的双因素理论

赫兹伯格的双因素理论将工作满意度因素分为两类：保健因素和激励因素。保健因素通常与工作环境相关，如工资、工作条件等，这些因素的缺失会导致员工不满。但即使这些因素得到满足，也难以激发员工的工作热情。而激励因素则与工作内容和职业发展相关，如成就感、晋升机会等，这些因素的满足能够激发员工的工作积极性和创造力。因此，管理者在人力资源开发中应重视激励因素的运用，通过提供具有挑战性的工作任务、晋升机会等，激发员工的内在动力。

4.亚当斯的公平理论

亚当斯的公平理论强调员工对报酬的公平感知对于激励效果的重要性。员工不仅会关注自己所得报酬的绝对量，还会将其与他人的报酬进行比较，以判断自己是否得到了公平的对待。如果员工感到自己的报酬不公，就会产生不满和消极情绪，影响其工作积极性。因此，管理者在人力资源开发中应确保薪酬制度的公平性和透明度，避免员工产生不公平感。同时，还应建立有效的沟通机制，及时了解员工的公平感知，并采取相应措施进行调整和改进。

综上所述，马斯洛的需要层次理论、阿尔德弗的ERG理论、赫兹伯格的双因素理论以及亚当斯的公平理论为人力资源开发提供了重要的理论基础。在实际应用中，管理者应根据员工的实际情况和需求特点，灵活运用这些理论，并制定有效的激励措施，以激发员工的工作潜能和创造力，推动组织的持续发展。

（二）绩效考核理论

在当今竞争激烈的社会环境中，人力资源的开发与利用显得尤为重要。作为人力资源管理的核心环节之一，绩效考核理论为单位的人力资源开发提供了坚实的理论基础和有效的实践指导。下面将深入探讨绩效考核理论在人力资源开发中的理论基础、实施方法以及实际应用价值。

1.绩效考核理论概述

绩效考核理论是对员工工作表现进行系统评估的一套理论框架。它旨在通过设定明确的工作目标、制定科学的评估标准以及采用有效的评估方法，对员工的工作成果、能力、态度等方面进行全面、客观的评价。绩效考核理论不仅有助于激发员工的工作积极性，提高工作效率，还能为单位的人力资源规划、招聘选拔、培训发展等提供有力支持。

2.绩效考核理论在人力资源开发中的应用

（1）设定明确的工作目标

绩效考核理论强调目标的明确性和可衡量性。单位在制定绩效考核体系时，应结合组织战略和员工个人职责，设定具体、清晰的工作目标。这些目标不仅有助于员工明确工作方向，还能为评估员工绩效提供明确的依据。

（2）制定科学的评估标准

绩效考核理论要求制定科学的评估标准，以确保评价的公正性和客观性。单位应根据员工岗位职责和工作目标，制定具体的评估指标和权重。同时，还应关注员工的能力、态度等非量化因素，以全面评价员工的综合表现。

（3）采用有效的评估方法

绩效考核理论提供了多种评估方法，如360度反馈、关键绩效指标（KPI）等。单位可根据实际情况选择合适的评估方法，以确保评价的准确性和有效性。此外，还应注重评估过程中的沟通与反馈，帮助员工了解自身优缺点，从而制订改进计划。

3.绩效考核理论的实际应用价值

（1）优化人力资源配置

通过绩效考核，单位可以全面了解员工的工作表现和能力水平，从而优化人力资源配置。对于表现优秀的员工，可以给予更多的发展机会和晋升机会；对于表现不佳的员工，则可以提供有针对性的培训和辅导，帮助他们提高工作能力。

（2）提升员工工作积极性

绩效考核体系中的奖励和惩罚机制可以有效激发员工的工作积极性。当员工意识到自己的工作表现与薪酬、晋升等切身利益密切相关时，他们会更加努力地工作，争取更好的绩效表现。

（3）促进组织战略目标实现

绩效考核理论强调将员工个人绩效与组织战略目标相结合。通过将组织目标层层分解到每个员工身上，可以确保员工的工作方向与组织目标保持一致，从而推动组织战略目标的实现。

绩效考核理论作为人力资源开发的重要理论基础，为组织提供了有效的人力资源管理手段。通过设定明确的工作目标、制定科学的评估标准以及采用有效的评估方法，单位可以全面、客观地评价员工的工作表现，优化人力资源配置，提升员工的工作积极性，进而推动组织战略目标的实现。在未来的发展中，单位应继续关注绩效考核理论的最新研究成果和实践经验，不断完善和优化自身的绩效考核体系，以适应不断变化的市场环境和组织需求。

（三）人性假设理论

人力资源是任何单位或组织最宝贵的资产，有效的人力资源开发不仅有助于提升员工的工作效能，更能为组织的长远发展奠定坚实基础。在众多关于人力资源开发的理论中，人性假设理论是不可或缺的，它为我们理解和分析员工行为、制定人力资源政策提供了重要的理论支撑。

人性假设理论主要探讨了人在工作场所中的本质和特性。其中最具代表性的理论包括经济人假设、社会人假设、自我实现人假设和复杂人假设。这些假设从不同角度揭示了人性的多面性，为人力资源开发提供了丰富的视角。

经济人假设认为人主要受到经济利益的驱动，追求个人利益最大化。在这一假设下，人力资源开发应关注如何通过薪酬、奖金等经济手段激励员工，提高他们的工作积极性。然而，这一假设忽略了人的社会性和精神需求，可能会导致员工对工作的满意度和忠诚度降低。

社会人假设则强调人的社会性，认为人是社会的一部分，追求与他人的和谐关系和归属感。根据这一假设，人力资源开发应关注如何构建良好的组织氛围，促进员工之间的沟通与协作，提升员工的团队精神和组织认同感。

自我实现人假设认为人具有自我实现的潜能和愿望，追求个人成长和价值的实现。人力资源开发应关注如何为员工提供成长和发展的机会，如培训、晋升等，以激发员工的创造力和潜能。

复杂人假设则是对前述假设的综合与拓展，认为人的需求和行为是复杂多变的，受到多种因素的影响。因此，人力资源开发应根据员工的个体差异和情境变化灵活调整策略，实现个性化的管理和激励。单位应根据自身情况和员工特点选择合适的人性假设作为人力资源开发的指导。同时，也应意识到人性假设并非一成不变，随着时代的发展和员工需求的变化，单位应不断调整和完善人力资源开发策略，以适应新的形势和挑战。

总之，人性假设理论为人力资源开发提供了重要的理论基础。通过深入理解和运用这一理论，单位可以更有效地激发员工的潜能和创造力，实现人力资源的优化配置和持续发展。

（四）人本管理理论

随着社会的快速发展和科技的日新月异，人力资源管理在现代企事业单位中发挥着越来越重要的作用。其中，人本管理理论作为人力资源开发的重要理论基础，为企事业单位提供了全新的管理视角和策略。下面将深入探讨人本管理理论在人力资源开发中的应用和价值。

1.人本管理理论的基本内涵

人本管理理论，顾名思义，是以人为本的管理思想。它强调在管理过程中，将人作为最核心的要素，关注人的需求、潜能和价值，以实现人的全面发展为目标。人本管理理论的核心观点包括以下几方面：

（1）重视人的主体性。认为员工是企事业单位的主体，具有主动性和创造性，应该得到充分的尊重和信任。

（2）关注人的需求。深入了解员工的需求和期望，为他们提供合适的工作环境和发展机会，以激发其工作积极性和创造力。

（3）发掘人的潜能。通过培训和激励等手段，帮助员工发掘自身潜能，提升综合素质和专业技能，实现个人价值。

2.人本管理理论在人力资源开发中的应用

（1）招聘与选拔。在招聘和选拔过程中，人本管理理论强调关注应聘者的潜能、价值观和职业发展规划，而非仅仅关注其学历和经验。通过科学的测评和面试，选拔出符合单位发展需求、具有发展潜力的优秀员工。

（2）培训与发展。人本管理理论要求企事业单位为员工提供系统的培训和发展计划，帮助他们提升专业技能和综合素质。同时，鼓励员工自主学习和创新，为他们的成长提供充分的支持和保障。

（3）激励与绩效考核。人本管理理论倡导以员工需求为基础的激励制度，如提供具有竞争力的薪酬、晋升机会和福利待遇等。同时，建立公平、公正的绩效考核体系，以激发员工的工作积极性和创造力。

3.人本管理理论在人力资源开发中的价值

（1）提升员工满意度和忠诚度。人本管理理论关注员工的需求和期望，为员工提供合适的工作环境和发展机会，有助于提升员工的满意度和忠诚度，降低员工的流失率。

（2）促进组织发展与创新。通过人本管理，激发员工的主动性和创造性，为组织带来更多的创新和发展动力，推动组织不断向前发展。

（3）增强组织竞争力。人本管理有助于提高员工的综合素质和专业技能，从而提升组织的整体实力和市场竞争力。

人本管理理论为企事业单位提供了一种全新的管理视角和策略。通过关注员工的需求、潜能和价值，实现员工的全面发展，进而推动组织的持续发展和创新。因此，企事业单位应深入研究和应用人本管理理论，为人力资源管理注入新的活力和动力。

（五）人岗匹配理论

在当今社会，人力资源的开发和管理已经成为单位成功的关键因素之一。在众多人力资源管理理论中，人岗匹配理论占据着举足轻重的地位。下面旨在探讨人岗匹配理论作为人力资源开发的理论基础的重要性，并分析其在实际应用中的意义。

1.人岗匹配理论概述

人岗匹配理论是指根据员工的个人特质、能力和潜力，将其安排到最适合的岗位上，以实现员工个人价值与单位发展目标的双赢。这一理论强调员工与岗位之间的匹配度，认为只有当员工的能力与岗位要求相匹配时，才能发挥出最大的工作效能。

2.人岗匹配理论的理论依据

人岗匹配理论主要基于个体差异和岗位需求的分析。个体差异指的是每个员工在性格、能力、兴趣等方面的独特性，而岗位需求则是指不同岗位对员工的素质和能力要求。通过对员工和岗位进行深入的分析和评估，可以实现员工与岗位的精准匹配。

3.人岗匹配理论在人力资源开发中的应用

（1）招聘与选拔。在招聘过程中，单位可以根据岗位需求，制定明确的招聘标准和要求，以筛选出最符合岗位要求的员工。同时，通过对员工的个人能力、兴趣等方面进行深入了解，可以更好地评估员工与岗位的匹配度。

（2）培训与发展。根据员工的个人特质和岗位需求，单位可以制订针对性的培训计划和发展路径。通过培训，员工可以不断提升自己的能力和素质，以更好地适应岗位要求；同时，单位也可以为员工提供更多的发展机会，进而激发员工的工作积极性和创造力。

（3）绩效考核与激励。人岗匹配理论还可以为单位的绩效考核和激励机制提供依据。通过对员工在岗位上的表现进行客观评价，单位可以更好地了解员工的工作能力和潜力，从而制定更加合理的薪酬和晋升制度，激励员工不断发挥出自己的优势。

4.人岗匹配理论的实践意义

人岗匹配理论在人力资源开发中的实践意义主要体现在以下几个方面：

（1）提高工作效率。通过将员工安排到最适合的岗位上，可以充分激发员工的潜力和能力，从而提高工作效率和产出质量。

（2）促进员工个人发展。人岗匹配理论强调员工个人特质与岗位需求的匹配，有助于员工在适合自己的岗位上发挥优势，实现个人价值和发展目标。

（3）增强单位竞争力。通过精准匹配员工与岗位，单位可以构建一支高效、稳定、具备竞争力的员工队伍，为单位的发展提供有力保障。

人岗匹配理论作为人力资源开发的理论基础，具有重要的理论意义和实践价值。通过深入理解和应用人岗匹配理论，单位可以更好地进行人力资源管理，提高员工的工作效率和促进个人发展，从而增强单位的竞争力和可持续发展能力。因此，单位应继续关注和探索人岗匹配理论的应用和发展，以更好地实现人力资源的优化配置和单位的长期发展。

二、人力资源开发的原则

（一）个体发展的原则

在现代单位中，人力资源已成为最宝贵的资源之一。人力资源开发不仅关乎单位的长远发展，更直接关系到员工个体的成长与进步。个体发展原则作为人力资源开发的核心，包含了知识更新原则、职业规划原则和能力培养原则，它们共同构成了人力资源开发的基石。

1.知识更新原则

知识更新原则是指单位应为员工提供持续学习的机会，确保员工的知识体系能够与时俱进，适应不断变化的市场环境和业务需求。在知识日新月异的今天，只有不断学习，才能保持竞争优势。单位可以通过定期组织内部培训、外部研讨会、在线课程等多种形式，为员工提供多样化的学习途径，鼓励他们积极更新知识结构，提升综合素质。

2.职业规划原则

职业规划原则强调单位应关注员工的职业发展，帮助他们明确职业目标，制订可行的职业规划。通过职业规划，员工可以更好地了解自己的优势和不足，明确职业发展方向，激发工作动力。单位可以通过建立职业导师制度、提供晋升机会、设立职业发展通道等方式，为员工创造更多的发展机会，实现员工与单位的共同成长。

3.能力培养原则

能力培养原则要求单位注重员工实际能力的提升，通过实践锻炼、挑战任务等方式，激发员工的潜能，提高他们的工作能力。除了专业技能的培养，单位还应关注员工的团队协作、沟通能力、创新思维等综合素质的提升。通过能力培养，员工可以更好地应对工作中的挑战，进而提高工作效率，为单位创造更多的价值。

综上所述，人力资源开发的个体发展原则涵盖了知识更新、职业规划和能力培养三个方面。这些原则相互关联、相互促进，共同构成了人力资源开发的完整体系。在实际操作中，单位应根据员工的实际情况和单位的需求，灵活运用这些原则，进而为员工创造更多的发展机会，激发他们的潜能，实现员工与单位的共同发展。同时，单位还应不断完善人力资源开发机制，确保这些原则能够得到有效落实，为单位的可持续发展提供有力的人才保障。

（二）组织发展原则

在当今日益激烈的竞争环境中，单位的人力资源开发显得尤为重要。它是组织发展的基石，关系到单位的长远生存与持续发展。人力资源开发的过程，需要遵循一系列的原则，其中战略一致原则、绩效导向原则和组织学习原则，是人力资源开发的核心。

首先，战略一致原则是人力资源开发的首要原则。战略一致原则强调人力资源开发与组织整体战略目标的紧密结合。人力资源开发不是孤立的，它必须与组织的战略目标、业务需求和市场需求相一致。通过制订与组织战略相匹配的人力资源开发计划，可以确保人力资源的投入与产出达到最优，从而推动组织战略的实现。

其次，绩效导向原则是人力资源开发的关键原则。绩效导向原则要求人力资源开发活动始终以提升员工绩效为核心。通过设定明确的绩效目标，建立科学的绩效评估体系，以及实施有效的激励和奖惩机制，可以激发员工的积极性和创造力，从而推动组织的整体绩效提升。

最后，组织学习原则是人力资源开发的重要原则。组织学习原则强调通过不断学习和创新来推动组织的发展。组织需要不断适应新的技术和业务模式，这就要求员工必须具备持续学习和适应变化的能力。通过组织内部的知识分享、经验交流和培训活动，可以促进员工之间的知识传递和技能提升，进而提升组织的整体学习能力和竞争力。

综上所述，战略一致原则、绩效导向原则和组织学习原则是人力资源开发的三大基石。上述原则相互关联、相互促进，共同构成了人力资源开发的完整框架。在实际操作中，单位需要根据自身的实际情况和发展需求，灵活运用上述原则，制定符合自身特点的人力资源开发策略，以推动组织的持续发展和创新。

同时，人力资源部门也应积极与各部门密切合作，确保人力资源开发活动与组织的整体战略和业务需求保持高度一致。通过定期评估和调整人力资源开发计划，可以确保人力资源的投入始终与组织的发展需求相匹配，从而实现人力资源的最大化利用和效益最大化。

在未来的发展中，单位还需要不断探索和创新人力资源开发的方法和手段，以达到适应不断变化的市场环境和员工需求的目标。通过引入先进的技术和理念，优化人力资源开发流程和管理机制，可以进一步提升人力资源开发的效果和质量，为组织的持续发展注入新的动力和活力。

总之，人力资源开发的原则是组织发展的重要保障。通过遵循战略一致原则、绩效导向原则和组织学习原则，单位可以构建高效、灵活且富有竞争力的人力资源体系，为组织的长远发展奠定坚实的基础。

（三）持续改进原则

持续改进原则是人力资源开发的基础。人力资源开发是一个持续不断的过程，需要不断地优化和提升。单位应根据市场变化、技术更新以及员工发展需求，及时调整人力资源开发策略，确保人力资源的与时俱进。同时，单位应建立长效机制，通过定期的培训、学习、交流等方式，从而激发员工的潜能，提升员工的能力水平。

（四）评估和反馈原则

评估和反馈原则是人力资源开发的关键环节。通过对员工的绩效、能力、态度等方面进行全面评估，单位可以了解员工的发展现状和存在的问题，从而为后续的人力资源开发工作提供有针对性的指导。同时，及时将评估结果反馈给员工，可以帮助员工认清自身优势和不足，明确发展方向，激发员工的自我提升动力。

（五）创新实验原则

创新实验原则是推动人力资源开发不断前进的重要动力。在人力资源开发过程中，单位应鼓励员工敢于尝试新方法、新思路，勇于挑战传统观念。通过设立创新实验室、举办创新大赛等方式，激发员工的创新意识和创造力，推动单位在人力资源管理领域不断取得新突破。

（六）学习型团队原则

学习型团队原则是提升人力资源开发效果的重要保障。单位应致力于打造学习型组织，鼓励员工之间互相学习、互相借鉴、共同进步。通过建立学习小组、分享会等机制，促进员工之间的知识共享和经验交流，提高团队的整体素质和竞争力。同时，单位应营造良好的学习氛围，让员工在轻松愉快的氛围中不断学习、成长。

（七）系统优化原则

系统优化原则强调在人力资源开发过程中，要将各个部分看作一个有机整体，通过协调各个部分之间的关系，实现整体效能的最大化。这一原则要求我们在人力资源开发中，注重以下几个方面：

首先，要明确人力资源开发的目标。人力资源开发的目标应与单位的战略目标相一致，确保人力资源的投入能够为单位的发展提供有力支持。

其次，要优化人力资源的配置。根据单位的业务需求和员工的能力特点，合理分配人力资源，确保每个员工都能在最适合自己的岗位上发挥最大价值。

最后，要注重人力资源开发的系统性。人力资源开发不仅包括招聘、培训、绩效管理等单个环节，更是一个相互关联、相互影响的系统。因此，要在人力资源开发过程中注重各个环节之间的衔接和配合，确保整个系统的协调运行。

（八）能级对应原则

能级对应原则是指根据员工的能力和级别，为其分配相应的工作任务和职责。这一原则旨在实现人尽其才、才尽其用的目标，确保每个员工都能在适合自己的岗位上发挥最大潜力。

在遵循能级对应原则时，我们需要注意以下几点：

首先，要对员工的能力进行准确评估。通过科学的评估方法，了解员工的能力水平、兴趣特长以及发展潜力，为后续的岗位分配提供依据。

其次，要根据员工的能力和级别分配工作任务。对于能力较强的员工，可以分配更具挑战性和创新性的任务，以激发其潜力和创造力；对于能力稍弱的员工，可以分配一些基础性和辅助性的任务，帮助其逐步提升能力水平。

最后，要注重员工的职业发展。通过为员工制订个性化的职业发展规划，帮助他们不断提升能力水平，在实现个人价值的同时为单位的发展贡献力量。

综上所述，系统优化原则和能级对应原则是人力资源开发的两大核心原则。通过遵循这些原则，我们可以更好地开发和利用人力资源，推动单位的持续发展和创新进步。

（九）激励强化原则

激励强化原则在人力资源开发中起着至关重要的作用。激励强化原则强调通过激发员工的内在动力，提升其工作积极性和创造力。这包括物质激励和精神激励两个方面。物质激励主要是通过薪酬、奖金、福利等物质手段来激发员工的工作热情，而精神激励则更加注重员工的个人成长、职业发展和精神满足。通过综合运用这两种激励方式，单位可以建立一个积极、向上的工作氛围，使员工愿意为单位的发展贡献自己的力量。

激励强化原则还强调及时反馈和正向激励的重要性。单位需要定期对员工的工作表现进行评估，及时给予肯定和鼓励，让员工感受到自己的付出得到了认可。此外，对于表现突出的员工，单位应该给予适当的奖励和晋升机会，以激励他们继续发挥潜力，为单位创造更多价值。

（十）弹性冗余原则

弹性冗余原则强调在人力资源开发中保持一定的灵活性和适应性。由于市场环境、技术发展和组织变革等因素的不断变化，单位需要不断调整和优化人力资源配置。因此，单位应该留有一定的余地和弹性，以便应对各种不确定性和变化。

弹性冗余原则要求单位在招聘、培训、岗位配置等方面保持一定的灵活性。例如，在进行招聘的过程中，单位可以根据实际需求灵活调整招聘计划和招聘标准；在培训方面，单位可以根据员工的个人特点和职业发展规划，提供个性化的培训方案；在岗位配置方面，单位可以根据员工的能力和业绩，适时调整岗位和职责，以充分发挥员工的潜力。

此外，弹性冗余原则还强调在人力资源开发过程中注重员工的多样性和包容性。单位应该尊重员工的个体差异和多元文化背景，营造一个包容、开放的工作环境。这样不仅可以提高员工的工作满意度和忠诚度，还有助于单位吸引和留住优秀人才，提升整体竞争力。

（十一）互补增值原则

互补增值原则作为人力资源开发的核心原则之一，对于提升单位整体效能、促进可持续发展具有深远的意义。

互补增值原则强调的是人力资源的多元化与协同性。在单位内部，每个员工都拥有独特的技能、知识和经验，这些差异构成了人力资源的多样性。互补增值原则要求我们在人力资源开发中，充分认识和利用这种多样性，通过合理配置和组合，实现人力资源的互补效应，从而提升整体效能。

互补增值原则的实现需要遵循以下几个方面的要求：

首先，要深入了解员工的特长和潜力。通过有效的评估和培训，发掘员工的潜能，了解他们的优点和不足，以便更好地发挥他们的特长。

其次，要注重员工之间的沟通与协作。良好的沟通与协作是实现互补增值的关键。单位应鼓励员工之间的信息交流、经验分享和团队合作，打破部门壁垒，形成协同作战的合力。

再次，要构建灵活多样的人才配置机制。根据单位发展的需要和员工的特长，灵活调整岗位设置和人员配置，实现人力资源的优化配置。同时，要关注员工的职业发展，为他们提供多元化的晋升通道和发展空间。

最后，要营造积极向上、充满活力的组织氛围。单位应建立激励机制，激发员工的积极性和创造力，使他们愿意为单位的发展贡献自己的力量。同时，要注重员工的心理健康和人文关怀，增强员工的归属感和忠诚度。

通过遵循互补增值原则，单位可以实现人力资源的优化配置和高效利用，提升整体效能和竞争力。在实际的操作过程中，单位应根据自身的特点和需求，制定具体的人力资源开发策略，确保互补增值原则得到有效落实。

总之，互补增值原则是人力资源开发的重要原则之一，它强调人力资源的多元化与协同性，有助于提升单位整体效能和竞争力。在未来的发展中，单位应更加注重人力资源的开发与利用，充分发挥互补增值原则的作用，为单位的可持续发展奠定坚实的基础。

（十二）公平竞争原则

在现代单位中，人力资源开发是一项至关重要的任务。通过有效的人力资源开发，单位可以激发员工的潜能，提高员工的工作效率，进而推动单位的整体发展。而在人力资源开发的过程中，公平竞争原则是一项不可或缺的基本原则。

公平竞争原则是指在单位内部，所有员工在人力资源开发方面享有平等的权利和机会。这一原则体现了公正、公平和透明的价值观，有助于营造一个和谐、积极的工作环境，进而激发员工的工作积极性和创造力。

首先，公平竞争原则有助于建立员工之间的信任关系。当每个员工都相信在人力资源开发方面享有平等的权利和机会时，他们会更愿意相信单位的决策是公正、公平的。这种信任关系有助于增强员工的归属感和忠诚度，使他们更加投入地工作，从而为单位的发展贡献自己的力量。

其次，公平竞争原则可以激发员工的工作积极性。在公平竞争的环境下，员工们会更加努力地提升自己的能力和素质，以争取更多的发展机会。这种积极的工作态度不仅可以提高员工的工作效率，还可以促进单位的创新和发展。

最后，公平竞争原则也有助于提升单位的整体竞争力。通过公平的人力资源开发，单位可以发掘和培养更多的优秀人才，为单位的发展提供有力的人才保障。这些优秀人才将成为单位的核心竞争力，帮助单位在激烈的市场竞争中脱颖而出。

然而，要实现公平竞争原则并不容易。单位需要建立健全的人力资源开发机制，确保所有员工在培训、晋升和薪酬等方面享有平等的权利和机会。同时，单位还需要加强内部管理，防止权力寻租和利益输送等不正当行为的发生，确保公平竞争原则得到真正落实。

总之，公平竞争原则是人力资源开发的基本原则之一。它有助于建立员工之间的信任关系，激发员工的工作积极性，提升单位的整体竞争力。因此，单位应该高度重视公平竞争原则的实施，努力营造一个公平、公正、透明的人力资源开发环境，为单位的长远发展奠定坚实的基础。

第三节　人力资源开发的方法

一、人力资源开发的在职开发方法

当今，人力资源的开发成为单位持续发展和创新的关键。在职开发方法作为一种高效且实用的策略，能够帮助单位提升员工能力，增强团队凝聚力，进而推动组织整体绩效的提升。下面将对四种常见的在职开发方法——工作轮换、指导与实习、初级董事会以及行动学习进行深度剖析。

（一）工作轮换

工作轮换是一种通过让员工在不同岗位或部门间进行轮岗，以拓展其知识和技能范围的在职开发方法。这种方法有助于员工了解单位运营的全貌，增强跨部门协作能力，也能激发员工的创新思维。通过工作轮换，员工可以亲身体验不同岗位的工作内容和挑战，从而更全面地理解单位的战略目标和业务需求。

实施工作轮换时，单位需制订详细的计划，明确轮岗的周期、岗位职责以及评估标准。同时，还需要确保员工在轮岗过程中得到充分的支持和指导，以便他们能够迅速适应新环境，从而充分发挥自身潜力。

（二）指导与实习

指导与实习是一种通过资深员工对新员工进行一对一辅导，帮助新员工快速融入团队、掌握工作技能的在职开发方法。这种方法能够有效降低新员工的适应成本，提高他们的工作效率和满意度。

在指导与实习过程中，资深员工需承担起导师的角色，为新员工提供必要的指导和建议。同时，单位还可以设置相应的激励机制，鼓励导师和新员工之间的积极互动和合作。此外，定期对新员工的进步进行评估和反馈也是至关重要的，这有助于新员工明确自己的发展方向，提升自我管理能力。

（三）初级董事会

初级董事会是一种模拟单位高层决策过程的在职开发方法。通过让员工参与初级董事会的活动，单位可以培养员工的战略思维、团队协作和领导能力。

在初级董事会中，员工可以扮演单位高层管理者的角色，参与制订战略计划、分析市场趋势以及解决复杂问题。通过模拟决策过程，员工能够更深入地了解单位的运营机制和业务挑战，从而提升自身的综合素质。同时，初级董事会还可以激发员工的责任感和使命感，增强他们对单位的归属感和忠诚度。

（四）行动学习

行动学习是一种将实际问题与团队协作、反思和学习相结合的在职开发方法。通过组织员工参与具体项目的实施过程，单位可以培养员工的实践能力、创新精神和团队协作能力。

在行动学习中，员工需要面对真实的工作场景和问题，通过团队协作和反思找到解决方案并付诸实践。这种方法有助于员工将理论知识与实际工作相结合，提升解决实际问题的能力。同时，行动学习还可以促进员工之间的交流和合作，增强团队凝聚力和向心力。

综上所述，工作轮换、指导与实习、初级董事会以及行动学习等在职开发方法各具特色，单位可以根据自身需求和员工特点选择适合的方法进行实践。通过实施这些在职开发方法，单位可以有效提升员工能力、增强团队凝聚力。

二、人力资源开发的脱岗方法

人力资源作为单位发展的核心要素，其开发显得尤为重要。脱岗开发方法作为一种有效的人力资源开发途径，不仅能够帮助员工提升个人能力和素质，还能为单位创造更多的价值。下面将重点探讨五种常见的脱岗开发方法：正规教育、研讨会、大型学者会议、周期性休假以及单位内部开发。

（一）正规教育

正规教育是脱岗开发中最为基础和常见的方式之一。单位可以鼓励员工参加与工作相关的学历提升或专业技能培训课程，如MBA、专业技能证书课程等。通过正规教育，员工可以系统地学习新知识、新技能，提高自身综合素质，为单位的长期发展提供有力的人才保障。

（二）研讨会

研讨会是一种集中交流、分享经验、探讨问题的脱岗开发方式。单位可以定期组织内部或外部的研讨会，邀请行业专家、学者或业界领袖为员工分享前沿知识和实践经验。员工通过参与研讨会，可以拓宽视野，了解行业最新动态和发展趋势，激发创新思维，提升解决问题的能力。

（三）大型学者会议

大型学者会议通常是由学术界或行业协会举办的，汇聚了众多专家学者和业界精英。单位可以安排员工参加这类会议，让员工有机会与专家学者面对面交流，了解最新的研究成果和发展趋势。同时，大型学者会议也是员工展示自身能力和成果的绝佳平台，有助于提升个人知名度和影响力。

（四）周期性休假

周期性休假是一种特殊的脱岗开发方式，它允许员工在一段时间内暂时脱离工作岗位，进行休息、"充电"或从事其他个人感兴趣的活动。这种方式看似与人力资源开发无关，但实际上它对员工的身心健康和职业发展具有积极作用。通过周期性休假，员工可以恢复精力，调整心态，更好地应对工作中的挑战和压力。同时，员工在休假期间也可以进行自我学习和提升，为未来的工作做好更充分的准备。

（五）单位内部开发

单位内部开发是指通过内部培训、轮岗锻炼、导师制度等方式，提升员工的专业技能和综合素质。单位可以根据员工的岗位需求和职业发展规划，制订个性化的培训计划，提供针对性的培训资源和支持。此外，单位还可以建立导师制度，让经验丰富的老员工担任新员工的导师，为新员工传授工作经验和技能，促进新员工的快速成长。

综上所述，脱岗开发方法是人力资源开发的重要途径之一。通过正规教育、研讨会、大型学者会议、周期性休假以及单位内部开发等多种方式，单位可以有效地提升员工的能力和素质，为单位的长期发展奠定坚实的人才基础。同时，单位也应该根据员工的实际情况和需求，制订个性化的脱岗开发计划，确保员工能够在最适合自己的方式下得到成长和提升。

三、人力资源开发趋势分析

随着科技的不断进步和经济全球化的加速，人力资源的开发与管理正面临着前所未有的挑战与机遇。人力资源开发，不仅关乎组织内部的运营效率和竞争力，更直接影响到整个社会的经济发展与创新活力。下面将探讨当前人力资源开发的几大趋势，以期为相关组织和个人提供有益的参考和启示。

（一）数字化与智能化成为人力资源开发的新引擎

在信息化、数字化浪潮的推动下，越来越多的单位开始将人工智能、大数据等先进技术应用于人力资源开发中。通过构建智能化的人才管理系统，组织可以实现对员工信息的精准分析、岗位需求的智能匹配以及培训资源的优化配置。这不仅提高了人力资源管理的效率，也使得人才培养和选拔更加科学、公正。

（二）个性化与定制化成为人才培养的新方向

随着员工需求的多样化和个性化，传统的"一刀切"式人才培养模式已经难以满足现代组织的需要。越来越多的单位开始注重员工的个性化发展，并提供定制化的培训计划和职业发展规划。这不仅有助于激发员工的潜能和创造力，也有助于增强员工的归属感和忠诚度。

（三）跨界融合成为人才培养的新趋势

在知识更新速度日益加快的今天，单一的技能和知识已经难以应对复杂多变的工作环境。因此，跨界融合成为人才培养的新趋势。单位需要培养具备跨领域知识和技能的复合型人才，以适应不断变化的市场需求和技术发展。

（四）注重员工心理健康与福祉

在快节奏、高压力的工作环境中，员工的心理健康和福祉问题日益凸显。单位越来越认识到，员工的心理健康和幸福感是组织持续发展的重要保障。因此，越来越多的单位开始关注员工的心理健康，并提供心理咨询服务和福利保障，以营造积极、健康的工作氛围。

（五）构建学习型组织，持续推动人力资源开发

学习型组织强调持续学习、不断创新和适应变化。在这样的组织中，人力资源开发不再是一次性的活动，而是成为一项持续进行的工作。单位需要鼓励员工自主学习、分享知识和经验，同时提供必要的培训和支持，以促进员工的不断成长和进步。

（六）强化人力资源开发的战略地位

随着人力资源在单位发展中的重要性不断提升，越来越多的单位开始将人力资源开发纳入整体战略规划中。通过制定明确的人力资源开发策略和目标，单位可以更好地整合资源、优化流程，以实现组织的长期发展和竞争优势。

综上所述，人力资源开发的趋势呈现出数字化、个性化、跨界融合、关注员工心理健康与福祉、构建学习型组织以及强化战略地位等特点。这些趋势不仅反映了当前社会和经济环境的变化，也为单位提供了宝贵的机遇和挑战。只有紧跟时代潮流，不断创新和完善人力资源开发体系，单位才能在激烈的市场竞争中立于不败之地。

第二章　人力资源开发视域下的农村实用人才培育

第一节　农村实用人才的认定标准与分类

一、农村实用人才的概念

农村实用人才是拥有专业知识和技能，能够在特定领域发挥创造力的人才，是社会劳动者中最优秀的人才。他们是社会的推动力和奠基人。

农村实用人才不仅包括那些拥有自身技能和能力的人，而且还包括那些能够带动周边乡村经济发展，并且能够以自身的优势和能力取得突出的经济效益的人。尽管许多研究表明，农村实用人才具有较高的素质，但也存在不少问题。这些优秀的乡村工作者，不仅具有丰富的知识、优秀的专业素质，而且能够激励当地村民参与生产；更重要的是，他们不仅能够增加当地的就业机会，还能推动当地的经济、文化及其他方面的发展。根据当前的调查，我们认为，农村实用人才应该包括具有专业知识和技术，并积极参与到当地的社会建设和进步的工作当中，特别是对于促进当地的经济、教育和文化的发展做出重大贡献的劳动者。

二、农村实用人才的特征

农村实用人才与普通人有着本质的区别，他们的特点也是独一无二的。总的来说，这类人才应该具备以下几个特征：

（一）多样性

农村实用人才，作为推动农村经济社会发展的重要力量，其多样性特征不仅体现在人才类型的丰富性上，更在于他们各自独特的才能和专长，为农村的现代化建设注入了源源不断的活力。

首先，农村实用人才的多样性体现在其职业背景的广泛性上。从传统的农业种植能手，到现代的农业技术专家，再到农村电商创业者，这些人才各自在不同的领域发挥着重要作用。他们有的擅长传统农耕技术，能够根据气候和土壤条件选择适宜的作物种植，提高农产品产量和质量；有的则精通现代农业技术，能够运用科技手段改进农业生产方式，提高农业生产效率；还有的善于利用网络平台，将农产品销售到全国各地，甚至走向世界，为农村经济发展开辟了新的道路。

其次，农村实用人才的多样性还体现在其技能水平的差异性上。这些人才中既有经验丰富的老农，也有受过高等教育的青年才俊。他们各自拥有不同的技能特长和知识储备，能够在不同领域发挥专长。老农们凭借多年的实践经验，能够传授给年轻人许多实用的农业知识和技能；而青年才俊则能够运用所学知识，为农村发展带来新的思路和方法。这种技能水平的差异性使得农村实用人才在解决实际问题时能够相互补充、相互协作，形成合力。

最后，农村实用人才的多样性还表现在其创新精神和适应能力的强弱上。面对复杂多变的农村发展环境，这些人才展现出了不同的创新精神和适应能力。有的能够敏锐地把握市场机遇，开发出具有竞争力的农产品；有的则能够灵活应对各种挑战，不断调整自己的经营策略和发展方向。这种创新精神和适应能力使得农村实用人才能够在不断变化的市场环境中保持竞争力，为农村发展注入新的活力。

农村实用人才的多样性特征是其能够推动农村经济社会发展的重要保障。这些人才以其丰富的职业背景、差异化的技能水平和强大的创新适应能力，共同构成了农村发展的强大动力。在未来，我们应该进一步重视农村实用人才的培养和引进，充分发挥他们的多样性特征，为农村现代化建设提供更加坚实的人才保障。

（二）经营开发性

在广袤的农村大地上，实用人才是推动农村经济发展、促进农业现代化的重要力量。他们凭借自身的才智和努力，在农村经济建设中发挥着不可替代的作用。其中，经营开发性作为农村实用人才的重要特征之一，更是体现了他们的创新精神和实践能力。

经营开发性，顾名思义，是指农村实用人才在农村经济建设中表现出的强烈的经营意识和开发能力。他们不仅具备丰富的农业生产经验，还能够洞察市场趋势，把握发展机遇，将传统农业与现代经营理念相结合，推动农村经济的转型升级。

农村实用人才的经营开发性体现在多个方面。首先，他们善于挖掘农村潜力资源，将本地特色农产品进行深加工和包装，打造具有地方特色的品牌，提升产品附加值。同时，他们还积极引进新品种、新技术，推动农业生产的科学化、规模化，提高农业生产效益。

其次，农村实用人才注重市场拓展和营销创新。他们深入了解市场需求，制定针对性强的销售策略，通过线上线下相结合的方式，拓宽销售渠道，提高农产品市场竞争力。此外，他们还善于利用社交媒体、电商平台等现代营销手段，开展农产品宣传推广活动，吸引更多消费者关注和购买。

最后，农村实用人才具备强烈的创新意识和创业精神。他们敢于尝试新的经营模式和发展路径，不断探索适合本地实际的农业发展之路。在创业过程中，他们勇于面对挑战和困难，积极寻求解决方案，推动农业产业的持续健康发展。

总之，农村实用人才的经营开发性是他们的重要特征之一，也是推动农村经济发展的关键因素。在乡村振兴战略的大背景下，我们应该更加重视农村实用人才的培养和引进，激发他们的创新精神和创业热情，为农村经济发展注入新的活力。同时，政府和社会各界也应该为农村实用人才提供更多的政策支持和发展机会，让他们在农村这片广阔的土地上尽情施展才华，为乡村振兴贡献自己的力量。

（三）带头示范性

在农村，实用人才如一颗颗璀璨的明珠，以其独特的魅力和力量，照亮着乡村的发展之路。他们不仅具备丰富的实践经验和专业技能，更在推动农业现代化、促进农村经济发展中发挥着带头示范的重要作用。

带头示范性，是农村实用人才最为显著的特征之一。他们不仅是农业生产的能手，更是农村发展的引路人。他们凭借自己的专业知识和实践经验，不断探索新的农业生产方式和技术手段，推动农业现代化进程。同时，他们还积极向周边农民传授新技术、新方法，带动周边农民提高农业生产效益，共同走上致富之路。

农村实用人才的带头示范性，体现在多个方面。首先，他们勇于尝试新技术、新品种，敢于挑战传统农业生产方式，通过实践不断验证和优化农业生产技术。其次，他们善于总结和推广成功经验，将自己的成功做法和心得分享给周边农民，激发农民们的积极性和创造力。最后，他们还积极参与农村产业结构调整、农产品加工和销售等工作，为农村经济的多元化发展贡献力量。

农村实用人才的带头示范性对于推动农村经济发展具有重要意义。他们的成功经验和技术创新，为农村经济发展注入了新的活力和动力。同时，他们的示范引领作用，激发了广大农民的创新意识和创业热情，推动了农村经济的持续健康发展。

然而，我们也应看到，农村实用人才的培养和发展仍面临一些挑战和困难。一方面，农村实用人才的数量和质量仍需进一步提升；另一方面，农村实用人才的成长和发展环境也需进一步优化和完善。因此，我们需要加强农村实用人才的培养和引进工作，为他们提供更好的发展平台和机会；同时，也要加强农村基础设施建设，改善农村生产生活环境，为农村实用人才的成长和发展创造更好的条件。

总之，农村实用人才以其带头示范性的特征，在农村经济发展中发挥着不可替代的作用。我们应该充分认识和重视农村实用人才的价值和作用，加强培养和引进工作，为农村经济的持续健康发展注入更多的动力和活力。

（四）乡土性

农村实用人才是乡村发展的中坚力量，他们不仅具备丰富的实践经验和技能，更展现出鲜明的乡土性特征。这种乡土性不仅是农村实用人才的重要标志，也是他们为乡村发展贡献力量的源泉。

首先，农村实用人才的乡土性体现在他们对乡村文化的深刻理解与热爱。他们扎根于农村，深受乡村文化的熏陶和影响，对乡村的风土人情、传统习俗有着深厚的感情。这种对乡村文化的热爱与认同，使得他们在推动乡村发展的过程中，能够充分考虑乡村的实际情况和需求，制定出符合乡村特点的发展策略。

其次，农村实用人才的乡土性还表现在他们对农业生产的熟悉与精通。他们长期从事农业生产，积累了丰富的农业知识和实践经验，对农作物的生长规律、种植技术、病虫害防治等方面有着独到的见解和技巧。这种专业技能使得他们在指导农民生产、提高农业生产效益方面发挥着重要作用。

最后，农村实用人才的乡土性还体现在他们与乡村社会的紧密联系上。他们熟悉乡村社会的人际关系、组织结构和社会规则，能够有效地协调和处理乡村社会中的各种矛盾和问题。这种社会关系的处理能力，使得他们在推动乡村社会治理、促进乡村和谐稳定方面发挥着不可替代的作用。

总的来说，农村实用人才的乡土性是他们独特魅力的体现，也是他们为乡村发展贡献力量的重要保障。在乡村振兴的大背景下，我们应该更加重视农村实用人才的培养和引进，充分发掘他们的潜能和价值，为乡村的繁荣和发展注入新的活力和动力。同时，我们也应该加强对乡村文化的传承和弘扬，让更多的人了解和认识乡村，为乡村的发展吸引更多的优秀人才和资源。

（五）社会贡献性

在中国的广大农村地区，实用人才是推动社会发展和经济繁荣的重要力量。农村实用人才不仅具备丰富的实践经验和专业技能，更在社会贡献性方面展现出了显著的特征。这些人才深深扎根于农村，通过自己的努力和智慧，为农村社会的进步和发展做出了重要贡献。

首先，农村实用人才的社会贡献性体现在他们对农业生产的推动。这些人才往往拥有丰富的农业知识和实践经验，能够针对当地的气候、土壤等条件，提出科学合理的种植和养殖方案。他们不仅能够提高农作物的产量和品质，还能够推动农业生产的多元化和精细化，为农民增加收入，提高生活水平。

其次，农村实用人才还在农村经济发展中发挥着重要作用。他们利用自身的专业技能和创新能力，创办农村单位，开发特色农产品，推动农村产业结构调整和升级。这些努力不仅为农村经济的发展注入了新的活力，也为农民提供了更多的就业机会和创业平台。

最后，农村实用人才积极参与农村社会治理和文化传承。他们关注农村社会的稳定和和谐，积极参与村级事务的管理和决策，为农村社会的健康发展贡献自己的力量。同时，他们还致力于传承和弘扬农村传统文化，推动农村文化的繁荣和发展。

综上所述，农村实用人才在社会贡献性方面展现出了显著的特征。他们通过自身的努力和智慧，为社会的进步以及发展做出了重要贡献。因此，我们应该高度重视农村实用人才的培养和引进工作，为他们提供更好的发展环境和政策支持，以进一步推动农村社会的全面进步和发展。

三、农村实用人才的认定标准

随着国家对农村发展的日益重视，农村实用人才的培养和认定成为推动农村经济社会发展的关键一环。农村实用人才不仅具备丰富的实践经验，还能够在农业生产、农村管理、乡村文化等多个领域发挥重要作用。因此，制定科学合理的农村实用人才认定标准显得尤为重要。

（一）农业生产技能与实践经验

农村实用人才在农业生产方面应具备较高的技能水平和丰富的实践经验。他们应熟练掌握农作物种植、畜禽养殖等农业技术，能够根据实际情况灵活应用，提高农业生产的效率和质量。同时，他们还应具备农业经营管理能力，能够合理安排农业生产计划，控制成本，提高经济效益。

（二）农村管理与创新能力

农村实用人才在农村管理方面应具备创新意识和实践能力。他们应能够结合当地实际情况，提出切实可行的农村发展方案，推动农村产业结构的优化升级。此外，他们还应具备较强的组织协调能力，能够有效整合农村资源，促进农村经济社会的协调发展。

（三）乡村文化传承与推广能力

农村实用人才在乡村文化传承与推广方面也应发挥积极作用。他们应深入了解乡村文化的内涵和价值，积极传承和弘扬乡村文化，提升乡村文化的影响力和凝聚力。同时，他们还应具备创新能力，能够将乡村文化与现代元素相结合，推动乡村文化的创新发展。

（四）道德品质与社会责任感

农村实用人才还应具备良好的道德品质和社会责任感。他们应诚实守信、勤劳朴实，能够以身作则，为农村社会的和谐稳定作出贡献。同时，他们还应积极参与农村公益事业，关心农民群众的生产生活，为农村社会的全面发展贡献自己的力量。

综上所述，农村实用人才的认定标准应包括农业生产技能与实践经验、农村管理与创新能力、乡村文化传承与推广能力以及道德品质与社会责任感等方面。通过科学合理地认定农村实用人才，可以充分发挥他们在农村发展中的作用，推动农村经济社会持续健康发展。同时，这也需要各级政府和社会各界的共同努力，为农村实用人才的成长和发展创造良好的环境和条件。

四、农村实用人才的分类

农村实用人才划分为生产型、经营型、技术服务型、技术带动型和社会服务型五大类，以满足不同类型人才的发展需要。

（一）生产型人才

随着国家对农村发展的重视和乡村振兴战略的实施，农村实用人才在推动农村经济社会发展中发挥着越来越重要的作用。其中，生产型人才以其独特的专业技能和实践经验，为农村经济的发展注入了强大的动力。

1.生产型人才的分类

生产型人才是指在农业生产领域具备专业技能和实践经验的人才。他们通常具有丰富的农业生产知识，能够熟练掌握各种农业生产技术，并具备解决实际问题的能力。根据生产领域和专业技能的不同，生产型人才可以进一步细分为以下几类：

（1）种植能手。这类人才擅长于农作物的种植和管理，能够根据不同的气候、土壤条件选择合适的作物品种，并通过科学的种植方法提高产量和品质。

（2）养殖专家。他们具备丰富的动物养殖经验，能够熟练掌握动物的饲养管理、疾病防治等技能，为农村养殖业的发展提供有力支持。

（3）农机操作手。随着农业机械化的普及，农机操作手成为农村生产的重要力量。他们熟练掌握各种农业机械的操作技巧，能够高效地完成农业生产任务。

（4）农产品加工人才。这类人才具备农产品加工技术，能够将农产品进行深加工，提高农产品的附加值和市场竞争力。

2.生产型人才的价值

生产型人才在农村经济发展中发挥着重要作用，他们的价值主要体现在以下几个方面：

（1）提高农业生产效率。生产型人才通过掌握先进的农业生产技术和经验，能够有效地提高农业生产效率，降低生产成本，为农民带来更多的经济效益。

（2）推动农业产业升级。生产型人才具备创新思维和实践能力，能够推动农业产业的升级和转型。他们通过引进新品种、新技术，推动农业生产向高效、优质、绿色方向发展。

（3）促进农村就业和增收。生产型人才的培养和发展，不仅能够提高农民的技能水平，还能够促进农村就业和增收。他们通过自身的示范和带动作用，引导更多农民参与到农业生产中来，实现共同富裕。

（4）传承和弘扬农耕文化。生产型人才作为农村生产的骨干力量，他们承载着丰富的农耕文化和传统智慧。通过他们的传承和弘扬，能够保护和传承农村的文化遗产，推动农村文化的繁荣发展。

综上所述，农村实用人才中的生产型人才在推动农村经济发展、提高农业生产效率、推动农业产业升级、促进农村就业和增收以及传承和弘扬农耕文化等方面发挥着重要作用。因此，我们应该高度重视农村实用人才的培养和发展，为他们提供更好的培训和教育机会，激发农村实用人才的创新精神和创业热情，为乡村振兴贡献更多的力量。

（二）经营型人才

农村实用人才，作为推动农村经济发展的重要力量，他们在农村社会的各个领域都发挥着不可替代的作用。其中，经营型人才更是农村实用人才队伍中的佼佼者，他们凭借敏锐的市场洞察力、卓越的管理能力和创新的经营理念，为农村经济的繁荣和社会的进步作出了巨大贡献。

经营型人才，主要是指开展农业经营管理、合作组织或产品营销等活动，充分发挥经营管理能力，起到较大的示范带动效应，吸纳一定的劳动力，产生一定规模和经济收入的人才。经营型人才在农村实用人才中占据重要地位，他们通常具备丰富的商业经验和敏锐的市场洞察力。这类人才能够准确把握市场动态，捕捉商机，制定出符合农村实际的发展策略。他们的经营理念先进，善于运用现代管理手段和技术手段，提高农业生产效率，推动农村产业升级。

1.经营型人才的分类

经营型人才的分类多种多样，根据其在农村经济发展中所扮演的角色和所具备的技能特点，可以大致分为以下几类：

（1）农业单位经营人才

这类人才主要活跃在农业单位领域，他们具备丰富的单位管理经验和现代农业知识。他们善于运用现代化的农业技术和设备，进而提高农业生产效率，推动农业现代化。同时，他们还注重农产品的品牌建设和市场营销，通过打造特色农产品，提升农产品的附加值和市场竞争力。

（2）农村电商经营人才

随着互联网技术的普及，农村电商成为推动农村经济发展的新动力。农村电商经营人才具备电子商务知识和技能，能够利用网络平台开展农产品销售、农村旅游推广等业务。他们通过线上线下的融合，打破农村市场的地域限制，拓宽农产品的销售渠道，带动农村经济的繁荣发展。

（3）农村旅游经营人才

随着人们对休闲旅游的需求不断增加，农村旅游成为农村经济发展的新亮点。农村旅游经营人才善于挖掘和利用农村的自然景观、文化资源和民俗风情，开发出具有地方特色的旅游项目。他们注重提升旅游服务质量和游客体验，推动农村旅游产业的可持续发展。

（4）农村合作社经营人才

农村合作社是农村经济发展的重要组织形式，农村合作社经营人才在合作社的运营和管理中发挥着关键作用。他们熟悉合作社的运作机制，善于协调各方利益，推动合作社发展壮大。同时，他们还注重引进新技术和新品种，提高农产品的产量和品质，增加农民收入。

2.经营型人才的价值

经营型人才在农村经济发展中发挥着举足轻重的作用。他们不仅推动了农村产业的升级和转型，还带动了农民收入的增加和生活水平的提高。然而，目前农村经营型人才仍然面临一些挑战，如人才短缺、技能水平不高等问题。因此，我们需要进一步加强对农村经营型人才的培养和引进力度，为农村经济的繁荣和社会的进步作出更大的贡献。

总之，农村实用人才中的经营型人才是推动农村经济发展的重要力量。我们应该充分认识到他们在农村经济发展中的重要作用，加强对他们的培养和引进力度，为农村经济的可持续发展提供有力的人才保障。

（三）技能服务型人才

农村实用人才是推动农村经济社会发展的重要力量，他们以其专业技能和服务精神，为农村的各项事业注入了新的活力。其中，技能服务型人才是农村实用人才的重要组成部分，他们在农村发展中扮演着不可或缺的角色。

技能服务型人才是指在农村中具备一定专业技能，能够从事某一特定领域服务工作的人才。他们通常具备丰富的实践经验和较强的动手能力，能够根据农村的实际需求，提供有针对性的服务。这类人才主要包括以下几类：

（1）农业技术服务人才

农业技术服务人才是农村技能服务型人才的典型代表。他们通常具备农业方面的专业知识，能够为农民提供种植、养殖等方面的技术指导。通过推广先进的农业技术，可以帮助农民提高农作物的产量和品质，增加农民的收入。同时，他们还积极参与农村产业结构调整，推动农村经济的多元化发展。

（2）农村电商服务人才

随着互联网技术的发展，农村电商逐渐成为农村经济发展的新引擎。农村电商服务人才具备电子商务方面的专业技能，能够帮助农民在网上销售农产品，拓宽农产品的销售渠道。他们通过搭建电商平台、开展网络营销等方式，将农村的优质产品推向更广阔的市场，促进农村经济的繁荣发展。

（3）乡村旅游服务人才

乡村旅游是农村经济发展的重要途径之一。乡村旅游服务人才具备旅游服务和管理方面的专业知识，能够为游客提供优质的旅游体验。他们通过开发乡村旅游资源、提升旅游服务质量等方式，吸引更多的游客前来农村旅游，带动农村相关产业的发展。

（4）农村医疗卫生服务人才

农村医疗卫生服务人才是保障农民健康的重要力量。他们具备医学方面的专业知识，能够为农民提供基本的医疗和卫生服务。通过普及健康知识、开展预防保健工作等方式，提高了农民的健康水平，为农村的可持续发展提供了有力保障。

总之，技能服务型人才在农村发展中发挥着重要作用。为了充分发挥他们的作用，我们需要进一步加强对农村实用人才的培养和引进力度，提高他们的专业技能和服务水平。同时，我们还需要为农村实用人才提供更好的发展环境和政策支持，激发他们的创新创造活力，为农村的经济社会发展贡献更多力量。

（四）技能带动型人才

农村实用人才在各个领域发挥着关键作用。其中，技能带动型人才是农村实用人才队伍中的一支重要力量，他们以其精湛的技能和卓越的带动能力，为农村的发展注入了新的活力。

技能带动型人才通常具备某一领域的专业技能和丰富的实践经验。该类型人才具有独特的特长和技能，尤其是在制造业、加工业、建筑业、服务业等方面，其专长可以有效带动其他农民学习并掌握该技术或进入该行业，并以此作为主要的经济来源。他们可能是农业领域的种植能手、养殖专家，也可能是手工艺领域的匠人、传统技艺的传承者。这些人才通过长期的实践和学习，积累了大量的专业知识和实践经验，成为所在领域的佼佼者。

技能带动型人才在农村发展中发挥着重要作用。首先，他们通过自己的技能实践，提高了农业生产效率和产品质量，为农民增加了收入。其次，他们通过示范和传授经验，带动了周边农民的技能提升，促进了农村整体技能水平的提高。最后，他们还积极参与农村创新创业，推动农村产业升级和转型发展。

然而，技能带动型人才的培养和发展也面临一些挑战。一方面，农村教育资源相对匮乏，导致一些有潜力的年轻人才难以获得系统的专业技能培训。另一方面，农村留人难的问题也制约了技能带动型人才队伍的壮大。一些优秀的技能人才因缺乏发展机会和良好待遇而选择离开农村，前往城市谋求更好的发展。

为了充分发挥技能带动型人才在农村发展中的作用，我们需要采取一系列措施加强其培养和发展。首先，加大农村教育投入，提高农村教育质量，为年轻人才提供更多的专业技能培训机会。其次，完善农村人才激励机制，提高技能人才的待遇和地位，吸引更多优秀人才留在农村发展。最后，可以加强农村创新创业平台建设，为技能人才提供展示才华和实现价值的舞台。

总之，技能带动型人才在推动农村发展中发挥着不可替代的作用。我们应该加强对其培养和发展的支持力度，为农村经济社会发展注入更多的活力和动力。同时，我们也要鼓励更多的农村青年积极参与到技能学习和实践中来，通过不断提升自身的技能水平，成为农村发展的中坚力量。相信在技能带动型人才的引领下，农村将会迎来更加美好的未来。

（五）社会服务型人才

农村实用人才是推动农村发展的重要力量，他们在各个领域发挥着不可或缺的作用。其中，社会服务型人才是农村实用人才的重要组成部分，他们以其专业的知识和技能，为农村社会的全面发展提供了有力支持。

社会服务型人才主要指那些在农村地区从事教育、医疗、文化、科技等领域工作的人才。他们不仅具备扎实的专业知识，还具备丰富的实践经验，能够针对农村地区的实际情况，提供切实可行的解决方案。

在教育领域，社会服务型人才包括农村教师、教育工作者等。他们致力于提升农村教育质量，推动教育公平，为农村孩子提供更好的学习机会。他们不仅教授知识，还注重培养学生的综合素质，为农村地区的未来发展培养了一批批优秀的人才。

在文化领域，社会服务型人才包括文化工作者、非遗传承人等。他们致力于传承和弘扬农村地区的优秀传统文化，通过举办文化活动、开展文化培训等方式，丰富了农村居民的精神文化生活，提升了农村地区的文化软实力。

总之，社会服务型人才在各个领域发挥着重要作用。未来，我们应该进一步加强对农村实用人才的培养和引进，为农村地区的发展注入更多活力和动力。同时，也要注重提高农村实用人才的待遇和地位，让他们在农村地区安心工作、舒心生活，更好地为农村社会的发展贡献自己的力量。

第二节　农村实用人才培训

一、人力资源开发视域下农村实用人才的培训原则

在当今日益激烈的全球竞争中，人力资源的开发与利用已成为推动国家发展的关键因素。尤其是在农村地区，实用人才的培养和成长对于促进农业现代化、提升农村经济实力具有不可替代的作用。因此，在人力资源开发的视域下，探讨农村实用人才的培训原则，对于实现乡村振兴、推动农村经济社会全面发展具有重要意义。

（一）需求导向原则

农村实用人才的培训必须紧密结合农村经济社会发展的实际需求。要深入了解农业产业结构调整、农村市场需求变化以及新技术、新模式的推广应用情况，确定培训的内容和重点。同时，要关注农民的实际需求和意愿，根据他们的年龄、文化、技能水平等差异，制定个性化的培训方案，确保培训内容与农民的生产生活紧密相关，能够真正解决实际问题。

（二）实践应用原则

实用人才的培训要注重实践性和应用性。培训过程中，要突出实际操作和技能训练，通过现场教学、案例分析、模拟演练等方式，让农民在实践中学习、在应用中提高。同时，要注重培训成果的转化和应用，鼓励农民将所学知识和技能运用到生产实践中，实现培训效果的最大化。

（三）创新引领原则

随着农业科技的不断进步和农村经济社会的快速发展，农村实用人才的培养也需要不断创新。要积极探索新的培训模式和方法，引入现代化的教学手段和技术，提高培训的效率和质量。同时，要鼓励农民自主学习和创新实践，培养他们的创新意识和创业精神，推动农村经济的创新发展。

（四）持续发展原则

农村实用人才的培训是一个长期而持续的过程。要建立健全培训体系，实现培训的常态化和制度化。要注重培训的延续性和连贯性，确保农民能够持续接受新知识、新技能的培训。同时，要加强培训后的跟踪服务和指导，帮助农民解决在实践中遇到的问题，促进他们的持续发展。

（五）合作共享原则

农村实用人才的培训需要政府、单位、社会组织等多方共同参与和协作。要加强政府与培训机构、单位等之间的合作，共同制订培训计划、提供培训资源、推广培训成果。同时，要鼓励农民之间的互助合作和经验分享，形成资源共享、经验互鉴的良好氛围。

综上所述，人力资源开发视域下农村实用人才的培训原则涵盖了需求导向、实践应用、创新引领、持续发展和合作共享等方面。上述原则共同构成了农村实用人才培训的完整体系。只有遵循这些原则，才能培养出更多适应农村发展需要、具备现代知识和技能的实用人才，为乡村振兴和农村经济社会的全面发展提供有力的人才保障。

二、人力资源开发视域下农村实用人才的培训模式

（一）政府主导式培训

随着社会的进步和经济的发展，农村实用人才作为推动农村经济社会发展的重要力量，其培养和人力资源开发显得尤为重要。在这一背景下，政府主导式培训在人力资源开发视域下农村实用人才的培训中发挥着关键作用。

首先，政府主导式培训有助于整合和优化农村教育培训资源。政府作为公共资源的调配者，具有强大的资源整合能力。通过政府的引导，可以将现有的农村教育培训资源进行有机整合，避免资源的浪费和重复建设。同时，政府还能协调各相关部门，推动教育资源的共享和优化配置，提高教育培训的质量和效率。

其次，政府主导式培训能够创新人才培养的方法和手段。政府可以引导和支持教育机构、单位和社会组织等多元主体参与农村实用人才的培训，形成多元化的培训体系。在培训内容上，政府可以根据农村经济社会发展的实际需求，制定符合当地特点的课程体系；在培训方法上，可以采用线上线下相结合、理论与实践相结合的方式，提高农村实用人才培训效果。

最后，政府主导式培训还能推动农村实用人才培训体系的完善。通过建立地、县、乡三级农民教育培训体系，可以逐步形成行之有效的农民终身职业教育培训网络。政府可以

出台相关政策，鼓励和支持各类教育培训机构开展农村实用人才的培训，同时加强对培训质量的监督和评估，确保培训的有效性和实用性。

然而，政府主导式培训也面临着一些挑战和问题。例如，如何确保培训内容与农村实际需求的紧密结合，如何激发农民参与培训的积极性，如何建立长效的培训机制等。因此，政府需要不断完善相关政策，加强与其他部门的合作，提高培训的针对性和实效性。

总之，人力资源开发视域下农村实用人才的培训是一项系统工程，需要政府、教育机构、单位和社会组织等多方共同努力。政府作为主导者，应该积极履行职责，整合资源，创新方法，推动农村实用人才的培训和发展。同时，还需要加强与其他部门的合作，形成合力，共同推动农村经济社会的发展。

未来，随着农村实用人才队伍的壮大和人力资源开发的不断深入，政府主导式培训将在更多领域和更深层次上发挥作用。政府应该继续加强政策引导和支持，推动农村实用人才培训的深入发展，为农村经济社会的繁荣和稳定提供坚实的人才保障。同时，也需要关注农民的实际需求和发展方向，不断完善培训体系，提高培训质量。

（二）市场引导式培训

随着社会的快速发展，农村实用人才在推动农村经济发展和社会进步中发挥着越来越重要的作用。因此，如何有效开发农村人力资源，特别是实用人才的培养，成为当前的重要课题。下面将从人力资源开发的视角，探讨市场引导式培训在农村实用人才培养中的应用与实践。

农村实用人才不仅应具备丰富的农业知识和技术，还要了解市场规律，具备创新意识和创业能力。因此，培训的内容应以市场需求为导向，结合农村实际，注重理论与实践的结合，使学员真正掌握实用技能。

（1）市场引导式培训的核心在于紧密结合市场需求，根据产业的发展趋势和市场需求变化，调整培训内容和方法。例如，针对当前农产品电商的兴起，可以加强电子商务、网络营销等方面的培训，帮助农村实用人才更好地适应市场变化，拓宽销售渠道。

（2）市场引导式培训还需要注重培训方式的创新。传统的集中培训虽然可以在短时间内传授大量知识，但往往忽视了学员的个体差异和实际需求。因此，我们可以采取"走出去"和"请进来"相结合的方式，组织学员到现代农业示范区、农业龙头单位等地参观学习，或者邀请农业专家、单位来村进行现场指导和经验分享。

（3）市场引导式培训还应加强跟踪服务。培训结束后，应定期组织学员开展产品推介展示和对接合作活动，帮助他们将所学知识转化为实际生产力。同时，建立农村实用人才信息库，定期更新人才信息，为政府决策和单位用人提供有力支持。

在实施市场引导式培训的过程中，我们还需要注意以下几点：一是加强组织领导，确保培训工作的顺利进行；二是加大资金投入，为培训工作提供必要的物质保障；三是完善制度建设，确保培训工作的规范化和长效化。

总之，市场引导式培训是人力资源开发视域下农村实用人才培养的重要途径。通过紧密结合市场需求，创新培训方式，加强跟踪服务，我们可以为农村实用人才提供更多、更好的培训机会，推动他们在乡村振兴中发挥更大的作用。同时，我们也需要不断完善和优化培训体系，以适应不断变化的市场需求和社会环境，为农村实用人才的成长和发展提供有力保障。

（三）农民自主式培训

随着农村经济的持续发展和现代化进程的推进，农村实用人才的培养与开发显得愈发重要。人力资源作为推动农村经济社会发展的核心要素，其质量和数量直接影响到农村经济的繁荣和社会进步。农民自主式培训作为一种新型的人才培养模式，正逐渐受到广泛关注和应用。

农民自主式培训是指农民根据自身需求和发展目标，自主选择培训内容、方式和时间，通过自我学习、实践探索等方式提升自身素质和技能的一种培训方式。这种培训方式充分尊重了农民的主体地位和自主意愿，激发了农民的学习热情和创造力，有助于培养出一批具有创新精神和实践能力的农村实用人才。

农民自主式培训的优势在于其灵活性和实效性。农民可以根据自己的生产生活实际，选择与生产紧密相关的培训内容，如种植技术、养殖技术、农产品加工等，确保所学内容与实际需求紧密结合。同时，农民可以根据自身的时间安排和学习进度，灵活选择培训时间和方式，既不影响正常的生产生活，又能保证学习效果。

在实施农民自主式培训的过程中，我们还需要注意以下几点：首先，要加强培训内容的针对性和实用性，确保培训内容能够真正满足农民的需求。其次，要建立健全培训机制，为农民提供必要的培训资源和指导，确保培训的顺利进行。最后，还要加强培训成果的评估和反馈，及时了解农民的学习情况和培训效果，为今后的培训工作提供参考和借鉴。

农民自主式培训作为农村实用人才培养的一种重要方式，具有广阔的应用前景和巨大的发展潜力。通过不断完善培训机制、丰富培训内容、优化培训方式，我们可以培养出更多具有创新精神和实践能力的农村实用人才，为农村经济社会的发展提供有力的人才保障。

展望未来，随着科技的不断进步和农村经济的持续发展，农民自主式培训将发挥更加重要的作用。通过不断探索和创新，我们可以构建更加完善的农民自主式培训体系，为农村实用人才的培养和开发提供更加坚实的支撑。同时，我们也需要关注农民在培训过程中的主体地位和自主意愿，激发他们的学习热情和创造力，共同推动农村经济的繁荣发展和社会进步。

第三节　农村实用人才评选

一、农村实用人才评选标准

农村实用人才除了通过培训获得，还可以通过从已有较高技术水平和经营收益的农民中进行评选。2013年7月，我国农业部（现农业农村部）印发了《农村实用人才认定试点工作方案》，该方案对农村实用人才评选认定工作提出了参考标准，具体见表2-1。

表2-1　农村实用人才分类与认定标准参考因素

类别	主要对象	根据以下因素划分初、中、高各等级认定标准
生产型	种植能手、养殖能手、捕捞能手、农产品初加工能手	生产规模；新技术示范和推广；带动周边农户数等
经营型	家庭农场经营者、农民专业合作组织负责人、农业产业化龙头单位经营者、农村经纪人等	经营规模及水平；经营年限；常年聘用人员数量；年创造经济效益；带动农民增收等
技能服务型	农民植保员、村级防疫员、农村信息员、农产品质量安全检测员、农机驾驶员和农机修理工、沼气工和沼气物管员、畜禽繁殖员、蔬菜园艺工、花卉园艺工、农作物种子繁育员等	职业技能水平或持职业资格证书、农民职称、绿色证书；服务户数或面积；年创造经济效益；促进农民增收情况等
技能带动型	在制造业、建筑业、餐饮业等领域的农村能人	带动能力，带动规模人数根据不同行业领域而定；年收入高于所在乡镇农民年平均纯收入多少；传承当地民俗文化发挥作用情况；持有相应资格证书或技能水平证书等情况
社会服务型	从事乡村文化、体育、社会工作的人员，以及民间艺人等	服务能力和水平；群众的认可度或在群众中的声望；在传承当地民俗文化方面发挥的作用；对丰富群众精神文化生活的影响力等

同时，该工作方案还指出，要根据农村实用人才的成长规律和特点，结合各地实际情

况，制定符合当地发展要求的评选量化标准。即在不同地区可能根据当地经济发展水平、产业发展需求不同，各地的农村实用人才评选具体指标也不完全相同，这样能够最大限度地发掘和鼓励本土农村实用人才，并利用他们为当地经济做贡献、为当地农业和农民的发展起到带动作用。

二、基于人力资源开发的农村实用人才培养

随着农村经济的发展和农业现代化的推进，农村实用人才的培养显得尤为重要。人力资源开发作为提升农村实用人才综合素质和能力的关键途径，对于推动农村可持续发展、增加农民收入、促进乡村振兴具有重要意义。

（一）人力资源开发对农村实用人才的新要求

农村实用人才的培养与开发已成为乡村振兴的重要一环。在这个快速变革的时代背景下，人力资源开发对农村实用人才提出了全新的要求，旨在推动农村经济的持续发展，提升农民的生活水平，实现农村的全面现代化。

1.提升综合素质，适应现代化发展需求

农村实用人才不仅需要具备扎实的农业知识和技能，还需要具备较高的综合素质。这包括良好的思想道德品质、较强的创新能力和学习能力，以及良好的沟通能力和团队合作精神。人力资源开发应加强对农村实用人才的综合素质培养，通过举办各类培训班、研讨会等活动，提升他们的综合素质，使他们能够更好地适应现代化发展的需求。

2.注重技能培养，提高农业生产效率

农业生产是农村实用人才的主要工作领域，因此，技能培养是人力资源开发的重要任务之一。农村实用人才应掌握先进的农业生产技术和管理方法，能够高效地进行农业生产，提高农产品的产量和质量。同时，还应注重培养农村实用人才的创新意识和实践能力，鼓励他们探索新的农业生产模式和技术，推动农业生产的转型升级。

3.加强信息化建设，提升信息化应用能力

信息化是现代社会的重要特征，也是推动农村现代化发展的关键手段。农村实用人才应具备一定的信息化应用能力，能够利用现代信息技术进行农业生产、销售和管理。人力资源开发应加强对农村实用人才的信息化建设培训，提高他们的信息化素养和应用能力，使他们能够更好地利用现代信息技术推动农村经济的发展。

4.关注市场变化，增强市场适应能力

随着市场经济的深入发展，农村实用人才需要具备敏锐的市场洞察力和适应能力。他们需要了解市场需求和趋势，及时调整生产结构和经营策略，以应对市场的变化。人力资源开发应加强对农村实用人才的市场意识和经营能力的培训，帮助他们提高市场适应

能力。

5.培养创新创业精神，激发发展活力

农村实用人才需要具备创新创业精神，要勇于探索新的发展模式和路径。人力资源开发应鼓励农村实用人才积极参与创新创业活动，提供政策支持和资金扶持，激发他们的创新活力和创业热情。同时，还应加强创新创业教育和培训，提升他们的创新创业能力和风险意识。

综上所述，人力资源开发对农村实用人才提出了多方面的新要求。通过提升综合素质、注重技能培养、加强信息化建设、关注市场变化以及培养创新创业精神等措施，可以推动农村实用人才更好地适应现代化发展需求，为乡村振兴和农村经济发展贡献自己的力量。

（二）人力资源开发在农村实用人才培养中的作用

在当前的农村发展中，实用人才的培养是推动农业现代化、提升农村综合实力的关键所在。人力资源开发作为人才培养的重要环节，其在农村实用人才培养中发挥着不可替代的作用。下面将深入探讨人力资源开发在农村实用人才培养中的重要作用，以期为推动农村实用人才队伍建设提供有益的思路。

首先，人力资源开发有助于提升农村实用人才的整体素质。通过系统性的培训和教育，人力资源开发能够增强农村人才的技能水平，提升他们的创新意识和实践能力。这不仅可以促进农业技术的推广和应用，还能提高农业生产效率。

其次，人力资源开发有助于优化农村实用人才的结构。针对农村不同领域、不同层次的人才需求，人力资源开发可以制订针对性的培养计划和措施，从而培养出更多符合农村发展需要的专业人才。这种人才结构的优化有助于提升农村的整体竞争力。

再次，人力资源开发有助于增强农村实用人才的创新能力。通过引入先进的培训理念和方法，激发人才的创新潜能，鼓励他们积极探索新的农业技术和经营模式。这种创新能力的提升不仅能够推动农业产业的升级换代，还能为农村发展注入源源不断的动力。

最后，人力资源开发还有助于提升农村实用人才的就业竞争力。通过提高人才的综合素质和专业技能，使他们更好地适应市场需求，增加就业机会。同时，人力资源开发还可以促进农村人才的流动和合理配置，实现人才资源的共享和优化。

综上所述，人力资源开发在农村实用人才培养中发挥着至关重要的作用。为了进一步提升农村实用人才的培养效果，我们应该加强人力资源开发的力度，完善培训体系，创新培养模式，为农村发展提供更多高素质、高技能的实用人才。

（三）基于人力资源开发的农村实用人才培养原则

农村实用人才的培养，是乡村振兴战略实施的关键一环，也是推动农村经济社会持续健康发展的根本动力。基于人力资源开发的视角，农村实用人才的培养应遵循一系列基本原则，以确保人才培养的针对性、有效性和可持续性。

1.坚持实用原则

（1）以实际需求为导向

充分尊重农村实用人才的实用特性，按照新农村建设和现代农业发展的基本要求，把握农村经济社会发展趋势和产业结构变动方向，培养符合农村实际需求的人才。例如，根据当地农业产业特色，培养种植、养殖方面的专业人才，或是农产品加工、销售等环节的实用人才等。

（2）以业绩和贡献为核心考量

在培养过程中，注重以业绩、贡献和示范带动作用为核心，以此为依据调整培养方向和重点，确保培养出的人才能够切实对农村发展产生积极影响，带动农村经济、社会的进步。

2.统筹兼顾原则

（1）统筹城乡人才政策

按照城乡经济社会一体化的要求，统筹城乡人才发展，完善体制机制，改善城乡人才培养、交流和创业兴业的政策环境。比如，城市的人才拥有技术、管理经验等优势，可以制定政策鼓励他们到农村创业兴业，带动农村发展；同时，农村也可以为城市提供劳动力资源，并向城市学习先进的人才培养模式等。

（2）协调人才梯队建设

统筹农村实用人才梯队建设，提高现有农村实用人才的能力和水平，激活人才存量；加大对农村劳动力的培训和培养力度，扩大人才总量。例如，针对农村现有的种植能手，提供更高级的农业技术培训，使其从传统种植向绿色农业、智慧农业方向发展；同时加大对普通农村劳动力的农业基础知识培训，增加农村实用人才的数量。

（3）针对不同人才分类培养

根据人才的不同特点，采取有针对性的培养、激励和服务措施，促进各类人才协调发展。如针对农村经营型人才，着重培养其商业运营、市场拓展能力；对于技能带动型人才，重点提高其技能水平和传授技能的能力等。

3.因地制宜原则

充分发挥各地的积极性和创造性，针对本地实际对农村实用人才队伍建设提出总体规划和目标，积极培养适合本地发展的农村实用人才。不同地区的农村有着不同的地理环境、资源禀赋和产业基础，例如山区可能更侧重于发展特色林果业、林下经济等相关人才的培养；平原地区可能侧重于大规模农作物种植、农产品深加工等方面人才的培养。

4.夯实基础原则

（1）健全培养体系

健全农村实用人才培养体系，从教育、培训、实践等多方面构建完整的培养链条。例如建立农村职业技能培训学校、农业技术实训基地等，为农村实用人才的成长提供全面的学习和实践场所。

（2）加大投入力度，营造良好氛围，真正把农村实用人才队伍建设提升到实施人才兴农战略的高度和促进经济社会发展全局的位置，坚持以人为本，提高农村人力资源的整体素质，着力培养和增强农村劳动者的自我发展能力和农村实用人才的示范带动能力，全面推进农村实用人才队伍建设。

（四）基于人力资源开发的农村实用人才培养策略

1.加强农村教育体系建设

随着国家对乡村振兴战略的深入实施，农村实用人才的培养成为推动农村经济社会发展的关键一环。而要实现这一目标，加强农村教育体系建设是不可或缺的。下面将从多个方面探讨基于人力资源开发的农村实用人才培养策略，以期为提高农村教育水平、促进农村发展提供参考。

（1）加强农村基础教育投入，提升整体教育水平

农村基础教育是农村实用人才培养的基石。当前，农村教育水平整体偏低，这严重制约了农村实用人才的培养。因此，必须加大对农村基础教育的投入，改善农村学校的教学设施，提高农村教师的待遇，吸引更多优秀教师到农村任教。同时，要加强农村学校的课程设置，注重培养学生的综合素质和实践能力，为农村实用人才的培养打下坚实基础。

（2）构建职业教育体系，培养专业技能人才

农村实用人才的培养需要注重职业技能的培养。因此，应构建完善的农村职业教育体系，根据当地产业特点和市场需求，设置相应的专业课程，培养具有专业技能和实际操作能力的农村实用人才。同时，要加强职业教育与普通教育的衔接，为农村学生提供多元化的教育选择和发展路径。

（3）推广成人教育，提升农民整体素质

成人教育是提高农民整体素质的有效途径。针对农村成年劳动力，应开展多种形式的成人教育，如夜校、培训班等，帮助他们掌握现代农业技术、市场营销等实用知识，提高他们的就业创业能力。同时，通过成人教育，还可以引导农民树立现代文明观念，提高他们的文化素养和社会责任感。

（4）加强校企合作，实现人才培养与产业需求的对接

校企合作是人才培养与产业需求对接的有效方式。农村学校应积极与单位合作，共同制订人才培养计划，开展实习实训等活动，让学生在校期间就能接触到实际工作场景，提高他们的实际操作能力。同时，单位也可以通过校企合作了解学校的人才培养情况，为招聘和用人提供便利。

（5）注重信息化教育，提升农村教育现代化水平

信息化教育是提升农村教育现代化水平的重要手段。应利用现代信息技术手段，如网络教育、远程教育等，为农村学生提供更多优质的教育资源和学习机会。同时，要加强农村教师的信息化培训，提高他们的信息技术应用能力，使农村教育更加符合时代发展的需求。

综上所述，加强农村教育体系建设是培养农村实用人才的关键所在。通过加强基础教育投入、构建职业教育体系、推广成人教育、加强校企合作以及注重信息化教育等多方面的措施，可以不断提升农村教育水平，为农村实用人才的培养提供有力保障。

2.鼓励创新创业

农村实用人才的培养对于推动农村经济社会发展、实现乡村振兴具有重要意义。基于人力资源开发的角度，我们需要积极探索农村实用人才的培养策略，特别是鼓励创新创业，以激发农村人才的内在动力和创新活力。

首先，要明确农村实用人才的培养目标。农村实用人才不仅要有扎实的农业知识和技能，更要具备创新思维和创业能力。因此，在培养农村实用人才的过程中，要注重理论与实践相结合，通过现场教学、案例分析等方式，让学员深入了解农业生产的实际情况，掌握现代农业技术和管理方法。同时，加强创新创业意识的培养，引导学员树立创新创业理念，勇于探索新的农业经营模式和发展路径。

其次，要建立健全农村实用人才培养体系。这包括完善培训体系、优化培训内容、加强师资队伍建设等方面。在培训体系方面，要构建多层次、多渠道的培训体系，包括短期培训、中长期培训和学历教育等，以满足不同学员的需求。在培训内容方面，要注重实用性和前瞻性，结合当地农业产业发展特点和市场需求，制定针对性强的培训方案。在师资队伍建设方面，要选拔具有丰富实践经验和教学能力的教师，建立一支高水平的师资队伍，为学员提供优质的教学服务。

再次，要搭建农村实用人才创新创业平台。政府和社会各界应积极参与，为农村实用人才提供创新创业的机会和资源。例如，可以建立农村创业孵化基地，为创业者提供场地、资金和技术支持；举办农业创新创业大赛，激发人才的创新热情；加强与金融机构的合作，为创业者提供融资服务。同时，还要加强农村信息化建设，利用互联网、大数据等技术手段，推动农村创新创业的快速发展。

最后，要注重农村实用人才的引进和留用。要制定优惠政策，吸引更多的城市人才到农村创业发展。同时，要加强对农村本地人才的培养和留用，通过提高待遇、改善工作环境等方式，激发他们的工作热情和创造力。此外，还要加强农村文化建设，提升农村的吸引力和凝聚力，为农村实用人才的成长和发展提供良好的社会环境。

总之，基于人力资源开发的农村实用人才培养策略需要注重创新创业的鼓励和支持。通过明确培养目标、完善培养体系、搭建创新创业平台以及加强人才引进和留用等措施，我们可以有效地提升农村实用人才的综合素质和创新创业能力，为推动农村经济社会发展和实现乡村振兴提供有力的人才保障。

3.加强人才交流与合作

农村实用人才的培养已成为推动乡村振兴、实现农业现代化的关键所在。在人力资源开发的视角下，加强人才交流与合作对于提升农村实用人才的综合素质和创新能力具有重要意义。

（1）农村实用人才培养的现状与挑战

当前，我国农村实用人才虽然培养取得了一定的成效，但仍面临诸多挑战。一方面，农村地区教育资源相对匮乏，人才培养体系尚不完善，导致实用人才供给不足；另一方面，农村实用人才在技能水平、创新能力等方面与现代农业发展的需求存在差距，制约了农业现代化的进程。

（2）加强人才交流与合作的必要性

加强人才交流与合作是提升农村实用人才综合素质和创新能力的重要途径。通过交流与合作，可以实现资源共享、优势互补，促进人才之间的知识传递和技能提升。同时，交流与合作还有助于拓展人才的视野和思路，激发创新灵感，推动农村实用人才的全面发展。

（3）加强人才交流与合作的策略

第一，建立人才交流平台。搭建线上线下相结合的人才交流平台，为农村实用人才提供广阔的交流空间。线上平台包括专业论坛、在线课程等，方便人才随时随地学习交流；线下则可以组织定期的培训、研讨会等活动，促进人才之间的面对面交流。

第二，加强校地合作。高校和科研机构是人才培养的重要基地，也是知识创新和技术推广的重要力量。加强校地合作，可以引导高校和科研机构将科研成果转化为实用技术，推动农村实用人才的技能提升和创新发展。

第三，推广人才共享模式。通过推广人才共享模式，实现农村实用人才在不同区域、不同领域之间的优化配置。例如，可以建立人才库，将各类实用人才纳入其中，根据需求进行调配；也可以开展人才交流活动，促进不同领域的人才相互学习、相互借鉴。

第四，营造良好的人才发展环境。优化农村实用人才的发展环境，包括提供政策支持、资金扶持等，为人才的成长和发展创造有利条件。同时，加强社会宣传，提高农村实用人才的社会地位和认可度，激发他们投身农业现代化的积极性和热情。

　　加强人才交流与合作是推动农村实用人才培养的重要举措。通过搭建人才交流平台、加强校地合作、推广人才共享模式以及营造良好的人才发展环境等措施，可以有效提升农村实用人才的综合素质和创新能力，为乡村振兴和农业现代化提供有力的人才保障。

　　基于人力资源开发的农村实用人才培养是推动农村经济发展、实现乡村振兴的关键环节。通过加强农村教育体系建设、建立多元化培训机制、鼓励创新创业和加强人才交流与合作等策略，可以有效提升农村实用人才的综合素质和能力。同时，政府、单位和社会各界应共同努力，形成合力，为农村实用人才培养提供有力的支持和保障。

第三章　人力资源整合

第一节　人力资源优化整合基本原则与目标

一、人力资源优化整合基本原则

（一）概述

所谓人力资源整合，是指通过一定的方法、手段、措施，重新组合和调整来自不同企业的人力资源队伍，建立统一的人力资源政策和制度，更重要的是形成统一的企业文化和价值观，从而引导来自不同企业的组织成员的个体目标向组织总体目标靠近，达成成员和组织目标实现双赢结果的一系列管理活动的总和。人力资源整合是建立在人力资源管理基础之上的更高层面的目标，是人力资源管理的发展。

越来越多的研究学者与企业人力资源管理者认识到人力资源整合对提升企业核心竞争力的重大意义。通过明确地、有意识地、系统地提高组织人力资源治理的绩效，有目的地进行人力资源整合，可以充分发挥企业员工的潜能，和谐处理企业经营者与员工之间的关系，并对相应的各种治理活动予以计划、组织、协调、指挥和控制，从而促成企业革新，提高企业组织效率，增强企业核心竞争力。

（二）重要性

彼得·德鲁克（Peter F.Drucker）在并购成功的五要素中指出，公司高层管理人员的任免是并购成功与否的关键所在。泰坦鲍姆（Toby J.Tetenbaum）也提出，在参加并购谈判的部门中，没有人事部门的参与是导致并购失败的重要原因之一。由此可见，企业并购能否成功，在很大程度上取决于能否有效地整合双方的人力资源。众所周知，市场经济是竞争经济，市场竞争的核心是人才的竞争。人力资源特别是优秀人才是企业的无形资产和竞争获胜的法宝。谁拥有了优秀的人才，谁就掌握了这个无价之宝，谁就拥有了市场竞争的主动权。20世纪90年代以来，随着科学技术的飞速发展、产品更新换代速度的不断加快，以及企业规模的不断扩大，优秀技术人员、高级管理人员在企业中的地位和作用越来越重要，众多的企业为了留住并吸引优秀人才，纷纷提出了各种各样的人才优待政策和诱人的股权激励计划。但如果企业被并购了，上述政策和计划发生了变化，就会造成优秀人才的流失，给并购方带来损失。一份调查报告显示，美国、韩国、新加坡、巴西和中国香港的高级经理中有75%以上的人认为，留住人才是企业并购成功的关键因素。

（三）原则

1.平稳过渡

人力资源整合是各类因素整合中风险最大的整合。这如同风险决策一样，若加快节奏，整合一步到位，则效率高，风险大；若稳步推进，减缓速度，则效率较低，确定性较强。一般来说，在风险性与稳定性两种选择中，既不能贪图速度而冒太大风险，也不可过分求稳而节奏过缓。可行的方式应是先确定并购所要达到的目标和效应，再全面规划，扎实推进，以求平稳过渡。在实施各种整合方案的同时，充分进行并购双方管理者与管理者、管理者与员工之间的有效沟通，以尽可能减少震动和平稳过渡为标准。

2.积极性优先

企业是人的集合体，企业无人则止。著名经济学家舒尔茨曾说过，当代高收入国家的财富是靠人的能力创造的。一个正常健康的人只运用了其能力的10%。企业的发展依靠人的智慧，人的积极性是各类要素中对企业发展最关键的要素，只有在整合过程中充分调动和发挥人的积极性，才能尽快实现整合的目的。因此，任何方式的整合都应服从并服务于调动人的积极性的目的。强调积极性优先的原则，就是不应拘泥于某种固定形式，不应限制在某一章法中，而应机动灵活，综合使用各种方法来调动人的积极性。

3.保护人才

人才是人力资源中德才兼备、有创造性、贡献较大的人。善于发现人才、培养人才、合理使用人才和保护人才，是人力资源管理的根本。对于一个并购后的新企业来说，新的经营环境、新的人群构成，可能会使一些人在多种因素的作用下不愿介入其中。在已有的并购实践中，并购的过程也是人才大量流失的过程，这可以说是人力资源整合最大的失败。只有留住了人才，才能谈得上正确使用人才。当然，保护人才并不是说任何人才都要保护，而是要选择对那些未来企业发展需要的人才加以保护。企业并购中应当保护的人才，应以人才的群体优势最优、不同人才的知识结构互补及人才合力的形成为标准。

4.降低成本

人力成本是企业生产经营成本的重要组成部分。人力组合不同，企业所应支付的人力成本就不同，因此，最简单的法则就是降低成本。这里所说的降低成本，不以降低员工的报酬为特征，而以降低最优群体所形成的成本为标准。如用很高的报酬来留住少量拔尖人才，拔尖人才统领指挥低报酬的员工会比大多数人拿到较高报酬所花费的人力总成本低得多。因此，降低人力成本应以人力资源知识结构优化组合为前提。

5.多方式组合

人力资源整合因企业不同或并购形式、目的、时间、环境与对象不同，有多种方式可供选择。实践中绝不会只采取一种方式就能完成人力资源的整合，也没有任何一种方式适合于所有并购企业的人力资源整合，而应具体问题具体分析。因此，在人力资源整合过程中，必须充分考虑并购的类型、环境、条件、对象、时间等多种因素，确定多种方式，并将这些方式加以科学组合、巧妙运用。

二、人力资源优化整合目标

（一）建立新的体系

当今社会，人才是一项非常珍贵的资源，在企业竞争中起着关键性的作用。对企业来说，有效的人力资源管理机制的建立将有助于企业保留、吸引和激励人才，从而推动企业发展战略的实现。那么，现代企业制胜的法宝究竟是什么呢？人才是信息时代企业发展的动力之源，员工重于利润，人力资源将是企业制胜的关键。谁能掌握越多的人才，谁就能脱颖而出，独领风骚。21世纪，将是人力资源管理再造的世纪。

1.策略导向型的人力资源规划成为企业战略规划不可分割的组成部分

越来越多的企业已经认识到，如果一个企业要想获得或保持竞争优势的话，唯有将长期性的人力资源规划与企业战略规划紧密结合。因为人具有人性，也拥有人权，不能像机器设备一样招之即来，挥之即去。

2.人力资源管理状况将成为识别企业实力和优劣的重要指标

如《幸福》杂志每年评选出美国适合人们工作的企业等。评选这些企业的主要根据往往就是这些企业的人力资源活动，所选参数通常为：工作场所、员工待遇、企业所有权等。

3.人力资源管理人员将是具备人力资源专业知识和经营管理知识的通才，人力资源经理职位将成为通向CEO的重要途径

生产流程的重新设计、组织结构的重新调整、管理与评估系统的重新建立、企业价值观的重新树立等，企业的这些活动不仅与职能部门管理人员有关，和人力资源管理也息息相关，有的本身就是人力资源管理问题。因此，人力资源管理人员必须了解企业的财务、经营原理、核心技术等基本知识。正因如此，越来越多的高层人力资源主管将问鼎CEO职位。

4."以人为本"的业绩辅导流程管理方式成为主流

该流程的首要要素是开创一种积极的协调关系，然后它要求人力资源经理人对员工进行培训、职业辅导、直面业绩，并培养员工的自尊，充分释放员工的潜能，最后，该流程建立各种奖励策略，以激励员工增加其责任感并取得成果。

5.人员甄选方式呈多元化与弹性化

多元化：21世纪的企业人力资源服务既可以外包，也可以向外提供，而不再局限于企业内部。例如，利用猎头公司协助企业实施招募人才的功能，借助社会上专门的培训机构或管理顾问机构为企业进行培训，并提供更广泛的交流机会。

弹性化：突破传统的工时制度，针对技术研发人员工作的独特性，采取弹性工作时间与工作分享等措施，允许他们自行调整工作时间，以此吸引人才和激发工作热情。

6.人力资源管理新职能——营造企业与员工共同成长的组织氛围，充分发挥团队精神，规划员工实现自我超越的职业生涯

企业最能吸引员工的措施，除了薪资福利外，就是为员工提供升迁与发展的机会。企业应当根据自身的实际情况，关注员工职业生涯管理工作，充分发挥团队精神，规划企业的宏伟前景，让员工对未来充满信心和希望，同企业共同发展，为有远大志向的优秀人才提供施展才华、实现自我超越的广阔空间。

7.建立动态目标管理的绩效评估体系，是企业人力资源管理的核心功能

在竞争日益激烈的21世纪，绩效评估必须将侧重点由以往对员工的态度与特质评估，转向与动态目标管理相结合的评估体系，把员工的个人目标和企业的经营目标完美地统一起来，从而激发出员工更大的工作热情。

8.激励导向式的薪资策略与自助餐式的福利政策相结合

首先，薪资要与工作绩效挂钩，激励员工的工作动机，使企业在激烈竞争的环境中得以生存。其次，薪资也应作为激励员工学习动机的手段，鼓励员工学习更多、更广、更深入的知识和技能，以应对知识经济时代变化无常的挑战。企业的管理者既要做到令股东满意、顾客满意，更要做到令员工满意。

9.实行开放式管理，企业内部股份的持有者由高层经理人扩展到企业中层经理人乃至员工

由员工持有企业内部股份更有利于调动员工工作的积极性，增强员工的归属感，增强企业的凝聚力，吸引人才，降低人员流动性。

10.充分开发、利用智力资本，使之成为企业强大的竞争利器，是人力资源管理的首要任务

智力资本就是企业组织的集体智慧，可以用来为企业创造财富。智力资本管理的原则不是企业独占其人力和顾客资本，而必须与员工、供应商和顾客共同分享这些资本。人力

资源管理的首要任务就是要建立和开发人力资本，为企业树立团队精神、集体运作环境以及其他社会学习形式，积累知识数据并加速企业内部的信息流，使企业所拥有的这些无形资产成为企业强大的竞争力。

（二）为国有企业导入人力资源管理新理念

人力资源管理是在人事管理的基础上发展起来的人性化管理。它反映了企业发展的客观需要，是从以工作为导向转变成以员工为导向的一种以人为本的管理。许多国有企业的人力资源管理实际上停留在人事管理的阶段。人事管理是致力于建立一种对员工进行规范与监管的机制，以保证企业经营活动低成本地有效运行的一种管理；而人力资源管理则将员工当作一种资本，将员工视为能创造价值的最重要的企业资源，致力于建立一种能把人的问题与企业经营问题综合考虑的机制。现代的企业人力资源管理与传统的人事管理在管理理念、管理活动、管理重心等方面有诸多的不同，用通俗的语言来描述就是：传统的人事管理以"事"为中心，现代人力资源管理以"人"为中心。传统的人事管理把人当作成本，把人当作工具，不尊重人的价值，不尊重人性，缺乏明确的员工职业发展体系；现代人力资源管理把人当作资源，当作具有增值潜力的资本，以"社会人""自我实现人""复杂人"等人性假设为前提，为员工进行职业生涯的设计与管理，追求人与企业的共同发展。传统的人事管理是一种被动反应型的管理，现代人力资源管理是一种主动开发型的管理。基于员工的工作绩效是能力与激励水平的函数，而员工的能力是一个相对常量，员工的工作绩效决定于被激励的水平，所以激励是现代人力资源管理的核心。下面这个小案例涉及"人本观念""沟通与激励""职业生涯管理"等人力资源管理的一些基本理念。这个小案例生动地展现出国有企业的人力资源管理人员对人性的漠视，深刻地揭示出国有企业的人力资源管理改革不仅是制度创新的问题，也是一个文化建设的问题。

小案例：李洁现在摩托罗拉工作。她曾经是一家国有单位的业务骨干，领导不断地给她派活儿，她自己觉得完成得不错，可是没有哪位领导评价过她的工作成绩，也没有谁来跟她谈过她的过去和未来。她感到前途很迷茫，就递交了辞呈。到人事部门办离职时，他们很吃惊："提拔你的报告已经递上去了，你还有什么不满意？"她也是一愣："可是我不知道，没有人对我说过这些。"回顾这一幕，她说："很多单位说留人难，其实很多时候一份理解、一份关心就能留住人。而在摩托罗拉，人事部门经理会经常与你沟通，帮助你设计自己的人生：你可能适合做什么？你未来的位置在哪里？要到达那里，你已具备哪些条件，还有哪些方面需要努力？然后与你共同制订培训计划，在组织内为你提供各种条件，帮助你成长。反观一些国有单位，它或许会提拔一些人，但那是基于组织需要的安排，就像对待工具一样，人们把工具搬来搬去是不需要跟它沟通的。"由此看来，国有企业要想实现传统的人事管理向现代人力资源管理的转变，就要树立以人为本的管理思想，高度重视人力资源；加强人力资源管理队伍建设，提高人力资源管理水平；加强人力资源的培训与开发，使本企业的人力资源成为企业持久的竞争优势；建立有效的物质激励机制，激发员工的工作积极性；建立有效的精神激励机制，加强企业文化的建设，营造良好的企业文化氛围。

（三）建立一个现代化的人力资源管理机构

许多国有企业已将原来的人事处、人事科更名为人力资源部，其中部分企业已经逐步认识到人力资源管理在企业经营活动中所创造的价值，但是相当一部分企业只是形式上的改动，换汤不换药，与原来无实质性的差异，从用工制度、人事制度、分配制度到企业经营者的任用制度，基本沿用传统的方法。而一个现代化的人力资源管理机构应该是能确定企业在什么样的发展阶段需要什么样的人才，能及时为企业寻找合适的人才、留住人才、发展人才，能对企业的人力资源进行有效配置，为企业保持强劲的生命力和竞争力提供有力的人力资源支持、保证。从事人力资源管理的人员应该是经过人力资源管理专业培养的专业管理人才，拥有人力资源管理方面的知识与能力。他们应该明白人力资源是企业内部最重要的资源，对人性有比较深入的了解，懂得如何去开发本企业内部的人力资源，知道怎样去引进企业急需的人力资源，掌握激励员工的各种原则和方法，懂得如何去激励员工，以获得员工利益和企业利益的共同发展。这样一支人力资源管理的专业队伍，是推动人力资源管理改革的必要条件。要保证这样一支队伍的建设，就必须从国有企业核心管理层解放思想，更新观念，摆脱传统人事体制的束缚，建立市场经济下的人力资源管理新思维。

（四）重视人力资源的培训与开发，加大人力资本的投资

国有企业要想在激烈的市场竞争中生存、发展，就必须重视人力资源的培训与开发，把为员工提供培训既作为一种提高员工素质的手段，也作为激励和保留员工的一种重要方式，这也是国有企业人力资源管理改革的重要一环。从某种意义来说，从一个企业是否重视人力资源的培训与开发可以预测其未来的竞争潜力。1999年1月，美国《管理新闻简报》中发表的一项调查指出：68%的管理者认为由于培训不够而导致的低水平技能正在破坏本企业的竞争力，53%的管理者认为通过培训明显降低了企业的支出。况且，在"把在企业里得到培训提高，视为发展个人能力的机会"的今天，员工本身也特别重视培训发展机会。已有调查报告显示："培训发展机会"已逐渐成为中国员工择业过程中考虑的重要因素。在员工培训方面做得好、员工满意度较高的企业将成为员工的主要流向。比如，外资企业除了丰厚的薪酬，也因其有价值的培训而成为吸引我国大学毕业生的重要原因，著名的摩托罗拉设有自己的摩托罗拉大学，惠普有自己的惠普商学院，他们的培训项目都

搞得非常精彩，员工的无形价值在培训中不断升值，企业也因此得到长期回报。现代人力资源开发与管理的理论与实践反复向人们指出：培训是一项回报率极高的投资，任何设备的功能都是有限的，而人的潜力则有很大的开发空间，在同样条件下，通过培训，改善人力资源使企业效益成倍增长是可望可即的事情。而我国大多数国有企业在培训方面不够重视，没有认识到培训是一项投资，总认为培训是一种成本，作为成本，当然应该尽量降低，能省则省。人力资源开发投资呈大幅下降趋势。据一份对部分国有企业抽样调查的报告显示：只有5%的国企增加了对员工培训的投资；20%左右的国企年人均教育培训经费为10~30元；30%的国企每年只是象征性地拨一点儿培训经费，人均不足10元；其他国有企业因连年亏损早已停止对员工进行培训投资。我国大多数国有企业在员工培训方面的投资状况堪忧，不仅不能为员工提供发展的机会，达到激励和保留员工的目的，而且连基本的为适应市场发展和产业升级调整需要对员工的业务培训都达不到。许多具有投资意识的国有企业的培训体系也亟待完善，他们没有专门的培训机构和培训人员，培训工作通常与人力资源管理部门相分离，一般由各业务部门举办，且限于岗位培训，没有固定的培训场所和时间，没有严格的培训制度和目标，使培训限于一种短期行为。事实上，由于企业环境的变化、企业自身发展的要求，人力资源管理部门应制订中、长期的人力资源规划，应提供各种各样的培训项目，包括从市场营销、技术技能和文化、价值观培训到计算机技术培训以及人际沟通和领导技能方面的培训，培训的项目应根据企业的前景与战略、企业的发展阶段、企业的行业特点、企业员工的素质水平与管理人员的发展水平来进行安排。企业应走出"企业效益好时无须培训、效益差时无钱培训、忙人无暇培训、闲人正好去培训、人才用不着培训、庸才培训也无用等"培训认识上的误区。

（五）建立具有激励机制的薪酬体系

人力资源管理的核心问题就是激励问题。回顾国有企业的改革历程，可以说，国有企业的改革史也是激励机制演进的历史。从承包制、厂长负责制到建立现代企业制度、国有资产授权经营，其目的无不是激励经营者和企业的员工，这些企业价值的创造者发挥主动性和创造性为企业创造更大的价值。激励分为物质激励和精神激励，物质激励中最重要的杠杆就是薪酬的分配。一个具有激励作用的薪酬体系，应该是根据报酬与风险匹配、报酬与绩效匹配的原则制定的，否则丧失的不仅是公平，还有效率、效果。中国历来有"患不均"的传统思想，即使在今天这个市场经济时代。由于企业经营者的收入与其承担的风险不对称，员工的收入与其绩效未挂钩，造成了国有企业的薪酬体系结构单一，经营者、管理者与普通员工之间，普通员工与普通员工之间的收入水平没有拉开，这成为目前国有企业收入分配体制中的最大问题。经营者、管理者与普通员工之间的收入差距大多在二到三倍，其收入与其承担的责任和风险不对应，与经营的资产规模和经济效益不挂钩，激励作用微乎其微。虽然少数实行年薪制的企业，特别是上市公司，其管理层的收入较高，像科龙电器的老总年薪高达350万元人民币，但这并不能代表普遍水平。或者管理层的灰色收入，甚至是违法收入，构成了其收入的主要来源，从而使显性收入的增减激励作用不大或根本不起作用。而普通员工的工资晋升制度虽然和国外的做法有着类似之处，新员工的薪资均是从下限工资开始逐年提升，但外企员工工资晋升幅度和绩效密切相关，每年每人的升幅差别较大，而国有企业的奖金分配往往只根据企业总体效益，员工干好干坏工资晋升幅度不大。各个职级之间不论是固定薪资还是现金总收入都相差不大。改革现有的薪酬体系，区别企业中不同类别的人员建立不同的、形式多样的薪酬方案，已成为人力资源管理中薪酬激励制度改革的当务之急。薪酬体系的设计首先要根据人力资源市场的价格和企业所处的发展阶段来确定企业的总体工资水平。一般而言，处于高速成长阶段采取领先型，处于成熟阶段采取追中型，处于收缩阶段采取落后型。至于工资的浮动，核心人才的工资是随企业效益的好坏而浮动，保安、保洁类人员的工资则是随市场价格的浮动而浮动。具体到薪酬方案的设计，目前也有很多可借鉴的方法：旨在激励企业经营者、高层管理者的年薪制、股票期权计划；旨在激励中层管理者的与绩效挂钩的年度奖金，既鼓励销售人员培养企业长期客户，又激励其努力提高销售额的底薪加佣金的复合薪资计划，还有具有普遍激励作用的绩效薪资计划。无论设计何种薪酬方案，其基础工作都是要通过应用专业的技术或工具，采用比较科学的评估标准，进行工作分析，确定企业内部各个层级、各个岗位之间的相对价值，从而确定其薪资等级标准。

（六）建立规范的绩效评估体系

要保证一套具有激励作用的薪酬体系的正常运作，就必须建立系统公正的评价体系。这套评价体系应是以绩效为基础的评价体系，我们称之为绩效评估体系（PAS）。无论其形态是正式的或非正式的，绩效评估都是非常重要的人力资源管理工具，是涉及员工调任、晋升、加薪等的重要依据，是提高企业效率的有效手段。有效的绩效评估，依靠两个方面的因素：一是评价制度要合理，这就要求评估的标准是基于工作而非基于工作者；标准要尽可能具体而且可以衡量；标准要与工作绩效紧密相关。二是评价人要有评估技巧，才能保证评价的准确性。大多数国有企业目前尚在采用的目标管理法是工作成果评价法，在国有企业的管理中起着非常重要的作用。但它的目标比较抽象，员工参与度低，由上级部门对指标作简单分解，对普通员工而言，这样的指标与自身联系甚少，至多只能考核到部门，并且只关注结果，对于过程无法掌握和管理，这样的管理方法无法将公司和个人的绩效联系在一起，对于薪酬的分配提供的依据不足。同时我们应该认识到任何的绩效评估体系都不是十全十美。对于企业来说，关键是根据企业发展的规模、阶段，员工、管理人员的素质，企业的文化，遵循以下五个原则来选择适合本企业的方法：

（1）能体现企业的目标和评估的目的；

（2）对员工的工作起到正面引导和激励作用；

（3）能比较客观地评价员工工作；

（4）评估方法相对比较节约成本；

（5）评估方法适用性强，操作性强。

（七）重视企业文化的建设

所谓企业文化，指的是企业共同的价值观和行为方式。企业文化的核心是企业成员的思想观念，它决定着企业成员的思维方式和行为方式。企业文化对于一个企业的成长来说，从表面看不是最直接的因素，但却是最持久的决定因素。纵观世界成功的企业，如美国通用电气公司、日本松下电器公司等，其长盛不衰的原因主要有三个，即优质的产品、精明的销售和深厚的文化底蕴，而且优质的产品、精明的销售往往产生于深厚的文化底蕴。中国著名企业家张瑞敏在1999年《财富》论坛前夕对媒体记者分析海尔经验时就说："海尔过去的成功是观念和思维方式的成功。企业发展的灵魂是企业文化，而企业文化最核心的内容应该是价值观。"目前，多数国有企业对企业文化的理解还很肤浅，也没有明确的价值观，由传统的口号式宣传演变而来的文化氛围反而显得僵化、保守、流于形式。从员工的角度来看，也就没有提高自身的外部推动力，员工的思想价值观念的形成更多的是受社会的影响及员工之间的潜移默化，良莠不齐，致使企业文化在一个企业中所具有的凝聚力功能、激励功能、约束力功能未能很好地挖掘出来。对于多数国有企业而言，企业文化的建设重点是首先要解除旧有观念、习惯以及制度的束缚，有破才有立。在怎样构建一个企业的文化方面，美国麻省理工学院教授彼得圣吉提出的自我超越、改善心智模式、建立共同愿景、团体学习、系统思考五项修炼给我们很多启发，尤其在"建立共同愿景"中所提出的原理和技术对于一个想建立强势的企业文化来推动企业目标实现的经营者、管理者都是值得借鉴、实践的。

总之，企业人力资源整合的目的，不是个体能量的简单叠加，而必须是有序的和有方向性的叠加，是量变到质变的过程。运用人力资源整合这一人力资源管理的手段，使企业的人力资源总和达到最大化和最优化，进而推动和提高企业的绩效，有效地提升企业的核心竞争力。

第二节 人力资源整合途径与措施

一、策略

并购是兼并与收购（Merger&Acquisition，M&A）的简称，是指在现代企业制度下，一家企业通过获取其他企业部分或全部产权，从而取得对该企业控制的一种投资行为。作为企业成长扩张的重要手段，并购活动通过改变企业的产权分布形式实现资源的重新配置，从而释放出双方企业的更大效率，实现企业的战略发展。这种改变对物质资产是简便易行的，而就企业中最重要也最特殊的资源——人力资源而言，是最难操作的。两家企业由于产业性质、文化背景和观念、作业程序等方面存在的不同，对被并购或并购企业的组织与员工都会造成较大的影响或冲击。因此，对并购目标企业的人力资源整合要有计划、有策略地进行。

（一）稳定策略

并购活动的战略意义不仅在于获取目标企业的业务、关键技术或市场占有率，更重要的是要获得目标企业的高级技术人才和管理人才，人才是企业运转的血液。但是，并购活动会给并购双方人员的工作和生活带来较大的影响，尤其是目标企业的人员，他们对未来的预期感到极大的不确定，现实受到威胁，从而形成沉重的心理负担。因此并购企业如何稳定目标企业的核心人力资源，尽快消除其心理压力，成为人力资源整合的首要问题。

1.最高层管理人员的选择

如果被并购企业的最高层管理人员十分优秀，并有继续留任的意愿，短期而言，留用该企业最高层管理人员是最佳的选择。但是，实际情况往往是目标企业主管比较平庸，或者目标企业的优秀高层管理人员会另谋高就。并购企业必须能够及时选派合适的人才担任目标企业的高层主管，其不仅必须具备专业管理才能，还要有应对文化冲突和安抚人心的能力。新任的高层管理人员，在被并购企业人员心目中往往被视为并购企业的代表和象征，他们采取的任何决定及对待人才的态度、行为均会被认为是并购企业的意思表达，影响目标企业人才的去留。新的领导团队的能力与领导风格，将是带动整个新的企业营运策略的执行和其期待的新组织文化彼此间相容性的一大关键。

2.人员沟通

企业并购引起的压力，常会使员工对企业未来的动向产生忧虑、不确定和愤怒而产生抗拒心理。最后即使接受这一现实，但伴随而来的是失落感，对企业失去信赖，以自我为中心，不再为集体利益考虑或无法接受变革而选择离职。这种焦虑和悲观情绪一般是由于信息不充分造成的，充分的、必要的人员沟通可以在一定程度上解决员工思想问题，振作士气。因此，在并购宣布后，并购企业需派代表到目标企业，与该企业员工交流沟通，设法留住企业的核心人才。在合理的范围内，为员工提供人力资源方面的资讯：谁是新任的最高层领导、未来经营方向如何等，还应澄清员工们的种种顾虑和担忧，如裁员问题，福利状况，个人的开发、发展等与员工切身利益紧密相关的变动。通过人员沟通，并购企业力争取得目标企业人员的认同和支持，努力消除双方企业文化差异而造成的障碍和冲突，共建新的企业文化，充分发挥整合的效果。

（二）培训策略

在充分沟通并了解目标企业的人员、文化状况后，并购企业可制定原有人员的调整政策，移植培养并购企业成功的企业文化和经营模式，以提高两个企业的战略协调作用。这一过程以培训的形式进行，既能避免对目标企业员工的冲突，又能实现企业运营效率和并购的构想。

1.裁员培训

在并购活动中，由于企业战略的重新定位和文化理念的冲突，裁员是不可避免的，关键在于采用何种方式进行才能达到目的而又不影响其他员工的情绪。裁员培训是解决这一矛盾的最佳方式。裁员的对象多是能力平平的冗员和与企业正要塑造的企业文化不相适应的员工，这些人继续留在企业对双方都没有好处，不仅没有成长、发展的机会，还会影响其他人的态度和行为，增加企业的成本。企业以更人情化的方式，根据员工的兴趣、爱好和特长等，为其提供或购买中介机构的培训服务，并给予一定数额的货币补偿，不仅消除了被裁员工的恐惧和担忧，又能使其很快找到更适合其兴趣和发展的工作。裁员不再是组织对个人的残酷无情的抛弃，而让一个人待在一个他不能成长和进步的环境才是真正的野蛮行径或者"假慈悲"（杰克·韦尔奇）。这种策略既能发挥优秀人才的能量与作用，又能增强员工的竞争意识与紧迫感，提高企业员工的整体素质。

2.企业文化整合培训

企业文化是企业中共同的价值观和行为规范，是企业在长期的经营活动中形成的，影响着员工的思维、行为模式。并购企业常常希望将优秀的企业文化传播给目标企业，用优良的作风、整体意识和改革观念等来约束和影响员工，实现软性的和微妙的管理控制。企业文化是企业特有的道德行为规范在群体中的内化，企业文化的整合是群体信念、行为方式的革命，是一个长期的艺术化的过程，是共同经历和体验的结果。培训可以有效地实现这一整合过程。并购企业采用交流培训的方式，一方面将目标企业的员工送到自己企业去切身体会独特的企业文化，使其在文化的对比中形成强烈的学习、模仿动机；另一方面，评估两个企业的文化特质，找出其差距与共容性，派遣优秀员工到目标企业讲授自己企业的价值观和行为方式，并与目标企业员工共同探讨企业应采用的文化模式及企业文化变革的具体实施，吸引员工的广泛参与和支持。培训的过程是企业文化选择与摒弃的过程，实现并购企业对目标企业的文化的传播和嫁接。

（三）激励策略

并购活动中人力资源整合策略的关键在于要采取实质性的激励措施，为有能力的人才提供更好的发展前景和发展机会。仅留住人才是不够的，这只是前提条件，要引导人才为企业发展作出积极贡献才是整合活动的实质。

1.企业的前景规划

个人的能力是由意义和兴奋引起的，企业的能力是所有员工的能力总和。为了转变目标企业的工作意义并取得员工的忠诚，企业需要一种能够鼓舞员工的前景规划，这个前景规划必须明确地加以表述，并传达给每位员工。当激动人心的前景规划出现时，员工会对他们所做的工作感到兴奋，企业中弥漫着一种骄傲、神圣的热情，员工们感觉每天参加工作并努力工作是值得的。汉诺成保险公司的总裁比尔·奥布莱恩说："我们认识到，人们有一种迫切需要成为某崇高使命组成部分的感觉。"从而，将工作中的意义转变成能量、前景规划变成现实。

2.晋升激励

员工在工作中不再是仅为经济利益而奋斗，而是将工作视为有意义的人生体验，追求职业生涯上的发展，因此晋升对员工有很大的激励作用。彼德·德鲁克指出，在兼并的第一年内，极为重要的是要让两个企业管理队伍的大批人都受到跨越界限的重大晋升，使得两个企业的管理者都相信兼并为他们提供了个人机会。这一原则不仅要运用到接近高层管理人员身上，也要运用到较年轻的管理人员和专业人员身上，企业的发展创新主要依赖他们的努力和献身。

3.股权激励

企业总是希望能够获得员工的忠诚，希望员工努力工作、积极献身。而对员工来说，这是一种精神理念，这种信念的形成和发生作用是需要现实的物质载体，股权激励正是实现精神理念到现实操作转变的价值实体。股权激励使员工真正成为企业的主人，与企业的成败兴衰利益相关，在一定意义上讲，员工对企业的忠诚和奉献是对个人利益维护的延伸。当物质利益发生位移后，员工会主动关心企业的战略规划和短期目标实现，积极参与企业的决策和管理，为企业的发展献力献策。员工认股成为重要人员留任的激励措施，对重要的管理人员和核心专业技术人才给予一定数量的股权激励，借以吸引和稳定人才队伍，保持企业的竞争力和生命力。

企业并购的三种人力资源整合策略是密切相关的，人才稳定是前提，人才激励是根本，人才培训是基础，共同组成企业人才整合系统。科学、有效地认识和利用这一系统对于企业并购中的人力资源整合实践有着极为重要的现实意义。

（四）策略分析

我们认为，协同效应——挖掘，就是一个宝藏。翰威特认为，人力资源整合工作是一项复杂的、充满变化的系统工程，需要并购企业有极强的操作能力，这就要求并购企业能够在实践中摸索出更好的对策，使并购真正成为推动企业价值提升的有效手段。

策略一：选择科学的整合模式和程序

在整个并购流程中，人力资源的整合举足轻重，人力资源的努力贯穿始终。人力资源整合具有很强的实务性，需要考虑并购的具体情况。因此，在整合前需要选择科学的整合模式和程序加以控制。

在尽职调查阶段，主要着力于战略评估，人力资源负债和协同效应评估以及协助谈判；在准备整合阶段，则主要致力于建立项目办公室，制订100天计划和制订改进计划。

策略二：尽早开始，制订周密的整合计划，引入专业中介机构

要组成专门的整合小组，负责研究企业的信息系统、人力资源、运营现状、客户服务及其他重要业务。需要特别强调的是，并购方要聘请专业中介机构来研究目标企业的文化并与自己企业的相比较，进行事先规划，包括文化整合策略、沟通策略、关键人员的筛选等。

用联想掌门人柳传志的话说，这是一场收益和风险并存的豪赌。从整合之前财经媒体的"密集轰炸"到极尽小心的渐进整合，从如履薄冰的新联想成人礼，到联想用2007财年第一季度13%的业绩增长的成绩单证明之前"蛇吞象"的悲观论不过是杞人忧天。联想集团董事会主席杨元庆称，联想已经成功完成与IBM个人电脑事业部整合的过渡阶段，"这个并购可以被看作是一个成功的并购"。

无疑，这与联想高层从一开始就如此有意识地把人力资源问题重点处理密切相关。2003年，IBM正式聘请美林证券为其在全球范围内搜索买家。2003年10月，美林将联想排到了目标收购者的第一位，开始安排双方面谈。

2003年年底，联想开始进行详尽的尽职调查，并聘请麦肯锡为顾问。全面了解IBM的PC业务和整合的可能性。2004年春节后，聘请高盛作为财务顾问。此次交易的中介机构阵容空前。经过一个漫长的谈判过程，联想与IBM在谈判正式展开的阶段就建立了"联合

领导小组"，由双方的最高层领导牵头，还包括投资银行及公关顾问。2004年12月8日，联想宣布收购IBM全球PC业务。2005年5月1日，完成全球业务交接。2006年3月，提前实现全球组织整合。

策略三：建立整合领导小组，委派合适的主管人员和保留关键人才

思科CEO钱伯斯曾说："如果你希望从你的公司购买中获取5~10倍的回报，显然它不会来自今天已有的产品，你需要做的是，留住那些能够创造这种增长的人。""与其说我们在并购企业，不如说我们是在并购人才。"如果并购造成企业员工的大量流失，那么我们所购买的企业无异于是一个空壳，失去了产生价值的源泉。

从人力资源管理5P模式中可以看出如何"留"住人才是相当重要的一环。公司只有保证员工的"心理契约"不被打破，才能让员工愿意留下并为企业的发展全力奉献，因为他们相信企业能够了解并满足他们的需求与愿望。

并购中的人力资源整合心理契约的概念，是美国著名管理心理学家施恩（E.H.Schein）提出的。心理契约是个人将有所奉献与组织欲望有所获取之间，以及组织将针对个人期望收获而有所提供的一种配合。虽然这不是有形的契约，但却发挥着比有形契约更重要的作用。

策略四：加强员工沟通

在人力资源整合过程中，沟通将起到至关重要的战略性作用。整合中出现的许多误解和对抗，都是由沟通不畅造成的。为了避免这些情况的发生，并购企业应采取多种形式建立沟通渠道，保证各类信息在正式渠道中的畅通，让员工清楚理解并购的动因、目的和作用，了解最新进展情况，并找准自己在未来公司的目标定位，以最大限度地减少并购过程中由于信息分布的不完全、不对称所引起的"道德风险"和"逆向选择"等机会主义行为，降低摩擦成本，增加企业并购成功的机会。

案例分析：思科——关注细节的SWAT小组+"贴心文件夹"

思科（Cisco）公司是并购活动中的积极分子，先后数次横向并购取得成功，进行过颇多反思后的最终心得是一个返璞归真的结论：沟通决定成败。在并购后思科会马上向被并购企业的员工发放一份贴心的文件夹，内有新企业的拥有者的基本信息，思科高层经理的电话号码、电子邮件地址，还有一份8页的图表，用来比较两个企业的假期、退休、保险等福利待遇有什么不同。

策略五：文化整合修正精神层次的共同追求

人力之道，文化为本。人力资源部门在整合阶段都有它需要承担的角色。除了项目管理、组织结构和员工安置、领导层的评估和选拔、薪酬福利制度的调整以及与员工的沟通和交流之外，文化整合工作尤为重要。

文化是一个多层次的东西，一个企业的文化，包罗在集体价值体系、信仰、行为规

范、理想、迷信以及宗教礼仪之中。它们是激励人们产生效益和效果的源泉。处于球心的核心价值，其引力是无穷大的。文化差异是并购失败的主要原因。我们知道HP和compaq的并购案，最大的麻烦不是技术，不是产品，也不是市场，而是公司文化的融合。

案例分析：联想——谁说大象不能跳舞

郭士纳曾说，谁说大象不能跳舞，文化在其中起了举足轻重的作用。那么也唯有文化才能使联想和大象共舞。

联想在并购IBM的PC事业部后，双方的高层组成了一个文化整合团队，讨论各自的成功中体现了哪些优秀的文化基因，如何将它们组合成更为强大的文化基础，并且分析这样的文化调整对双方的员工将带来何种挑战，以及如何帮助员工完成行为的转化。这种成熟的整合理念帮助联想更快地吸纳IBM的优秀管理模式，加快业务的整合。

联想第一阶段的整合，随着沃德的离去告一段落。文化兼容像一剂灵丹妙药，使联想并没有像许多企业那样，患上"消化不良、人才外流"症，而是从谨慎的形式合并逐步走到了机构和深层次的文化整合。如果说第一阶段的整合联想是在咀嚼，那么从第二阶段开始就到消化吸收的阶段了。

戴尔前副总裁阿梅里奥的空降接任意味着戴尔狼性文化和IBM老爷文化将在国企色彩很强的联想发生冲撞。

并购中的人力资源整合这三种文化撞击的结果萌生了新联想的核心价值：坦诚、尊重和妥协。

策略六：薪酬激励因"事"制宜，把握要害

在并购的人力资源整合过程中，规范考核和激励机制是难点之一。要进行成功的薪酬制度整合，尊重员工的意愿和需要尤为重要。薪酬激励制度整合项目的完成，保障了整个并购活动人力资源整合的平稳进行。

案例分析：联想——沟通+讨论使薪酬激励整合软着陆

薪酬激励体系是企业文化和价值观的体现。联想首先必须进行文化整合，但是文化整合的载体是员工，同种工作性质所存在的薪酬体系差异，必将影响新联想企业文化的融合。当融合期的温情开始消退，盈利重新成为重要的经营目标，而业绩成为最重要的考核指标。新联想的绩效考核基本上继承了原联想的考核制度，称为3P，即Priority、Performance和Pay。而薪酬激励则借鉴了一些IBM的薪酬激励机制，形成了新的薪酬激励模型。此外，新联想还推行了员工持股计划和企业年金计划。企业年金计划是一大亮点。2006年7月5日联想宣布和实施企业年金计划，成为第一个在劳动和社会保障部进行备案的企业。

诚然，"薪甘情愿"不失为一种不错的选择。但光靠钱留人更是危险的。对员工来说，一个好的领导、一个好的工作氛围与工作条件乃至发展前景是留人的重要因素之一。

而以多元化职业发展计划和其他激励机制（培训、学费报销等）使人才保留的方法更加丰富，让"薪甘情愿"成为可能。整合以来，联想核心员工的低流失率无疑是令人鼓舞的，这是对这些措施的回报。

二、策略设计

根据企业并购的战略目的，企业人力资源并购管理控制和整合的方式可分为四类：第一类为财务投资型，第二类为战略指导型，第三类为战略控制型，第四类为战略经营型。每类并购方式对目标企业管理控制方式和整合深度逐步加深，由易到难。每种整合方式本身并没有优劣之分，只是根据不同并购企业在不同并购条件下不同并购动机驱动下做出的不同选择。

（一）人力资源的评估

人力资源的评估主要内容包括被并购企业人力资源的硬性信息和软性信息，硬性信息是指各种人力资源统计数据、政策原则和调查报告等，涉及福利、薪酬、人力资源政策、人员结构等；软性信息是指企业文化、企业政治、管理风格、高管人员的人格和诚信度等信息。软性信息可以为企业并购决策和整合提供非常重要的指导信息，因此应尽可能地通过多渠道（如客户、供应商）在签署并购协议前了解被并购企业的软性信息，如有可能应尽量与被并购企业内部人员进行面对面交流和沟通，这些才能减少软性信息不完全所带来的风险。

（二）组织机构设计和组织文化的建立

在企业并购中为产生规模经济和协同效应，经常会出现并购企业与被并购企业的职能重叠，人力资源整合方式决定了职能重叠程度，因此涉及企业组织机构的重新设计或调整，以及组织文化融合、延续和再造。并购企业组织机构设计的一般程序为根据并购企业的使命、愿景、并购策略性目标及竞争优势，确定企业组织架构和能够维持企业竞争优势的关键部门和关键岗位，检视企业整体组织机构，最后确认并购中需要调整的部门和岗位及其重要性。

（三）人员配置

1.领导团队确定

领导团队的候选人来源于并购企业、被并购企业和外部招聘，来源于并购企业的候选人可以更好地理解支持并购目的、执行并购方案和企业文化等，来源于被并购企业的候选人更有利于并购的稳定和顺利进行、了解企业情况、企业政治问题的解决等，外部招聘的候选人可以弥补和建立新企业的核心能力。为了减少并购整合中的人为阻力，很多情况下在领导团队中需要设定过渡性或临时性岗位。某些条件下，领导团队来源需要按并购与被并购企业的一定比例进行配置。

2.关键人员的留用

并购企业对关键人员的留用已成为整合成败的重要标志之一。在并购过程中衡量关键人才标准有两个出发点：第一是对并购企业竞争核心能力的贡献程度，第二是失去他们对并购企业损失程度。在并购过程中的准备阶段或协商阶段应对被并购企业的重要人员进行系统性评估，在评估指标中除能力适合度和职业适合度外，还需要评估其在新企业中的适应性，根据关键人员衡量标准，从信息库中确定关键人员名单。在确定关键人员名单后，应尽快与需要留用的人员沟通，说明并购意图、新企业发展愿景、岗位重要性及职业发展方向，在沟通中了解发现他们在并购中的需求（如岗位安全性、参与性、控制权、自尊心等），并在条件许可的情况下尽量满足他们的需求，与他们签订新的劳动合同。

3.冗余人员的处理

企业人力资源在并购融合过程中，分流和裁减冗余人员是其中的重要一步，也是在整合中遇到阻力最大的一个环节。对于不同类型或不同并购方式的企业我们应设定不同的方案。一般情况冗余人员处理程序：首先审视组织机构、部门职能及人员配备要求；其次是了解国家相关法律法规及相关国家省市政策，确定分流和裁减安置方案及相关费用标准；再次是识别分流和裁减对象，并评估负面影响；最后通过相关人员审议确定后，指定专人负责并做好相关准备工作。对于在某些国有企业并购整合中，在分流和裁减冗余人员时我们应与当地政府、企业主管上级、企业工会、职工代表等沟通，要取得他们的支持。

（四）人力资源运营制度

新的人力资源运营制度在旧制度的基础上应体现稳定性、持续性和激励性，内容包括人员招聘配置和管理制度、薪酬福利制度、绩效与发展管理制度、学习与发展制度等。一般设计的方法是首先评估两家企业人力资源系统和制度的差异，其次了解被并购企业员工对旧人力资源制度存在的意见或建议，最后根据企业发展状况和人员要求设计新的人力资源运营制度。

三、误区以及问题

（一）误区

翰威特认为，导致企业并购失败的原因很多，其中很重要的一点是：在企业并购的人力资源整合过程中，存在一些误区，以致并购后的人力资源整合不到位，从而最终导致了并购活动的失败。

误区一：只注重资产财务整合，不注重人力资源的整合。

在并购实践中，许多企业未将人力资源整合工作放到战略高度加以考虑。一份调查报告表明：在并购之前，只有不到20%的公司考虑到并购后如何将两个公司整合到一起。实际上，现代企业竞争的实质是人才的竞争。企业并购是否真正成功在很大程度上取决于能否有效地整合双方企业的人力资源。据普里切特和鲁滨逊的调查，在并购的第一年内，有47%的高层管理人员会辞职；在三年里，这些人中的72%会最终离开；在留下来的人中，将有很多人不再忠于职守，而是身在曹营心在汉，并购方所得到的，不过是一个失去了灵魂的空壳。并购方将不得不花费大量的时间和精力去寻找新人来代替这些离职者。而这种现象产生的原因在于：在很多企业并购中，收购方往往对资产、财务、销售、生产等方面的整合非常关心，但是对怎样将双方的人力资源进行有效的整合却考虑欠妥。事实上，被并购公司的优秀人才是一笔巨大的财富，如何通过有效的人力资源整合来保留关键人才是并购成功的关键因素之一。

误区二：人力资源整合开始得过晚，并缺乏周密的计划。

并购活动失败的主要原因可以归结为以下两个方面：

一是交易缺口（Transaction Gap），二是转化缺口（Transition Gap）。前者可以通过并购谈判、讨价还价来弥补，而后者需要通过并购整合战略来实现。在并购实践中，许多并购企业将更多的精力放在了交易缺口的弥补上，而没有充分重视并购中的整合策划，更缺少周密的人力资源整合计划。一种较为普遍的经验模式是，将并购和整合作为两个分立的过程，并购协议签订之后，并购过程终止，整合过程开始。这种模式看似合理，然而在大多数情况下由于人力资源整合过晚，而且缺少事先周密的计划，使整合工作带有很大的随意性和盲目性，容易使人力资源整合工作偏离整个并购的战略方向，后果不容忽视。

误区三：整合手段过于单一，忽略了对文化的整合。

如同其他有机体一样，企业也是一个生命体，存在一定的性格，我们称之为企业文化，实际上就是企业的经营理念、待人处事方法、习惯风气和员工情绪。研究认为，并购完成后两企业文化和管理风格的冲突是整合面临的最大困难。事实上，并购中文化的不兼容与财务、产品和市场的不协同一样会产生并购风险，甚至是导致并购活动流产的"罪魁祸首"。美国管理大师德鲁克指出，与所有成功的多元化经营一样，要想通过并购成功地开展多元化经营，需要一个共同的团结核心，必须有"共同文化"或至少有"文化上的姻缘"。Coopers&Lybrand研究了100家并购失败的公司，发现有85%的首席执行官承认，整合后管理风格和公司文化的不兼容是并购失败的主要原因。

可见，文化整合对人力资源整合至关重要，但令人遗憾的是，在人力资源整合实践中，并购企业更加倾向于使用物质激励、高职位激励等整合手段，忽略了文化整合的作用，整合手段尚显单一，而且事倍功半。

误区四：没能认识到目标公司核心人员的价值。

在并购实践中，很多企业没有充分认识到：企业最有价值的是员工的生产力、创新能力和知识。巴奈特国际公司（Barnett International）的首席信息官（CIO）在一份全球管理咨询公司的刊物《CIO企业杂志》中这样写道："如果知识和经验用不上的话，那么从并购中获得的最根本的价值就会很快消失。一旦这些资产丢失了（通常是被竞争对手得到了），就不可能再夺回来。任何一个头脑清醒的经理都不会让有价值的固定资产这么轻易地落入竞争对手手中。"如果那些富有创造力和创新能力的员工对在新组织内是否会有一个合适的位置没有信心的话，他们就会寻找其他机会。那么并购方得到的除了品牌之外，也许只剩一个空壳。

误区五：缺少系统评估和全面留用管理人员和技术人员的计划。

诚然，越来越多的并购方开始意识到关键人才留用的重要性，但是目前系统化的评估和全面的留用方案仍然严重缺失，而是仅凭借被并购公司的业主或高层主管的评语，或者外部咨询机构专业人员的意见，或者并购方管理层对他们的印象，就草率地作出谁好谁差的判断，并据此作出一些表面化的、不系统的挽留措施。实际上只听取并购方、外部咨询机构或被并购方这三方意见的任何一种来评估被并购公司的人员，都有失颇偏；只有综合这三个方面的意见，才能获取较为完整和客观的信息。并且，在此基础上从沟通、人文关怀、薪酬激励等方面制订一个全面的人才挽留计划，才有可能有效保持留用人才的积极性和敬业精神。

以上是目前企业并购的人力资源整合过程中的几个常见误区。鉴于人力资源整合在企业并购中的重要意义，我们应该把人力资源整合工作提高到战略的高度，制定全面的人力资源整合策略，在企业并购的整合过程中消除这些误区，从而使企业能够将纸面的协同效应转变为实际"1+1>2"的业绩增长。

（二）问题

1.未将人力资源整合工作放到战略高度加以考虑

在并购实践中，许多企业将工作的重点放在了目标公司的寻找上，放在了收购价格的谈判上，而对接管后的整合工作关注过少。即使对整合工作有了一定的认识，也只是在战略整合和财务整合上下点儿功夫，而对人力资源整合工作不甚重视，更不要说在战略的高度加以重视了。波士顿咨询公司的一份调查报告指出：人才是企业的重要资源，尤其是管理人员、技术人员和熟练工人。在企业并购中，如何整合并购双方的人才是并购企业所要解决的首要课题。对比一些企业并购的成败案例，我们可以说企业并购是否真正成功在很大程度上取决于能否有效地整合双方企业的人力资源。例如，1987年，台湾宏碁电脑公司收购了美国生产微型电脑的康点公司，但此后3年累计亏损5亿美元。到1989年，宏碁公司只好以撤资告终。其失败的真正原因就是"人力资源整合策略"出现了故障。无论收购前后，康点公司均发生了人才断层危机，而宏碁公司又缺乏国际企业管理人才，无法派员填补此成长的缺口，加上康点公司研究人员流失严重，无奈之下宏碁公司被迫宣告并购失败。

2.人力资源整合开始得过晚，并缺乏周密的计划

并购活动失败的主要原因可以归结为两个方面：一是交易缺口（Transaction Gap），二是转化缺口（Transition Gap）。前者可以通过并购谈判、讨价还价来弥补，而后者需要通过并购整合战略来实现。在并购实践中，许多并购企业将更多的精力放在了交易缺口的弥补上，而没有充分重视并购中的管理整合策划，更缺少周密的人力资源整合计划。他们将并购和管理整合作为两个分立的过程，并购协议签订之后，并购过程终止，整合过程开始。一般来讲，并购协议达成之后，他们才开始展开对目标企业的整合工作。这种经验模式表面上看十分合理，甚至理所当然，然而在大多数情况下都缺少效率，整合速率极慢，整合成本很高。

3.缺乏整合经理对整个整合工作负责

在一个规范的并购过程中，涉及人员包括目标公司的高层管理人员、目标公司的中下层员工、并购结束后目标企业的新任经理和并购工作组的成员。其中并购工作组通常是由营销、财务、审计、研发、人力资源、法律等部门抽调中高层管理人员组成，一旦协议达成后，这个工作组就可以迅速解散，成员可以返回到各自的日常工作中或者进入为下一次并购业务而组建的并购工作组。因此，被并购企业的整合工作实际上常常由新任经理组织开展。但不难发现，这种方式存在很大弊端：一是企业新经理不可能全身心地投入整合工作中去，因为他们还有更重要的职责。与人力资源整合、文化整合工作相比，他们更加关心新企业的利润率、市场占有率和顾客满意率等。二是新任经理在企业中的绝对权威极有可能影响整合的顺利进行。因为在整合期间，中下层职工迫切需要了解并购公司的基本业务情况和运行机制，需要有一个能与并购公司进行沟通的桥梁，新任经理的时间、精力有限，要求其进行这些细致的工作并不现实。因此，在实践中需要引入整合经理这一职务。但遗憾的是，在目前的整合实践中，许多并购企业都没有引入整合经理这一职务。

4.人力资源整合过程过长

合并是一个充满焦虑的过程，对被并购企业的员工更是这样。如果用几个月来慢慢变化，就会延长这种不确定性和忧虑，也会削弱或耗尽并购所带来的价值。如果有坏消息，人们更愿意你直言不讳地告诉他们，例如，如果要裁员，你要马上通知所有的人，然后告诉他们："就这些了，不会再有裁员了。"这样他们就放心了。正如斯坦福商学院教授杰夫·雷敦夫在他的《知识导致的差距》一书中提到的1997年城市银行公布裁员时，只宣布

将从90000多名员工中解雇9000人，而没有说明哪些人将被裁减，这样感到恐惧的是90000人而不是9000人，这种方式是非常低效的。但遗憾的是，这种方式在实践中是非常普遍的。《并购后：整合过程的权威指导》这本书中有这样一段话："员工讨厌冗长的整合过程，这应该是基本常识。因为逐渐过渡的方式会导致问题迟迟不能解决，从而达不到激励士气的作用。"

5.信息沟通做得不好

在整个整合过程中，被并购企业的员工迫切想知道并购的最新进展，想知道新公司未来的发展设想，想知道自己在新公司中的位置。但遗憾的是，在整合实践中，这方面的工作并没有得到足够的重视，员工不但得不到这方面的详细信息，相反却是谣言满天飞，使企业内部充满了焦虑、动荡和不安。一方面，并购方没有建立一条顺畅的正式沟通渠道，信息的传递和反馈都出现了问题；另一方面，并购方的经理们也不情愿与被并购方的员工进行交流，因为他们无法回答后者提出的许多问题，这样可能就会造成致命的错误。麦肯锡公司的一项调查显示，许多被并购方离职的员工承认，他们之所以离职，一个很重要的原因就是他们缺少关于并购的任何信息，他们不知道并购的最新进展，不知道自己在新机构中的位置，也从来没有指望能够在新公司中得到满意的职位。

6.没能认识到目标公司核心人员的价值

在并购实践中，很多企业没有认识到：企业最有价值的是员工的生产力、创新能力和知识。一般情况下，早在并购宣布前，猎头公司就在搜寻他们认为合适的人选，一旦宣布并购后有人觉得士气不旺或前途未卜，猎手们马上就会将有价值的员工抢到手。那些富有创造力和创新能力的员工通常最想弄明白的是并购后的企业是什么样子。如果他们对在新组织内是否会有一个合适的位置没有信心的话，他们就会寻找其他机会使之事业有成。以兴发集团对瀛海威的收购为例，在接管完成后，瀛海威公司总经理张树新及其他15名骨干（包括3位副总经理、5位事业部经理和7家分公司总经理）相继辞职，使该公司失去了中国第一批因特网浪潮中的风云人物，兴发集团所得到的除了瀛海威的品牌外，只是一个空壳。

第三节 资源整合具体效益

一、人力资源整合效益的类型

（一）宏观效益和微观效益

宏观人力资源管理整合效益是从一个国家或地区的范围上看人力资源管理整合效益。微观人力资源管理整合效益是从一个企业或单位的角度上看人力资源管理整合效益。

（二）内部效益和外部效益

人力资源的内部效益是指一定范围内的人力资源投入和产出比例关系。外部人力资源效益是指一定范围外部的效益，即外部的人力资源的投入与产出的关系。

人力资源的内部效益与外部效益是一对既对立又统一的矛盾体。

（三）培养效益和使用效益

人力资源培养效益主要是指在人才教育上的投入以及与之相应的产出的比例关系。

人力资源的使用效益表现为经过培养的人力资源在使用中，一方面表现出所做出的"工"的效益，另一方面表现出所培养人数整体使用的量。

（四）直接效益和间接效益

根据人力资源管理整合效益与企业效益之间关系联系的程度，前者可划分为人力资源管理整合直接效益和间接效益。

人力资源管理整合直接效益，是指人力资源管理整合活动本身所取得的价值与所花费的成本的比例关系。直接效益以人力资源管理整合活动本身作为评价对象，考察相关活动在企业内部所引致的变化。人力资源管理整合间接效益，是指人力资源管理整合的政策和活动所导致的企业效益。人力资源管理整合的间接效益是将人力资源管理整合作为一个整体或者说是企业管理的一项重要职能，考察其给企业整体引致的变化。

二、人力资源整合与企业经济效益

在经济社会的发展过程中，管理理念也发生着革命性的转变，传统工业时代以"事"为中心的人事管理模式，逐渐被知识经济时代"以人为本"的人力资源管理整合模式所取代，企业管理逐步迈入以人力资源管理整合为核心的现代管理时代。人们对人力资源管理整合工作本质的认识也发生了革命性的转变，即人力资源管理整合不仅只是提供智能支持，而且一个决定组织能否有效创造经济效益的关键因素。

（一）人力资源管理整合的核心本质是创造效益

企业的一切经济活动的根本出发点是不断提高企业的经济效益，如果一个企业有了先进技术、设备和一定的生产规模，但如果没有一个良好的人才队伍，也很难想象会有稳定持久的经济效益。经济衡量理念和管理活动的效益产出是现代企业认知和评估事务的普遍出发点，人们在评价经济效益时注重的是投入和产出的关系。但是在一个企业中，构架成企业的最基本元素是企业中的每一位成员个体，所以说，企业创造效益的过程，实质上就是企业根据经营规划，采取有效措施，积极调动和协调组织的每一位成员，科学利用物力和财力的管理活动过程。

知识经济时代的到来，极大地提高了人力资源在组织中的地位：组织的技术优势来自组织中人员在知识和技术上的不断开发和创新，生产和销售优势源于优秀的人才队伍，一句话，组织创造效益的每一个环节都是由"人"来完成的。而人力资源管理整合的实质正是围绕着以"人"为核心，以人与组织、人与环境、人与人、人与事为对象，研究其内在原理，掌握其内在规律，认知人性、尊重人性，并通过一系列有效措施，充分开发和调动人的主观能动性，促进和提高人力资源的投入产出比率，从而能够科学地利用财力、物力，为企业创造更大的经济效益。现代人力资源管理整合的重点，已经从原来的人事管理职能支持，提升到积极主动创造效益上来。所以说，人力资源管理整合的核心本质就是创造效益。

（二）人力资源效益与经济效益的关系

人力资源是一切生产资源中最重要的因素，企业经济效益的高低直接受人力资源的影响，从经济学的角度来衡量企业的经济效益，则表现为投入—产出关系。更为具体地说，则是企业中的资金、技术、设备、企业品牌的影响力、人力资源等要素的综合关系。这种关系可以表示为：①企业经济效益=f（资金，技术设备，企业品牌的影响力，人力资源，其他）；②人力资源效益=g（员工的资质，人力规划，培训，员工绩效和薪酬，其他）。

但从企业个体角度来看，人力资源在企业经营中的效益评估通常是比较评估的，在大多数情况下，人力资源效益更多的表现为企业整体经济效率的提高。在这里不妨引入影子效益来描述人力资源效益。所谓影子效益，是指此效益并不像投资收益、产出成本效益等可以直接体现为企业的经营价值，而是通过驱动和整合其他资源要素，借助于其他要素的作用所产生的效益。人力资源的影子效益如何评估，可以从人力资源在经营中的职能作用方面评估。如上面①②所提到的，企业经营效益是资金、技术和设备、企业品牌的影响力、人力资源等多方面要素的共同体现，从而形成企业人力资源的效益指数。更为直观一些来说，效益则体现于收益与成本中。即：效益=收益-成本，或：效益=收益/成本。

成本不仅体现为劳动资料的耗费，而且还包含着人力成本，如薪酬福利、招聘培训等一切与人力投资有关的花费。因此，如何最大限度地发挥人力资源效益，提升企业整体利益则成为企业管理者的重要课题。

（三）调动员工的积极性和创造性，是提升组织整体经济效益的基本途径

现代人力资源管理整合以"人"为核心，强调一种动态心理意识的调节和开发，管理的根本出发点是"着眼于人"，其管理归结为人与事的系统优化，使企业取得最佳的社会和经济效益。特别是把人作为一种资源去保护、引导和开发。可以说现代人力资源管理整合的本质就是了解人性、尊重人性、以人为本。对于一个企业来讲，人力资源管理整合就是建立起一个吸纳人才和激发员工积极性与创造性的管理机制，把人力资源作为一种财富来开发挖掘和积累升值，促进企业的全面发展和持续发展。

激励与约束机制是现代人力资源管理整合的核心。美国哈佛大学心理学家威廉·詹姆士在研究对职工激励效果时发现，按时计酬的职工仅能发挥其能力的10%～30%，而受到充分激励的员工，其能力可发挥出80%～90%。这个研究结果充分表明：人的潜力是很大的，只要把它挖掘出来，其作用是无穷无尽的。因此，作为一个管理者，就需要从企业的组织战略高度，更新管理观念，认真研究企业职工的精神、物质变化需求，制定相应的管理激励措施和激励手段，并从组织上加以保证，以增强管理层的管理力度和灵活性，充分调动员工的积极性，挖掘其潜能，鼓舞其情绪，最大限度地发挥其作用，为实现企业战略目标服务。人力资源的合理配置是人才管理的关键之一。企业人力资源的合理配置，是指企业现有人员能够全部地、合理地得到发挥其能力、才识、作用的岗位。合理配置的标准就是使现有人力资源的智慧和能力全部得以充分利用，即"人尽其才"。为此要注意把握以下三个方面的问题：首先，依据能力定岗位，实行"能力定岗"，不断创造新的经济增长点，是企业在市场经济中得以生存和发展的重要思路。企业在人员使用、安排上，惯性地一度延续的是"因人设岗"的做法，随着经济大环境的变化和企业发展的需要，因人设岗的做法已成为制约企业发展的一个重要因素，取而代之的是"以岗定人"的做法。通过

竞争以逐步达到岗得其人、人得其岗、各得其位的目标。其次，在人员配置上遵循合理结构的原则。在企业人力资源配置时，不仅要考虑个人因素，更要考虑群体素质，理想的配置结构应该是各取其长、优势互补。群体素质远远大于单个素质的简单相加。最后，尊重人员流动的自然规律。职工长期在一个组织形式内往往缺乏生气，不利于创造性和积极性的发挥。工作中要尊重自然流动，抑制盲目流动，加强智力流动，使企业现有人力资源不断趋于最佳配置和最佳状态。

总之，人力资源管理整合实质上是一个组织创造效益的动力源泉，建立科学化、系统化的人力资源管理整合体系，设计以人力资源规划为中心的企业发展战略，采取积极有效的措施，充分调动组织中人的积极性、创造性和能动性，将是决定一个企业有效创造效益和长期持续发展的关键所在。

第四章　人力资源管理契合性

第一节　人力资源管理的横向契合研究

一、人力资源管理系统内契合分析

（一）人力资源管理系统内契合的内涵

1.人力资源管理系统内契合的含义

人力资源管理系统由若干个子系统组成，各个子系统又包含一项或多项人力资源管理活动。如员工获取和再配置子系统可能包含校园招聘、网络招聘、体能测试、工作样本测试、晋升、轮岗、竞聘上岗等具体的人力资源活动。

人力资源管理系统内契合是人力资源管理契合的重要维度，它是指人力资源管理系统内部各项职能、活动之间在目标和效用上的协调一致性，这种协调一致性具体体现为互补和强化。

人力资源管理系统内契合是指在一个紧密高效的人力资源管理系统中各项人力资源管理活动/子系统相互支持和相互促进的机制。其基本假设是将若干个互补的、重叠的人力资源管理活动放在一起开发和实施，使它们保持内部一致性，从而达到相互强化的效果，这样能够提高单位的人力资源优势，增强单位的适应性和竞争力。

2.系统内契合存在的原因

人力资源管理活动之间存在多种类型的关系，大致可以分为两类：独立关系和相关关系。

（1）独立关系

所谓独立关系，是指人力资源管理活动在形成预期结果的过程中，具有独立、不重合的效应。例如，在甄选环节联合使用工作样本测试和认知能力测试，由于测试了应聘者不同方面的能力，因此录用员工的质量就相应得到了改善。换言之，如果每项甄选技术不相关，即测量不同方面的知识、技能和能力，那么效果是独立的，具有可累加性。

（2）相关关系

所谓相关关系，即一种人力资源管理活动效果的发挥有赖于另一种人力资源管理活动水平的高低。进一步细分，相关关系可以分为替代关系和协同关系。

第一，替代关系。两种人力资源管理活动产生相同的效果。在这种情况下，人力资源管理的总体效果不会因为多采用了一种活动而有所增加。

第二，协同关系。是指多种实践联合使用产生的效果非常不同于单独使用各个实践所产生的效果之和。有很多实证研究已经证明了这些协同效果的存在，而且关注协同效应是人力资源管理与传统人力资源管理的主要区别点。正协同是指两种人力资源管理活动效果相互加强，联合使用会产生"1+1＞2"的效应。

（二）人力资源管理系统内契合的形态与方法

1.人力资源管理系统内契合的形态

人力资源管理系统内契合的形态主要体现在三个方面：第一，对员工个体的契合。是指作用于单个雇员的相关人力资源管理活动——招聘、薪酬、绩效考评、培训、晋升等，必须是相互补充或彼此强化的。第二，与同类型员工的契合。是指在同一个组织内，情况类似的员工必须得到相似的待遇。第三，时间上的契合。是指同一员工前后一段时间内的待遇不应有根本上的差别。

2.人力资源管理系统内契合的方法

（1）对员工个体的契合

本书通过对高控制型人力资源管理模式、高承诺型人力资源管理模式以及内部劳动力市场型人力资源管理模式进行深入研究，提炼出以下三项实现对员工个体契合的人力资源管理系统所具有的共同表现。

第一，人力资源管理子系统/活动的目标必须是一致的或互补的。每种人力资源管理模式都有多个目标，为了更加高效，其中的人力资源管理职能/活动至少同时支持其中一项。

第二，人力资源管理子系统/活动的所有过程形成一个协调的系统。人力资源管理子系统/活动是在一系列过程中完成的，但是由于上下游阶段之间缺乏协同，会导致管理的不连续性。

第三，人力资源管理子系统/活动在向员工传递组织信息时必须是一致的、彼此强化和补充的。为了创建与员工个体契合的人力资源管理系统，本书提出了在人力资源管理系统内进行协同管理的思路。在选择或改变某项人力资源管理活动时，首先要判断该实践活动是否与其他实践存在目标与任务的互补，避免替代关系（重复）和负协同（彼此干扰）

的出现。其次要在实施的过程中注意信息共享与其他实践建立协同工作。最后要特别注意该实践所传达的是否是组织信任，如果不是，就需要慎重对待，对于情况严重的应采取措施弥补。

（2）与同类型员工的契合

①人力资源分类

关于人力资源的分类，不同学者按照研究目的的不同而有不同的划分标准。如以劳动类型为标准，将人力资源分为经营管理型人力资源、科技创新型人力资源，以及生产、服务型人力资源；以人力资源在组织中的"角色"作用为标准，将人力资源分为组织主持者、组织支撑者、组织参与者；以职业特点为标准，将人力资源分为非熟练工、熟练工、技工、职员、专业管理人员、工程技术人员、主管人员等。其他分类还包括以拥有隐性知识和显性知识的多少为标准，以人力资本的同质、异质为标准等。

②与不同类型人力资源契合的人力资源管理模式

不同类型的人力资源对组织战略的贡献和作用不同，遵循人力资源投资收益最大原则，应对其采取不同的人力资源管理模式，主要有以下三种：第一，核心型人力资源——高承诺式—内部导向型人力资源管理模式；第二，通用型人力资源——低承诺式—外部导向型人力资源管理模式；第三，盟友型人力资源——低承诺式—内部导向型人力资源管理模式。

（3）时间上的契合

时间上的契合是指组织的人力资源管理跨时间的一致性。这意味着任何一个最初的、出于某种特定考虑（如薪酬或工作设计）而制订的处理方案都将持续一段时间，并影响随后的决策制定，甚至当改变了的环境情况要求进行调整也是如此。当然，这会对组织产生极其有害的影响。另外，时间的一致性是有一定范围的，它取决于一系列因素，而并不仅取决于组织环境的变化。但是，总的来看，同一个员工在前后一段时间之内的待遇不应当有根本上的差别。

保持时间上的契合可以促使员工很好地理解组织的人力资源管理政策，而且稳定的、一贯的人力资源管理职能/活动可以促进员工的学习和记忆。这同样也适用于未来的员工，对组织来说，在劳动力市场培养和保持一种有特色的声望是一种有价值的资源。

时间上的契合也有助于维护组织管理层与员工之间，以及员工与员工之间的关系，从而降低相应的成本。一般来讲，组织的人力资源管理系统管理层与员工的相互关系框架，并不能完全详细地说明这些关系，然而员工和管理层却可以通过这一框架共同确定一系列对行为的期望模式。如果组织频繁地改变这一框架（即破坏时间上的契合），就会扰乱这种非正式的、高度复杂的协议，以及对这些行为的期望模式，使得员工和管理层必须花费更多的时间和精力去重新确定相互的关系。由此可见，频繁地破坏人力资源管理职能/活动时间上的契合会大大占用组织的资源，增加成本。

但是必须注意的是，人力资源管理职能/活动时间上的契合应当保持在适当的范围之内。所谓时间上契合的范围是指组织人力资源管理职能/活动应当在很大程度上维持其时间一致性。保持适当范围的时间一致性并不意味着组织完全不得改变其人力资源管理职能/活动。

二、人力资源管理系统与战略支持系统的契合分析

（一）人力资源管理系统与核心员工的契合

1.核心员工的内涵及其确定方法

（1）核心员工的内涵

目前，国内关于核心员工的内涵的界定大致包括以下几种：

第一，所谓核心员工，是指那些终日与顾客直接面对面地打交道或通过电话与客户进行各种业务洽谈，可以称之为公司的"形象大使"或"形象代言人"的一群人；核心员工还包括那些从事与单位的生死存亡休戚相关的核心业务的人。

第二，核心员工的工作岗位要求经过较长时间的教育和培训，必须有较高的专业技术和技能，如财务总监和优秀的技术开发人员；或者要有本行业内丰富的从业经验及杰出的经营管理才能，如企业内的销售经理和总经理。他们的人数很少，但是特别重要，一旦核心员工离职，将会对该企业的正常生产经营产生不利影响，而且空缺的工作岗位难以找到合适的人来替代，就算是找到了，其招聘成本和培训费用也会很高[①]。

第三，核心员工是指单位中天赋较高且在工作岗位经过较长时间的教育和培训，有较高的专业技术和技能，有本行业内丰富的从业经验及杰出的技术开发或经营管理才能的人。他们的人数很少，但是特别重要。核心员工是单位的稀缺人力资源，是单位核心竞争力的根本来源。

第四，核心员工是指单位中具有较高专业技术和技能或者具有本行业丰富的从业经验和杰出的经营管理才能，能够为单位做出重大贡献的员工。他们的可替代性较小，替代成本较高，是单位的稀缺资源，对单位的发展发挥着核心作用。

第五，所谓核心员工，是指掌握单位核心技术、从事单位核心业务以及处于核心岗位的员工。

然而，脱离一个具体的单位、一个组织及其不同发展阶段等相关因素的核心员工是难以被准确表述的。一个员工之所以是核心员工，是针对一个具体的单位、一个组织、一个

---

① 王震，冯英浚.一种全新的企业核心员工的内涵界定和层级确定模型 [J].预测，2006（4）：30-31.

团队而言的。一个员工在某个组织中是核心员工，但到了另外一个组织可能就不是核心员工了，不管他具备何种能力与知识。而且，相对一个具体单位而言，核心员工仍是一个动态的变量，员工在某一发展阶段是核心员工，但在另一个时期，他可能又不是核心员工。

学者王震等人基于序列论和委托—代理理论来理解核心员工的内涵，并给出了比较科学合理的定义：核心员工是针对某一行业、某一具体单位的特定发展阶段，在创造单位价值、提升单位核心能力的关键活动中绩效显著，对该单位的可持续发展影响重大的员工集合。基于序列论（序列论主要想研究同质的事物和不同质的事物的位移、排列与组合不同引起的量与质的变化，以及它们之间的相互关系和交互作用等），在单位核心员工内涵的界定中，核心员工有赖于其存在的组织、该组织的成员构成和各成员的岗位确定等，即组织中核心员工的确定有赖于该组织中成员的构成、组合方式及其顺序等。这也体现了核心员工的动态性和相对性。基于委托—代理理论，组织在确定其核心员工时需建立一种该组织与其成员间的"委托—代理"关系（一种虚拟关系），这里的委托方是指组织本身，代理方为该组织的所有成员。按照契约，作为代理方的全体员工均要承担"风险"，并通过努力工作，实现最优绩效，然后基于提升组织核心能力等考虑，发现每位员工实际能力的高低等，确定何人为该组织的核心员工。

（2）组织核心员工的确定方法

目前，理论界对核心员工的确定方法研究不多，大致可分为两类：一类可称为职位评价法，另一类可称为价值性—独特性法。

①职位评价法。又称因素比较法或要素计点法，采用的是对评价因素进行量化打分的办法。原来用于对组织中的职位价值进行测评，是为了充分了解一个职位对于组织的相对价值而采用的一种量化方法，它在确定员工的工资报酬时经常用到。通过因素比较法而得出的职位分数的高低体现了职位相对单位的重要程度，那么担任该职位的员工相对于单位也是比较重要的，也就是单位的核心员工。

②价值性—独特性法。根据员工所具备的知识、技能和能力对组织管理目标实现的价值性和独特性两个维度，将组织内部的人力资源分为核心型员工、通用型员工、盟友型员工和辅助型员工四类。其中，价值性和独特性都高的员工是组织的核心员工，只有核心型员工才是组织知识管理的重心，是形成组织核心能力的关键要素。

上述两种方法都存在不足之处：如职位评价法立足岗位间相对价值的评定，不利于组织管理需求的导入；价值性—独特性方法基于资源基础理论，有很强的理论说服力，但操作性不强。实际上，核心员工分布于不同的管理支持子系统中，对各管理支持系统的成功起着举足轻重的作用。本书引入一种新的核心员工的确定方法，能够将管理需求、管理支持系统需求与人力资源紧密结合起来，并具有较强的可操作性。

③层级确定模型——核心员工确定的一种新方法。即基于单位核心员工的内涵，采

用加权求和法，以统一的标准分别对单位员工进行两个层级的分类，从而确定该单位的核心员工。其中，第一层级标准的制定是基于员工个体的自身素质和能力等要素考虑；第二层级标准的制定是基于组织整体管理、核心能力以及各管理支持子系统能力需求等考虑的。而且，核心员工的确定必须遵循优先级的先后顺序，即只有满足第一层级标准后，才能去验证其是否满足第二层级标准。

（3）组织核心员工确定的具体操作过程

第一，确定组织管理、核心能力和各管理支持子系统的能力需求。核心人员的定义告诉我们，核心人员之所以有别于普通员工和边缘员工，是因为其在创造价值、促进组织核心竞争能力形成方面具有超凡的能力。这种能力与组织管理和组织的核心能力密不可分，可以说，是组织管理和组织核心能力决定了具备什么样的知识、技能和能力的员工才是核心员工。组织管理、核心能力确定了各管理支持子系统的相对价值，在各管理支持子系统内部仍然存在员工相对重要性的区别，管理支持子系统的能力需求为确定哪些是部门内的核心员工指明了方向。

第二，建立组织的人才库。组织在进行人力资源管理和开发之前要清楚地知道组织内人力资源的数量和质量，建立人才库就是对组织内员工的学历背景、工作经验、专业知识水平、各种能力水平、道德品质和身体状况等人力资源信息做详细的记录和统计，完备的人才库对组织合理确定核心员工是十分必要的。

第三，确定第一层级的人才。依据组织现有的人才库，按照实际的组织结构如研发、制造、营销、服务等不同管理支持系统/部门，将员工划分为相应的待测单元，采用加权求和法对各待测单元的员工进行测评。

2.基于核心员工的分层分类的人力资源管理模式

（1）基于核心员工的分层分类的人力资源管理模式概述

经济发展的不同阶段对人力资源的要求不同，不同类型的人力资源在经济发展的不同阶段对经济增长的贡献也不同。这种情况同样适用于组织内部。组织内存在不同的人力资源类型，而不同类型的人力资源对于组织目标及其管理实施起着不同的作用。为了使不同类型的人力资源各自发挥作用，同时降低组织人力资源管理的总成本，应该对其采取不同的人力资源模式。

一般来讲，越是接近核心员工的人力资源，组织对其管理就越有动力进行内部化，即在管理目标上侧重满足未来需要，在管理过程上倾向追求最佳，在管理内容上立足内部导向，在管理方法上采用现代化管理手段。相反，如果某种类型的人力资源对于实现组织目标并非十分重要，属于普通员工甚至边缘性员工，那么组织进行内部化的动力就会大大减少，转而从事外部化，甚至会采取外包手段。另外，虽然有些员工对组织目标的实现并不特别重要，但也不可或缺，而且这些员工所具备的知识、技能和能力具有很强的组织专用性，在劳动力市场上比较稀缺，即具有很强的独特性，那么组织也倾向于对其进行内部化管理，投入资源加以培养。同理，对于劳动力市场供应充足的人力资源，组织进行投资和培养的动力就会大大削弱。

很多学者对为不同类型的员工匹配恰当的人力资源管理模式进行了深入研究，如赵曙明等。他们按照员工工作所需要的知识的价值性和独特性对员工进行界定，或者按照员工工作所需要的知识是隐性的还是显性的来对员工进行界定，进而提出相应的人力资源管理模式。

核心员工与普通员工相比，一般都具有创造和发展组织的核心技术，能够推动组织的技术和管理升级、扩大组织的市场占有率和提高组织的经济效益等，具有务实、忠诚、积极和有牺牲精神等特征。他们分布在组织的各个部门，包括领导型核心员工、管理型核心员工、技术型核心员工、营销型核心员工等。物质需要仍然是其基本需要，社会需要和自我实现需要是其主导需要。

对核心员工的管理需要做好以价值观为基础的招聘、建立组织的共同愿景、重视员工个人成长与职业生涯发展、实现开放式沟通、提供富有竞争力的薪酬等方面的工作，这是组织人力资本投资的重点。

（2）分层分类人力资源管理模式的弊端及应对策略

①员工公平感的缺失及应对策略。如果同一组织内存在多种差异较大的人力资源管理模式，必然会影响员工共同工作的效率，表现突出的是各类员工间待遇和工作稳定性上的不同会让他们产生不公平感。公平感的缺失和在组织的弥漫将会对组织的团队建设、信息分享、互信机制和组织公平行为产生不良影响，进而降低组织的效率、侵蚀组织的市场竞争力。

应对员工公平感缺失，首先，组织要以对待核心员工的态度对待所有员工。虽然在管理模式上有差异，但组织应倡导所有员工都是组织最宝贵的资产，尊重他们的个性，尊重他们的劳动，营造自由、平等、宽松的工作氛围。其次，为各类员工提供发挥聪明才智的舞台，确保机会公平和程序公正。尽管每类员工对组织的贡献在客观上存在着差异，但绝不能因此而剥夺那些普通员工或边缘性员工参与竞争的机会。又次，在确定员工类型以及决定不同类型员工的奖酬差别时，要坚持程序公正和互动公平，综合考虑组织所处的管理阶段和各类员工的需要，制定科学且严格的标准。再次，要打通职业晋升通道，科学规划职业生涯。组织可以设计若干职业晋升通道供各类员工选择，并辅之以恰当的激励机制，从而保证各类员工能结合自身特质和组织管理模式，合理规划职业生涯，可以选择争当核心员工，也可以选择在现有职位上精益求精，不断提高技能。最后，为各类员工提供有市场竞争力的薪酬。员工的公平感除了与组织内员工间待遇差别大小有关之外，还与外部劳动力市场上的薪酬水平有关。尽管为了提高组织效率而拉大了组织内的收入差距，但是各类员工特别是组织内收入水平相对较低的员工在与外部劳动力市场上的薪酬水平相比较时，如果发现自己的薪酬待遇具有一定的竞争力，他们就会在一定程度上降低不公平感。

②员工人力资本的贬值及应对策略。根据核心员工的定义可以发现，组织的核心员工不是一成不变的，而是随着组织的发展而不断变动的，也就是说，从长远来看，现有核心员工所具有的知识、技能和能力对组织的价值性或独特性是变化的，而且面临着持续衰变的压力。

组织需要采取相应的策略抑制这种衰变，以保证一定的核心员工和核心能力。首先，在面临技术进步、产业结构调整、消费者需求偏好改变以及竞争对手开发出替代技能等问题的时候，组织应该有意识地培育和巩固自己的核心竞争能力，采取在职培训等措施，引导员工提升组织所需要的能力，最好将这些知识和技能镶嵌在组织特殊的内外环境构造上以提高其独特性。这种措施不仅有利于现有核心员工人力资本的提升，也可以促进普通员工向核心员工的转变。其次，通过再造工作流程，促进工作扩大化和丰富化，延展员工知识、技能和能力的使用范围，增加使用频率，增加普通员工和边缘员工的价值创造能力。当达到某一程度时，组织可以对其转而采取内部化导向的人力资源管理模式，促进其向核心员工转变。最后，组建学习型团队，鼓励员工终身学习。在组织里倡导能本管理的理念，价值分配要向知识和技能倾斜，在此基础上强调终身学习、信息共享、追求卓越、互利多赢，形成共同学习、共同提高、共同进步的学习型组织，使组织具有持续且动态的核心竞争能力。

（二）人力资源管理系统与团队创建及管理的契合

1.团队简述

（1）团队的特征

团队是指一种为了实现某一目标而由相互协作的个体所组成的正式群体。这一定义突出了团队与群体不同，所有团队都是群体，但只有正式群体才能是团队。并且正式群体分为命令群体、交叉功能团队、自我管理团队和任务小组。团队与普通群体的区别表现在以下几个方面：一是群体强调信息共享，团队则强调集体绩效；二是群体的作用是中性的（有时消极），而团队的作用往往是积极的；三是群体责任个体化，而团队的责任既可能是个体的，也可能是共同的；四是群体的技能是随机的或不同的，而团队的技能是相互补充的。

斯蒂芬·罗宾斯（Stephen P.Robbins）认为一支高效的团队应具有以下八个基本特征：第一，明确的目标。团队成员清楚地了解所要达到的目标，以及目标所包含的重大现实意义。第二，相关的技能。团队成员具备实现目标所需要的基本技能，并能够良好合作。第三，相互间的信任。每个人对团队内其他人的品行和能力都确信不疑。第四，共同的诺言。这是团队成员对完成目标的奉献精神。第五，良好的沟通。团队成员间拥有畅通的信息交流。第六，谈判的技能。高效的团队内部成员间的角色是经常发生变化的，这要求团队成员具有充分的谈判技能。第七，合适的领导。高效团队的领导往往发挥的是教练或后盾的作用，他们为团队提供指导和支持，而不是试图去控制下属。第八，内部与外部的支持。既包括内部合理的基础结构，也包括外部给予的必要的资源条件。

（2）团队的类型

有学者根据四种变量，即团队成员与组织内其他成员差别化程度的高低、团队成员与其他成员进行工作时一体化程度的高低、团队工作周期的长短以及团队产出成果的类别，把团队分为四种类型：建议或参与式团队、生产或服务团队、计划或发展团队、行动或磋商团队。

斯蒂芬·罗宾斯根据团队成员的来源、团队拥有自主权的大小以及团队存在的目的，将团队分为三种类型：第一，问题解决型团队。组织成员往往就如何改进工作程序、方法等问题交换不同看法，并就如何提高生产效率、产品质量，改善工作环境等问题提出建议，但是员工基本没有采取行动的权利，其在调动员工参与决策过程的积极性方面略显不足。第二，自我管理型团队。这是一种真正独立自主的团队，成员不仅探讨问题解决的方法，并且亲自执行解决问题的方案，并对工作承担全部责任。但是自我管理型团队并不总是能带来积极的效果，有时虽然员工的满意度随着权力的下放而有所提升，但同时缺勤率、流动率也在增加。创建这类团队首先要看目前组织的成熟度如何、员工的责任感如何，然后确定自我管理型团队发展的趋势和反响。第三，跨功能型团队。这种团队由来自同一等级、不同工作领域的员工组成，他们聚到一起之后，能够使组织内（甚至组织之间）的员工交流信息，产生新观点，解决面临的问题，协调完成复杂项目。20世纪60年代，有学者开发了卓有成效的360度反馈系统，该系统采用的是一种大型的任务攻坚团队，成员来自组织的各个部门。由于团队成员的知识、经验、背景和观点不太相同，加上处理复杂多样的工作任务，因此实行这种团队形式，需要相当长的时间建立有效的合作，而且要求团队成员具有很强的合作意识和个人素质。

此外，还可以从子团队的角度进行团队类型的划分。子团队类型的划分主要是从成员的客观存在属性，如人口统计学特征，团队成员共同的态度或信念等来展开的，即子团队可划分为三类：基于认同的子团队、基于资源的子团队和基于知识的子团队①。

2.与团队管理相契合的人力资源管理措施

一般来说，个人加入团队主要是为了获得或实现安全、地位、自尊、归属、权力及目标。组织创建团队，一是为创造团结精神；二是为使高层管理者集中精力进行战略性思

---

① 倪旭东，戴延君，等.子团队：形成、类型、中间过程及影响[J].心理科学进展，2015，23（3）：497-498.

考；三是为提高决策速度（团队能够促进员工参与决策过程，有助于管理人员增强组织的民主气氛，提高员工的积极性）；四是为产生新颖的创意；五是为提高业绩（团队能够提供更好的利用员工才能的环境，而且比传统的部门结构或其他形式的群体更灵活，反应更迅速）。

（1）团队的运行机理

团队的建立与团队功能的实现依靠的是成熟队员的知识、技能和能力，通过团队内沟通引发的学习过程，使得队员的认知加深、灵感顿悟，使得团队凝聚力产生、共同目标达成、整体绩效产生。

从系统论的角度来看，团队是一个向外部环境开放并与之不断进行物质、能量与信息交换的系统，在其生命周期中始终处于一种远离平衡的运动状态。

从知识和知识转移的角度来看，团队是具有独特知识和知识转移能力的员工群体。团队的知识价值和团队间的知识互动强度影响着组织知识转移的能力与意愿，以及接触外部知识的机会和吸收外部知识的能力，从而对单位竞争优势做出贡献。其中，团队的知识价值度可以用该团队研发投入、人力资本状况（包括队员学历结构、经验、培训等）、团队效率（反映团队整体知识水平）和知识产权与专利数量以及重要性来衡量，它反映了团队转移知识和吸收知识的能力；团队互动强度用团队内沟通的频率来衡量，频率越高，相互理解就越容易，队员间的关系就越密切，越有利于增进信任，促进知识在团队内的转移。

（2）与团队创建和管理相契合的人力资源管理措施

团队的运作模式决定了团队的人力资源管理需要有以下几个"必须"：必须有一定程度的授权，团队成员的选择必须在知识、技能和能力上有一定的互补性，必须注重团队成员间的尊重和信任，团队内部必须有充分的沟通。归根结底，团队的高效运作取决于成员间的成功合作。

实质上，当每个团队成员在合作中获得的收益大于独立工作收益时，即存在合作效应时，合作往往是他们最好的选择。支持团队高效运作的人力资源管理措施关键在于诱导团队合作的激励和约束机制的设计。

第二节　人力资源管理的纵向契合研究

一、人力资源管理与组织管理的契合分析

管理在直观上常被划分为管理制定和管理执行两个阶段，在这两个阶段中，人力资源管理扮演着不同的角色。在管理执行阶段，人力资源管理的主要任务或者说价值贡献体现在以下两个方面：第一，既要确保组织能够获得相当数量的员工，又要保证这些员工具有成功完成管理任务的知识、能力、技术和经验；第二，建立起人力资源管理系统，以确保这些员工的行为方式有利于推动管理规划所制定的目标。可以说，纵向契合的研究以及后面将要讨论的人力资源管理与组织文化及组织结构的契合都是为了确保在管理执行阶段发挥人力资源管理的最大价值，下面将要讨论的人力资源管理与组织管理的契合是在管理制定阶段的契合，包括人力资源管理与组织管理制定过程的契合、人力资源管理目标与管理策略目标的契合。

（一）人力资源管理与组织管理制定过程的契合

1.环境分析是实现人力资源管理与组织管理契合的起点

（1）环境与组织管理协同演进

组织环境与组织管理之间的关系如何？管理是完全受制于环境，还是在某种程度上能影响环境？这些问题历来是组织和管理研究的焦点，根据对这些问题的不同看法，管理学派大致可以分为三组：第一组强调环境对管理的决定作用；第二组看重管理对环境的影响作用；第三组可以认为是前面观点的综合，它代表了目前最新的研究方向，即认为环境与管理之间不是单向的决定关系，它们之间存在双向复杂的协同演进关系。

种群生态学派、制度学派、权变理论、演进理论、生命周期/间断均衡理论认为在组织环境与组织管理关系上，环境起着主导作用，组织管理的制定应更多地关注如何适应环境的发展及变化。各流派在对环境对管理的决定程度和作用方式上存在不同看法：种群生态学派强调环境对单位的残酷选择，认为组织管理的好坏对单位发展来说没有任何差别，组织最优的管理就是专注特定生存空间，并优化其效率以祈求一个好的结果，组织只能适应环境而无法影响和改变环境；制度学派认为在相同环境下，组织趋于采取相似的管理决策，而组织内部的细微变动是导致组织差异性的一个原因，组织只能快速跟进管理，通过

不断适应变化的外部环境来寻求生存和发展；产业组织理论认为组织管理仅仅是外部特定环境的反映，不同产业环境对组织管理和绩效具有决定作用，管理的重点是选择高增长行业和富有吸引力的地区，并实施通行的管理；权变理论认为管理的任务就是让组织更好地与环境相匹配，强调组织对环境的适应性反应，忽略组织对环境的影响力，有效的管理取决于组织领导者对环境的估计和采取的相应的措施；生命周期/间断均衡理论认为环境与管理之间的关系是可变的，环境的选择性和组织的适应性分别主导单位发展的不同时期，由选择性和适应性这两种方向相反的力量可能形成几种不同的短暂组合，组织管理的重心是不断重构组织形式以适应由环境或组织带来的周期性变化。

管理选择理论和资源基础理论等认为在环境与管理的选择适应过程中，组织不总是被动地采取适应性反应，而是在相当程度上可以通过主观的管理行为来抵御外界的变化，进而改变所处环境以求得更有利的地位。管理选择理论认为组织对环境具有主导作用，组织在适应环境的同时，有机会和能力去重新塑造环境以满足其自身目标的需求，于是可以考虑采用多种管理的方式，通过与外部环境的相互影响来为组织谋求最有利的发展空间。资源基础理论认为竞争优势源于组织在资源占有及运用能力方面的差异性，组织可以通过投资不可模仿的独特能力来维持单位的竞争优势。而在这个过程中，中高级管理人员需要为独特能力的培育提供全方位的支持和协助，包括建立所需的外围网络关系等，形成主动影响环境，进而主导环境变化的态势。

组织学习理论与复杂理论认为组织管理与组织环境之间通过双向作用形成正反馈机制，且这种互动关系随时间的变化而循环推进。组织学习理论认为，为了适应环境，单位必须具备一些独特的学习和再学习能力，这种学习在组织发展，特别是在过去行为与将来行动之间起到桥梁作用。组织学习存在单环、双环及三环三种学习模式：单环学习是指组织在察觉问题的存在后，依其既定的行为规范和政策进行整改以达成组织目标的过程；双环学习是一个动态的过程，在组织现有的知识和能力基础上，通过对一些带有共性问题的处理，产生新的政策、目标以及相应的心智模式，并以此作为解决未来可能发生的共性问题的指导；三环学习将组织所遇到的各种各样的问题及其解决过程中得到的经验在广度和深度上进行拓展和整合，并在此基础上进行组织结构和管理的变革，开发出新的技能和能力。组织学习的过程既体现了对环境的被动适应性，又在一定程度上表现出了组织对环境的能动性，即组织可利用其行为来影响环境，从而使组织与环境之间达到更好的匹配。复杂理论将环境与组织视为一个复杂的系统，系统内存在自组织机制、非线性关系、多重均衡和协同演进过程。当组织处于"远离均衡"或者"混沌边缘"时，组织会一方面建立足够的机构以支撑组织的正常运作；另一方面又具备相当的灵活性，与外部环境进行信息和能量的交换，从而实现组织管理与环境之间的协同演进。

综上所述，环境与组织管理协同演进的观点是关于组织环境与组织管理关系的最新理论，也最接近现实情况。这一观点明确告诉我们，对组织环境信息的掌握和分析对于制定有效的组织管理模式至关重要。

（2）环境分析是组织管理制定基本程序的关键环节

不同组织的管理制定程序不尽相同，差异主要表现在正规化程度和程序的细节上。管理制定程序的正规化意味着管理制定按照一定的流程和规则进行，决策过程存在一定的规律性和稳定性。相反，也有一些组织的管理制定是无序的，即管理制定的过程既无明显的程序，管理决策也不连续。影响组织管理制定程序正规化程度的因素很多，如高层领导的决策风格，组织规模大小、发展阶段，单位所处的产业类型、竞争状况以及政治、经济、科技、文化等环境条件。有资料表明，我国许多单位管理水平落后，管理制定行为完全处于一种无序状态，在这种情况下，强化管理制定程序的正规化程度、科学设计管理制定的程序和规则是提高管理水平的一项重要措施。

尽管如此，正规的管理制定程序，其基本组成部分还是相似的，包括组织当前宗旨和目标的确认、组织外部环境分析、发现机会和威胁、组织内部资源分析、发现优势和劣势、重新评价组织的宗旨和目标、制定恰当的组织管理。

环境分析是组织管理制定过程不可或缺的关键一环。其中，外部环境分析是指对组织的运营环境进行分析，明确单位所面临的管理机会和受到的威胁。管理机会包括：尚未开发的客户市场、有助于单位发展的技术革新和尚未被完全利用起来的人力资源等。管理威胁包括：将会进入市场的新的竞争对手、将会对公司产生不利影响的立法或竞争对手的技术创新，以及潜在的劳动力短缺等。内部分析就是明确组织自身的优势和劣势，也就是对组织可能获得的资源的数量和质量进行分析，比如，资金、技术、人力资源等。内部分析的关键是对单位的现有状况进行客观评价，以明确每一种资源就目前和未来的发展而言，对单位来说是优势还是劣势。

（3）环境分析中人力资源信息的获取和价值

依据环境与组织管理协同演进理论可知，外部环境中有很多因素对组织未来的发展影响重大，组织必须采取恰当的管理方式对其做出应对。随着人力资源成为组织的管理性资产，管理制定过程中不能忽视对影响人力资源的环境要素进行评估和预测。在管理制定过程中，人力资源信息通过人力资源环境评价得以获取。人力资源环境评价通过扫描人力资源管理系统运行的宏观环境（包括政治、经济、社会、文化等因素）、中观环境（包括产业竞争环境、股东、顾客、供应商等因素）以及微观环境（包括组织结构、组织文化、人力资源现状等因素），搜索和研究预示未来趋势变化的数据，确定那些对组织未来绩效产生影响的信息，并对其进行综合分析，展示组织所面临的人力资源方面的机遇和挑战。人力资源信息被提供给管理决策小组作为参考，帮助其提高管理决策的有效性。

人力资源环境评价需要对一些有重大影响的环境因素进行准确预测，需要人力资源专家或专业人员参与到评价过程中来。专业人员的参与不仅能够提高人力资源信息的准确性和可靠性，而且能够吸取单位经营环境分析的精华，拓展解决问题的思路，改变或扩充管理备选方案。在人力资源价值提升和人才竞争激烈的今天，人力资源信息在组织管理决策中的作用日益增大，人力资源专业人员参与到管理决策中更加提高了人力资源信息的价值。

2.一体化管理制定方法是实现人力资源管理与组织管理契合的保障

（1）组织管理制定的方法

组织管理制定要采用正确的方法，方法要因单位而制宜，因组织的具体情况而异。一般来讲，人数较少的单位或企业的生产经营就较为单一，管理层次也较少，制定管理的方法是非正式的，主要由单位领导考虑，存在于管理者的头脑之中；或者由单位领导与各级管理者协商形成，存在于高层管理者与下级达成的口头协议之中。而人数较多的单位的战略制定方法则较为规范，主要有以下几种：

①自上而下的方法。由单位高层管理人员制定单位发展的总体战略，然后由下属各经营单位、职能部门根据各自的具体情况将总体战略具体化，形成系统的战略方案。这种方法的优点是：单位高层管理人员的立足点高一些，视野开阔一些，能比较准确地把握本单位的经营方向，并能对各事业部和职能部门实施有效控制。

②自下而上的方法。在制定单位发展战略时，高层管理者对下属不做具体规定，先要求各事业部、职能部门提出管理方案，然后由高层管理者在此基础上进行综合、协调、平衡，从而形成总体的管理策略。

③上下结合的方法。单位内高层管理人员和下属单位管理人员共同参与战略的制定，通过他们的相互沟通和协商，制定出有共识的管理策略。

（2）人力资源管理与组织管理的融合程度分析

无论是在企业中，还是其他单位中，人力资源管理都是一种职能管理。人力资源管理与其他职能管理的关系在于，人力资源规划是职能管理的一个独立部分，人力资源管理必须与各个职能管理紧密地连成一体。沿袭组织管理的制定方法，人力资源管理的制定也存在自上而下、自下而上和上下结合的方法。在人力资源管理和组织管理的制定过程中，二者之间存在着一些可能的连接点，这些连接点决定了人力资源管理与组织管理的融合程度，也决定了人力资源管理对组织管理制定的价值贡献程度。不同的管理制定方法会影响连接点的多少。

第一，0连接点——行政联系：在行政联系层次上，人力资源管理者的注意力集中在事务性工作中，人力资源高层管理者没有时间或者没有机会对人力资源问题进行战略性展望。组织管理形成过程没有得到人力资源管理部门的任何参与。在这种联系水平上，无论是管理形成阶段，还是管理执行阶段，人力资源管理都是与组织管理相分离的。人力资源管理部门仅仅是从事与组织核心经营需要没有什么联系的日常性行政工作。

第二，1连接点——单项联系：在单项联系这种层次上，组织会首先制定出管理策略和措施，然后告知人力资源管理职能部门。

第三，2连接点——双向联系：双向联系确实允许在整个管理策略形成过程当中都将人力资源问题考虑在内。

第四，多连接点——一体化战略：人力资源管理策略的制定与组织管理策略的制定同时进行。在每个阶段，它都与其他管理策略互相影响，从中汲取思想，并为组织管理提供思路。通过这种方式，人力资源管理不但没有使组织管理制定的过程复杂化，而且让人力资源问题得到了更充分的重视。在环境评价阶段要进行人力资源环境评价，与组织管理制定过程同时进行，并相互借鉴。

人力资源部门在整个管理策略过程中所发挥的作用是动态的、多方面的、持续的。人力资源部门的领导者是管理策略规划小组的成员之一，像其他成员一样，其可以站在人力资源的角度，从更高的层次上提出自己的见解，特别是当他以其他职能领域的术语和概念参与讨论，提出有助于定义和创建管理策略备选方案的人力资源信息时，能对该单位总体管理策略的制定产生更为直接的影响。通过这种更为畅通的交流方式，管理策略决策的制定者可以得到更为完整、更为准确的有关单位人力资源状况的信息，这可以使他们更为全面、现实地判断各种管理策略选择。

显然，人力资源管理策略与组织管理策略同时制定的一体化管理策略更有利于发挥人力资源管理在管理策略制定中的作用，而上下结合的管理策略制定方法为这一契合关系提供了保障。

（二）人力资源管理目标与管理策略目标的契合

进入管理策略实施阶段，人力资源管理的首要工作就是将组织的管理策略目标向人力资源管理目标准确转化，这是协调人力资源管理与组织管理策略，以最小成本获得最大收益的关键。而引导我们完成这项工作的必备工具就是管理策略地图。

1.确保人力资源管理目标与管理策略目标契合的工具——管理策略地图

在管理策略地图上，我们看到组织的价值创造主要集中在内部层面的四个流程上，即运营管理流程、客户管理流程、创新流程和法规与社会流程。

在开发管理策略地图的内部层面时，组织要确定对管理策略最重要的流程。如执行总成本最低管理策略的单位必须擅长运营管理，执行产品（物质的或精神的）领先管理策略的单位必须擅长创新，执行客户解决方案管理策略的机构必须擅长客户管理。但即使强调三组内部流程之一，仍必须兼顾"平衡"，同时投资改善所有流程。严格来讲，一个单位中同时存在着数以百计的流程，每个流程都以某种方式创造价值。管理策略的艺术就是确定并擅长少数几个关键或核心流程，所有流程都应被管理好，但核心流程必须受到特别关注和重视，因为其创造了不同单位的差异化。研究表明，每个管理策略都应在运营管理流程、客户管理流程、创新流程和法规与社会流程中确定一个或多个核心流程，这样能够使价值创造在长期和短期之间达到平衡，确保长期股东价值。通过这种方法，可以将复杂的管理策略简化为一组基于价值创造的管理策略主题。

位于学习与成长层面的无形资产就是在为核心流程提供其所需的特殊能力和特征的过程中创造价值的。至此，我们就发掘出了使人力资源管理目标与管理策略目标协调一致的方法，本书借鉴"人力资源计分卡"中的概念，将这个过程称为开发人力资源传导机制。

2.人力资源管理目标与管理策略目标契合的方法——开发人力资源传导机制

人力资源传导机制以两种方式出现：一是绩效驱动力，二是激活力。人力资源绩效驱动力是和人力资源相关联的核心能力或资产，如员工满意度等；激活力强化绩效驱动力，任何一项绩效驱动力都可能有几个激活力，也许各个孤立的激活力作用不大，但是其聚合体具有战略重要性。

二、制约人力资源管理纵向契合的因素

（一）社会关系网络的变革障碍性分析

通过对高承诺型人力资源管理模式的了解可以发现，由弱关系、共同认知模式和广泛互惠型交换关系构成的社会关系网络更有利于高承诺型人力资源管理模式的运行。相反，在采用高控制型人力资源管理模式的单位中，社会关系网络往往具有强关系、不一致的认知模式和特定互惠型交换关系。那么，在从控制型人力资源管理模式向高承诺型人力资源管理模式转变的过程中，面临着社会关系网络的转换问题。

社会关系网络的转换意味着员工与员工之间的关系结构彻底变革，需要组织鼓励整套全新的社会关系网络的发展，并且激励员工通过这套网络去掌握和分享他们的知识，社会资本理论告诉我们，这个转换成本是巨大的。当实施高承诺型人力资源管理模式带来的预期收益小于创建它所花费的成本（必要的人力资本投资+社会关系网络转换成本，后者甚至会远远超过前者）时，没有组织会有积极性来采取这样的行动。

事实上，高承诺型人力资源管理模式在刚成立的单位（特别是企业）中比较容易建立，一个主要原因是所有员工都是刚刚被雇用的，该单位中并不存在已经定型的社会关系网络，管理者也就不用费尽心机在企业已存在的社会关系网络基础上进行变革，管理者设计的人力资源政策将规范单位最初的社会关系网络结构，使成本大大降低。相对而言，原先采取高控制型人力资源管理模式的单位往往持续经营了相当长的一段时间，多年前建立的传统性生产实践推崇的是与参与性生产实践完全不同的社会网络，要采用创新性人力资

源管理实践，就必须先粉碎企业已存在的工作关系结构，这一成本是相当高昂的[①]。

（二）降低社会关系网络变革成本的办法

社会关系网络的建立不仅受到人力资源政策的影响，还受到单位文化、领导方式等方面的影响，为了降低社会关系网络的转换成本，可以采用多方面协同变革的方式。

首先，建立家族型或活力型组织文化。高承诺型人力资源管理模式需要在一个充满信任的组织文化中才能良好运行，家族型或活力型组织文化能够促进社会关系网络的彻底变革。

其次，削弱管理者和核心员工的领导角色。高承诺型人力资源管理模式需要员工在社会关系网络中的地位是平等的，而且员工间信息交流密集度高，甚至超过了与管理者之间的交流。相反，高控制型人力资源管理模式下的领导者和较少的核心员工拥有高密度的交流网络，必须同时削弱他们的领导角色以降低社会关系网络的转换成本。

最后，投资沟通渠道。社会关系网络的建立依赖一定的沟通渠道，除了在制度上保证单位的信息开发以外，单位还需要在信息系统建设、沟通技能、沟通场所等方面投资。

第三节 人力资源管理契合性的动态演进及调整

一、人力资源管理契合性的动态演进

（一）人力资源管理策略契合性演进的分岔机理

1.分岔机理及系统演化序列

在以往的线性系统研究思维中，系统演进是连续的、平滑的临界状态，更谈不上系统的分岔现象。但是，复杂适应系统强调了系统的非线性关系，也就是说，个体以及其属性在发生变化时，不是完全遵循"1+1＝2"的线性关系，从而产生从一种状态向另外一种状态转变的临界点，而在这个临界点上，系统又总是面临存在多种可能的状态分岔。所谓分岔就是系统地控制参量改变而引起动态系统定性性质的改变。传统的热力学第二定律的熵增理论认为，自然的演化向着状态归并、结构简单、信息量降低的方向发展。而分岔理

---

① 程德俊，赵曙明. 高参与工作系统中的社会关系网络及其变革障碍 [J]. 中国工业经济，2006（12）：90-97.

论完全推翻了该理论观点，它表明，在控制参量变化的某种条件下，系统会不断地分岔，出现多种不同的状态和结构，从而为系统进化和发展提供了更多的选择性，使得系统的形式变得越来越复杂，系统的信息量不断增加。可以说，系统的分岔是系统演化、层次提升的重要前提和基本机理。

2.基于分岔机理的人力资源管理契合性演进方向研究

研究人力资源管理契合性的演化，必然要关注人力资源管理契合性演化的方向性，也就是人力资源管理契合性在演化过程中是进还是退的问题。由于契合性的高低关联到人力资源管理的价值创造力，因此，人力资源管理契合性演化方向的研究在实际管理中具有十分重要的意义。

一个单位的人力资源从一般性资源到重要资源、战略性资产的过程就是单位人力资源管理契合性逐步提升的过程。在此过程中，人力资源管理系统同样面临着许多分岔现象，对单位来说，每一个新的临界分岔点都是一个新的机遇和挑战。如果单位决策者能够审时度势、正确决策，人力资源管理的契合性就会朝着正确的方向进入新一轮快速发展阶段；否则，人力资源管理契合性的发展不是进程缓慢，就是方向出现偏差，甚至会导致人力资源危机。根据环境变化正确判断组织人力资源管理系统临界分岔点的发展方向是影响组织竞争优势的一个重要因素。

（1）正确把握人力资源管理契合的主要方面和次要方面

由于复杂系统分岔机理的存在，人力资源管理契合性演化的方向是多方面的。在不同的情境下，不同的组织，其人力资源管理各个契合单元对契合效应的显现贡献是不一样的，要分清哪些是主要方面、哪些是次要方面，采取措施改善主要方面的契合程度。如果一个单位不能正确把握契合性发展的主要方面和次要方面，不但会造成资源投入的浪费，还将会危及单位的整体能力。

（2）正确区分人力资源管理发展过程中契合性的强化和弱化

一个系统并非完全是由低级向高级进化发展的，人力资源管理的契合性也是如此，当人力资源管理面临发展方向选择（分岔）的时候，是沿着正确的方向前进还是沿着错误的方向退化关系到契合性的强弱。单位要适时审视契合性发展方向正确与否，判断其是在增强还是在衰退，及时发现偏差，纠正错误。当然，即便契合性演化方向是增强，也不能完全断定该演化路径是最优的，还要考虑到演化的速率。相对于竞争对手而言，如果单位契合效应的显现速度远远落后于对方，也是不可取的，最终单位将会丧失人力资源优势。所以说，契合性的演化是一个矢量问题，既要考虑方向性，又要兼顾速度。

（3）正确引导人力资源管理契合体系分岔机理的发生

当系统处于从一种状态向另外一种状态转变的临界点时，总是面临系统状态的失稳和系统的分岔现象，但对于系统来说，这并不意味着是一场灾难的到来，恰恰相反，如果一个系统总是处于一种稳定的结构状态中，就没有现实存在的可能，系统就不可能进行演化。临界点的分岔对单位人力资源管理系统来说是一个新的机遇，单位应该积极把握，尤其当单位发现契合发展方向出现偏差、进入恶性循环状态时，更应该主动引导单位尽早进入新的临界分岔点，也就是打破现有契合体系结构的平衡状态，寻求新的发展方向。而不是等到外部环境迫使单位变化时，才打破现有平衡，进行新的发展方向的选择。可以说，主动发起某些变革，如改变单位文化、改变某些人力资源管理措施、主动控制和把握契合体系分岔机理的发生对于人力资源管理的快速发展十分重要。

（二）人力资源管理契合性演进的概念模型

人力资源管理契合性的演化过程即契合程度从弱到强的层次演进过程。在此过程中，人力资源管理对组织内、外部环境的适应性在不断增强，并且始终伴随着契合体系的分岔和契合效应显现。契合体系的分岔为人力资源管理发展的多样性和方向性提供了前提条件，而契合效应的显现则直接导致了单位人力资源管理契合新层次的产生。另外，契合性始终同环境发生着交互作用，这既是契合效应显现的大好机会，也是人力资源管理不断追求契合的动力基础。而随着契合层次的不断提升，契合体系结构变得越来越复杂，系统内外部的信息量也在不断增加。由此，本书认为，人力资源管理契合性层次演进概念模型可以按照如下思路加以构建：

第一，从理想的人力资源管理契合性演进过程来看，契合体系的发展应该是一个阶梯式的，由低级向高级、由简单到复杂，递进式发展的。但当环境参数的干扰在契合单元耦合网的流动中被不断放大，从而导致某些层次契合单元因无法与其他层次的契合单元耦合而被淘汰时，契合体系整体耦合网就会因被切断而发生崩溃，这就是常说的退化。第二，如果某一层次的契合单元有足够的多样性，而且并不是该层次所有的契合单元均被淘汰，则剩余的契合单元将争夺空缺的"生态位"，导致各契合单元条件集与功能集的扩大。面对新的环境，侥幸生存下来的契合单元间原有的适应方式将受到挑战，并引发契合单元的演化以探求新的稳态吸引子。第三，如果各个新的稳态仍能耦合，则仅导致契合单元耦合方式的改变，它只是从一个稳态过渡到一个新的稳态，从而以一种新的方式与环境相互适应，并在新的发展过程中，不断调整和提高自身的结构和实力水平，激发出契合效应的涌现性，向更高层次的契合挺进，这就是所谓契合性层次演进。

本书在上述分析的基础上，构建出人力资源管理契合性层次演进概念模型，通过该模型，可以对人力资源管理契合性演进机理有一个更加清楚的认识，为单位实际的人力资源管理提供科学帮助。

二、人力资源管理契合性的调整

（一）人力资源管理系统契合体系的调整时机

什么时候进行人力资源管理契合性的调整呢？没有"最佳"时间。一般来讲，我们可以遵照以下三项原则：

1.防患于未然

通过前面的研究发现，一旦契合程度降到了警戒点，组织会出现人力资源危机，不仅会削弱组织的竞争力，而且进行改善时成本更高，难度更大，成功率低。

2.勤于诊断，适时调整

我们进行契合性研究，寻找尽可能多的契合单元，开发尽可能多的契合方法，目的是引导契合效应显现。只有当人力资源管理涌现出契合效应时，才能够真正实现其目标，为组织带来持续竞争优势，这就要求要勤于诊断，引导契合朝着正确的方向发展。此外，在问题处于萌芽阶段或危害甚微的时候就进行适时调整，不仅不会对组织造成冲击，而且成本低，成功率高。

3.结合组织具体情况，选择适宜时机

在前面的研究中已经发现，有时候进行契合性调整需要与很多变革协同进行，只有当时机成熟的时候，调整成本才能降到可接受的水平，例如，从高控制型人力资源管理模式向高承诺型人力资源管理模式转变时，文化变革必须先行。由此可见，单位需要等待时机，在适宜的时候进行调整。

（二）人力资源管理系统契合体系的调整方法

人力资源管理契合性调整可以从以下三方面开展：文化重塑、组织结构调整和人力资源管理系统再造。关于文化重塑和组织结构调整，本书不做探讨，有很多学者对这类问题进行了深入研究。本书仅就人力资源管理系统再造进行简要介绍。

1.人力资源管理系统再造的目标及内容

这里的"再造"不仅指其对单位进行根本性的再思考和关键性的再设计这一核心思想，而且指全面应用"再造"理论和技术于人力资源管理领域。单位再造以过程为导向，而人力资源管理系统再造则是以目标和功能为导向，换言之，必须首先明确应该建立什么样的人力资源管理系统，该系统应该具备什么样的职能。

人力资源管理系统再造以创建适合总体管理策略的人力资源管理模式为根本目标，是一项复杂的系统工程，具体包括三个层面的内容：理念与职能再造、制度与职责再造、措施与人员再造。

2.人力资源管理系统再造的模式

（1）整体推进——全面实施模式

这一模式的要求是：经营者思想观念的转变，各级、各类员工的全面理解与支持，具有一支具备较高专业素质与操作能力的人力资源管理专业人员队伍。实施难度大，常常要借助咨询公司的帮助。适用于总体管理策略发生重大变革，在需要进行经营管理的总体改革与管理再造时，将人力资源管理作为一个子系统的优化进行设计与实施。

（2）单点突破——分步实施模式

在总体规划的基础上，利用人力资源管理系统各个部分的内在逻辑关系，通过选择一个切入点，单点突破、分期设计、分步实施，逐渐建立起完整的人力资源管理系统。其优点是限制条件少，对各类单位均具有较强的适用性，不会在短期内对单位经营管理的各个方面产生较大冲击[①]。

---

① 蔡梦航.传统零售企业的高绩效人力资源管理系统再造研究——以线上线下整合发展的宏图三胞为例 [D].东南大学，2016：36-40.

第五章 人力资源档案管理的原则与流程

第一节 人力资源档案管理的概念与原则

一、人力资源档案概述

在现今的企事业单位中，人力资源档案不仅是人力资源管理工作的基石，也是单位决策的重要依据。深入理解和有效利用人力资源档案，对于提升单位的人力资源管理水平、优化单位的人力资源配置、增强单位的核心竞争力具有不可忽视的作用。

（一）人力资源档案的界定

人力资源档案，顾名思义，是指记录和反映人力资源状况的各种信息和材料的集合。这些信息和材料涵盖了员工的基本信息、教育背景、工作经历、培训记录、绩效考核、薪酬福利等多个方面，全面反映了员工的个人特质、能力和发展轨迹。通过人力资源档案，单位可以清晰了解员工的整体情况，为人力资源的合理利用和开发提供有力支持。

（二）人力资源档案的基本含义

在现代单位管理的过程中，人力资源档案是不可或缺的重要组成部分。它既是人力资源管理活动的记录，又是单位人才资源信息的重要载体，对于单位的人力资源管理、决策和规划具有至关重要的作用。

首先，人力资源档案主要形成于人力资源管理活动与特定部门。这些档案记录了员工从招聘、入职、培训、晋升、调动到离职等各个环节的信息，是员工个人职业生涯在单位内部的完整记录。同时，特定部门如人力资源部、财务部、行政部等也会根据自身的职责和需求，形成相应的人力资源档案，如员工的薪资档案、考勤档案、培训档案等。这些档案不仅反映了员工个人的成长轨迹和业绩表现，也体现了单位在人力资源管理方面的策略和效果。

其次，人力资源档案是专门机构认定的结果。这些专门机构通常包括人力资源管理部门、档案管理部门以及相关的行业协会或认证机构。这些机构会根据一定的标准和程序，对人力资源档案进行认定和审核，确保其真实、准确、完整。通过专门机构的认定，人力资源档案不仅获得了法律上的认可和保护，也提高了其在单位内部管理和外部交流中的权威性和可信度。

最后，人力资源档案是相对于个体为单位进行保管和管理的。这意味着每个员工的人力资源档案都是独立的个体，但也与单位整体的人力资源管理体系紧密相连。单位需要对每个员工的人力资源档案进行妥善保管和管理，确保其不被篡改、丢失或滥用。同时，单位还需要通过人力资源档案的分析和挖掘，为单位的决策和规划提供有力的数据支持和信息参考。

综上所述，人力资源档案是人力资源管理活动的重要产物和记录，具有极高的价值和意义。单位应当加强对人力资源档案的管理和利用，充分发挥其在人力资源管理、决策和规划中的作用，为单位的可持续发展提供有力的保障。同时，单位也应当遵守相关法律法规和行业规范，确保人力资源档案的合法性和合规性，维护单位和员工的合法权益。

（三）人力资源档案的构成

人力资源档案通常包括以下几个主要部分：

第一类，基本信息类主要包括一些个人的基本情况信息，如民族、家庭成员、履历自传，以及鉴定、考核、考察材料。

第二类，教育、业绩类主要包括学习经历和工作经历方面的信息，如毕业院校、院系、现任职务、级别、工资等，还有学历、学位、学绩材料和提交简历与面试资料、评定技能的考绩、审批材料，招用的劳动合同，调动、聘用、复员退伍、转业、工资、保险福利待遇、出国、退休、退职等材料。

第三类，信用类主要是信用信息记录，包括单位信用、是否有贷款、信用消费和公共事业交费信息以及刑事信息等。

第四类，健康医疗类主要包括医疗记录和体检信息，如健康行为资料、临床资料（既往史、家族史、生物学基础资料、预防医学资料、心理评估、行为等资料）和病情流程表等。

第五类，其他个人特殊信息。

这些档案内容相互关联，共同构成了人力资源档案的完整体系。通过对这些档案的综合分析，单位可以全面把握人力资源的状况，为制定科学的人力资源管理策略提供有力支持。

总的来说，人力资源档案是企事业单位不可或缺的重要资源。只有建立完善的档案管理制度，确保档案信息的真实性、完整性和时效性，才能充分发挥人力资源档案在人力资源管理中的作用，推动单位的可持续发展。

（四）人力资源档案与传统人事档案的区别与联系

人事档案是指组织、人事管理部门或其他部门在人事管理活动中形成的，记录个人经历、政治面貌、品德作风等，并以个人为单位集中保存起来以备查考的文件材料。现代人力资源档案和传统人事档案既相互联系又有本质区别。

1.现代人力资源档案与传统人事档案的联系

现代人力资源档案可以视作人事档案的演变和发展，所以他们有一定的共同点。现代人力资源档案和人事档案都是以个人发展经历为一个单位的专门文件材料，因而具有隐私性、积累性、专业性和现实性等特点，形成活动也都是人事管理活动，都是以为人事管理提供信息依据为目标的。

2.现代人力资源档案与传统人事档案的区别

现代人力资源档案和传统人事档案又是有区别的，人力资源管理和人事管理的区别正是人力资源档案区别于传统人事档案的根本原因。形成机构虽然都以人事管理部门为主，但人事档案却以本单位为主，而人力资源档案早已突破了单位的界限，包括司法、卫生、银行等公共和金融机构。人力资源档案注重服务性，对单位和相对人的服务性偏重，人力资源档案管理是以人为本的，决定了它应该是相对人开放的，相对人应该拥有对其的查阅权、监督权、知情权及一定的修改权。从目的性来看，人事档案的形成大多是在单位内，是为单位的人力资源管理提供信息依据，而人力资源档案的服务对象不再停留在本单位，则是上升到了地区甚至是国家的人力资源合理配置；从内容上看，人事档案是传统的十大类，而人力资源档案除了上述十类以外，还包括相对人的业绩、诚信、医疗等方面的信息。两者更大的区别还体现在管理本身上。人事档案强调的是档随人走，封闭性较强，包括本人也很难真正地随时利用自己的档案。现代人力资源管理则是一种新型的、动态的人力资源管理，是在传统人事管理的基础上在管理方法、管理技术、管理职能等方面的扩展。那么，相对应的，人力资源档案管理也应是在继承人事档案管理的基础上，在管理体制、管理机制、管理方法，甚至是管理环节等各方面进行创新，其管理不必拘泥于原有模式，逐步向开放式、集约化、动态化管理转化才是管理发展未来的方向。

（五）人力资源档案的特点

1.动态发展性

在当今快速发展的社会中，人力资源管理对于单位的稳定发展具有至关重要的作用。而人力资源档案作为记录和管理员工信息的核心工具，其动态发展性的特点尤为显著。下面将深入探讨人力资源档案的动态发展性特征，以及这一特点在人力资源管理工作中的重要性。

首先，我们来了解一下人力资源档案的基本内容。人力资源档案通常包括员工的个人信息、教育背景、工作经历、培训记录、绩效表现等多个方面。这些信息不仅反映了员工的个人能力和职业发展轨迹，也为单位进行人才选拔、培训、考核等工作提供了重要依据。

而动态发展性则是人力资源档案的一个重要特征。具体来说，这种动态性体现在以下几个方面：

（1）信息的实时更新。随着员工在单位中的不断成长和发展，他们的个人信息、工作表现等都会发生变化。因此，人力资源档案需要实时更新这些信息，以确保档案内容的准确性和完整性。

（2）内容的不断丰富。员工在单位中的发展历程是一个持续的过程，他们的培训经历、晋升记录、绩效表现等都会不断增加。这些新的信息会不断补充到人力资源档案中，使得档案内容更加丰富和全面。

（3）反映单位变革。单位的发展战略、组织结构等都会随着市场环境和内部需求的变化而调整。这些变革会直接影响到员工的职责和角色，进而体现在人力资源档案中。因此，人力资源档案的动态发展性也反映了单位的变革历程。

动态发展性对于人力资源管理工作具有重要意义。首先，它有助于单位及时了解员工的最新信息和职业发展状况，为人才选拔和配置提供有力支持。其次，通过对人力资源档案的动态管理，单位可以更加精准地制订培训计划和绩效考核标准，从而提高员工的工作能力和绩效水平。最后，动态发展性的人力资源档案还有助于单位应对市场变化和业务调整，确保人力资源的合理配置和优化利用。

然而，要实现人力资源档案的动态发展性，单位需要付出一定的努力。首先，建立健全的档案管理制度，明确档案更新和维护的职责和流程，确保信息的准确性和及时性。其次，加强档案管理人员的培训和教育，提高他们的专业素养和管理能力，以便更好地进行档案的动态管理。最后，单位还可以借助信息技术手段，如建立电子档案系统，实现档案信息的自动化采集、存储和查询，提高档案管理效率和准确性。

总之，人力资源档案的动态发展性是其重要的特征之一，对于人力资源管理工作具有重要意义。单位应充分认识到这一特点，加强档案管理工作，确保人力资源信息的准确性和完整性，为单位的稳定发展提供有力保障。

2.互补联系性

人力资源档案是单位管理和发展的重要组成部分，它不仅记录了员工的个人信息、教育背景、工作经历等基本情况，还反映了员工的能力、特长、绩效以及职业发展轨迹等关键信息。在单位的人力资源管理中，人力资源档案发挥着至关重要的作用，其互补联系性更是其特点之一。

互补性体现在人力资源档案的内容上。每个员工的人力资源档案都是独一无二的，它们共同构成了人力资源的多元化和丰富性。这种多元化不仅体现在员工的个人背景和专业技能上，还体现在员工的性格、价值观和工作风格等多个方面。这种互补性使得单位能够根据不同岗位的需求，合理配置人力资源，实现人岗匹配，从而提高工作效率和团队协同能力。

联系性则是人力资源档案在管理中的体现。人力资源档案不是孤立存在的，它们之间存在着紧密的联系和相互影响。首先，员工在职业发展过程中的每一次晋升、转岗或培训都会在档案中留下记录，这些记录不仅反映了员工的个人成长轨迹，也为单位制订人力资源规划和培训计划提供了依据。其次，人力资源档案中的绩效信息可以为单位的薪酬管理、奖惩制度以及员工激励提供依据，有助于实现公平、公正的管理。

此外，人力资源档案的互补联系性还体现在员工之间的相互影响和协作上。通过查阅人力资源档案，管理者可以了解员工的特长和优势，进而在团队组建和任务分配时充分考虑员工的互补性，使得团队成员能够相互协作、取长补短，共同完成任务。这种基于互补联系性的团队协作不仅能够提高工作效率，还能够增强团队的凝聚力和向心力。

因此，单位应充分认识到人力资源档案的互补联系性特点，加强档案的收集、整理、保管和利用工作。首先，要确保档案的完整性和准确性，避免信息遗漏或错误。其次，要建立健全档案管理制度，规范档案的查阅和使用流程，确保档案的安全性和保密性。最后，要充分利用现代信息技术手段，实现人力资源档案的数字化和网络化管理，提高档案管理的效率和便捷性。

总之，人力资源档案的互补联系性是其重要的特点之一，这种特点使得人力资源档案在单位的管理和发展中发挥着不可替代的作用。因此，单位应加强对人力资源档案的管理和利用，充分发挥其互补联系性的优势，进而为单位的可持续发展提供有力保障。

3.构成复杂性

人力资源档案是组织内部不可或缺的一部分，它承载着员工的基本信息、职业经历、技能特长以及绩效表现等关键内容，为组织的决策和规划提供了有力的数据支持。在这些档案中，构成复杂性是一个显著的特点，它反映了组织内部员工多样性和动态性的现实。

首先，人力资源档案的构成复杂性体现在员工信息的多样性上。一个单位内的员工可能来自不同的地域，拥有不同的教育背景、专业技能和工作经验。这些差异使得每个员工的档案内容都独具特色，需要有针对性地记录和整理。此外，员工在职业生涯中可能会经历多次岗位变动、晋升或转岗，这些变化也会反映在档案中，使得档案内容更加丰富和复杂。

其次，人力资源档案的构成复杂性还体现在信息类型的多样性上。除了基本的个人信息和职业经历外，档案还可能包括员工的培训记录、绩效考评结果、奖惩情况、健康状况等多方面的信息。这些信息不仅有助于组织了解员工的整体状况，还能为员工的个人发展提供有针对性的指导。同时，随着信息技术的发展，越来越多的数字化信息被纳入人力资源档案中，如电子简历、在线培训课程、数字化绩效报告等，这也进一步增加了档案构成的复杂性。

最后，人力资源档案的构成复杂性还受到组织文化和政策的影响。不同的组织可能有着不同的价值观、管理理念和用人标准，这些差异会反映在人力资源档案的构成上。例如，一些组织可能更加注重员工的创新能力和团队协作能力，因此在档案中会特别关注这方面的信息；而另一些组织则可能更加关注员工的专业技能和行业经验，因此在档案中会更加详细地记录这方面的内容。

针对人力资源档案构成复杂性的特点，组织需要采取一系列措施来确保档案的有效管理和利用。首先，需要建立完善的档案管理制度，明确档案的分类、归档、保管和利用等流程，确保档案的准确性和完整性。其次，需要加强对档案管理人员的培训和教育，提高员工的专业素养以及管理能力，以便更好地应对复杂的档案管理工作。最后，还可以利用信息技术手段来优化档案管理流程，提高档案利用效率。

总之，人力资源档案的构成复杂性是组织内部多样性和动态性的体现，它要求组织在档案管理方面具备更高的专业素养和管理能力。通过完善档案管理制度、加强人员培训以及利用信息技术手段等措施，可以有效地应对这一挑战，为组织的决策和规划提供有力的支持。

4.技术依赖性

随着科技的飞速发展和信息化时代的到来，人力资源档案的管理与利用越来越依赖于先进的技术手段。这种技术依赖性不仅提高了档案管理的效率，也为单位提供了更为全面、精准的数据支持。下面将详细探讨人力资源档案的技术依赖性特点。

（1）数据存储与管理的技术化

人力资源档案作为记录员工信息、绩效、培训、薪酬等关键数据的重要载体，其存储和管理方式直接关系到人力资源管理的质量和效率。传统的纸质档案管理方式不仅容易受到损坏和丢失，而且查询和更新信息也十分不便。而现代技术，如云计算、大数据等，为人力资源档案的数字化管理提供了有力支持。

通过采用电子档案管理系统，单位可以将员工信息以数字化的形式存储在云端，实现数据的实时更新和备份。这不仅提高了档案管理的安全性，也方便了信息的查询和共享。同时，利用大数据技术，单位还可以对人力资源数据进行深入挖掘和分析，为单位战略决策提供更为全面、精准的数据支持。

（2）信息交流与共享的技术化

在人力资源管理中，信息的交流与共享至关重要。通过技术手段，单位可以实现人力资源档案信息的快速传递和共享，提高管理效率。

例如，通过单位内部网络或移动应用，员工和管理者可以随时随地查看和更新档案信息，实现信息的实时同步。此外，利用社交媒体等社交平台，单位还可以加强员工之间的沟通和交流，促进单位文化的传播和团队建设。

（3）智能化决策支持的技术化

随着人工智能技术的不断发展，其在人力资源管理中的应用也越来越广泛。通过利用人工智能技术，单位可以对人力资源档案进行智能化分析和处理，为管理者提供更为精准、科学的决策支持。

例如，通过机器学习算法，单位可以预测员工的离职风险、绩效表现等关键指标，从而提前采取相应措施进行干预和管理。此外，人工智能技术还可以帮助单位制订更为合理的人力资源规划，优化人才配置，提高单位的核心竞争力。

（4）技术依赖性的挑战与应对

尽管技术依赖性为人力资源档案管理带来了诸多便利，但也面临着一些挑战。首先，数据安全问题是技术依赖性面临的主要挑战之一。单位需要采取严格的数据加密、访问控制等措施，确保人力资源档案的安全性。其次，技术更新换代的速度较快，单位需要不断跟进新技术的发展，对档案管理系统进行升级和维护。最后，员工培训也是应对技术依赖性挑战的重要环节。单位需要加强对员工的技术培训和教育，提高员工的技术素养和应用能力。

综上所述，人力资源档案的技术依赖性特点显著，为单位管理带来了诸多便利。单位需要充分利用先进技术手段，加强人力资源档案的管理和利用，为单位的发展提供有力支持。同时，也需要关注技术依赖性带来的挑战，采取有效措施进行应对和防范。

5.管理双重性

在现代企事业单位的运营管理中，人力资源档案的管理占据着举足轻重的地位。这些档案不仅记录了员工的个人信息、教育背景、工作经历等基础数据，还包含了员工的绩效考核、培训记录、薪酬福利等重要信息。因此，对人力资源档案的管理具有管理双重性的特点，即既要保证档案的规范性、完整性和安全性，又要兼顾其便捷性、灵活性和高效性。

（1）管理双重性之一：规范性、完整性与安全性

人力资源档案的规范性是指档案的建立、归档、保存和查询等各个环节都需要遵循一定的标准和流程。这要求企事业单位在档案管理方面建立完善的制度和规范，确保每一份

档案都能够按照规定的格式和内容进行填写，避免出现信息缺失或格式混乱的情况。

完整性是人力资源档案管理的另一个重要方面。一份完整的人力资源档案应该包括员工从入职到离职的所有重要信息，以便单位能够全面了解员工的职业发展轨迹和绩效表现。因此，在档案管理过程中，需要定期对档案进行核查和更新，确保信息的准确性和时效性。

安全性则是人力资源档案管理的基石。由于档案中涉及员工的个人隐私和单位的商业机密，因此必须采取严格的安全措施，防止档案信息的泄露和滥用。这包括加强档案的物理安全保护，如设置专门的档案室、安装监控设备等；同时要加强档案的信息安全保护，如采用加密技术、建立访问权限等。

（2）管理双重性之二：便捷性、灵活性与高效性

在保障规范性、完整性和安全性的基础上，人力资源档案的管理还需要兼顾便捷性、灵活性和高效性。

便捷性是指员工和相关部门能够方便地获取和使用档案信息。这要求档案管理系统具备友好的用户界面和强大的查询功能，使员工能够根据自己的需要快速找到所需的档案信息。同时，单位也可以通过信息化手段，将档案信息数字化、网络化，实现远程访问和共享，进一步提高档案的便捷性。

灵活性则体现在档案管理能够适应不同部门和员工的需求。由于不同部门和员工对档案信息的需求可能存在差异，因此档案管理系统需要具备一定的可定制性，能够根据用户的需求进行个性化设置。此外，档案管理还需要具备灵活性以应对单位发展和变化的需求，如员工晋升、岗位调整等情况下的档案更新和调整。

高效性是人力资源档案管理的最终目标之一。通过优化档案管理流程、提高档案管理人员的素质和能力、引入先进的档案管理技术等手段，可以提高档案管理的效率和质量。这不仅可以节省单位的时间和成本，还可以提升员工的满意度和忠诚度，最终为单位的稳定发展提供有力保障。

综上所述，人力资源档案的管理具有管理双重性的特点，既需要保证规范性、完整性和安全性，又需要兼顾便捷性、灵活性和高效性。在实际工作中，企事业单位需要根据自身的情况和需求，制定合适的档案管理策略和措施，以充分发挥人力资源档案在单位运营管理中的重要作用。

二、人力资源档案管理

（一）人力资源档案管理的概念

人力资源档案，是指人力资源部门和其他相关部门机构，以员工个人为单位进行收集

的，从员工进入单位前的面试到离开单位，这一整个过程中所形成的，记录和反映员工的健康、知识、技能、道德等各方面信息的所有历史记录的总和。

人力资源档案管理，是指将单位员工在人力资源管理中形成的人力资源档案进行收集、整理、保管、鉴定、统计和提供利用的活动的总称。

1.人力资源档案管理工作源于人力资源管理活动

人力资源档案管理工作是人力资源管理的一个重要部分，人力资源档案管理是由单位的人力资源管理活动孕育而生的，没有单位的人力资源管理活动，就没有人力资源档案的产生，也就更没有人力资源档案管理工作的产生。人力资源档案管理工作最终的目的是更好地为人力资源管理服务，从这个意义上讲，单位的人力资源管理活动，不仅是人力资源档案管理工作的源泉，更是其存在的重要意义和目的。

2.对人力资源管理中形成材料的认定是人力资源档案管理有效性的前提

随着单位对人力资源管理重视程度的不断提高，反映单位员工活动的人力资源档案数量与内容也越来越丰富，这就在一定程度上加大了单位对人力资源档案管理的难度。人力资源档案的管理不仅停留在传统的人事档案管理的范围，人力资源档案的管理还要伴随着人力资源材料的复杂化而进行变化。人力资源管理过程中形成的所有资料并非都是有用的，要从中甄选出使档案管理更有价值的那部分，而不是将所有的材料全部作为档案进行管理。在对档案材料进行筛选的过程中，就需要相关部门（如人力资源部门）进行详细的、综合的认定，只有经过相关部门确定其具有管理价值的材料，才能作为人力资源档案进行管理。

例如，有些学历、培训证书等这类资料，都需要相关部门进行认证，才能进一步确定其真实性。所以说对人力资源管理中形成材料的认定是人力资源档案管理有效性的前提。

3.人力资源档案管理是以个人为单位进行管理的

人力资源档案管理是对记录员工主要历程材料的整体的管理，因而将个人作为管理的主体，人力资源档案是以员工的姓名或其他个人信息为代码进行管理的，其管理的过程都具有唯一性和特定性。通过对单位员工个人资料档案的管理，可以在单位考察或选拔任用方面起到重要的作用，也能对员工起到相应的激励作用。

（二）人力资源档案管理的特点

在现代单位管理中，人力资源档案管理是一项至关重要的工作。它不仅是员工个人信息的集合，更是人力资源管理、决策分析的重要依据。人力资源档案管理具有以下几个显著特点：

1.信息内容的丰富性与多样性

人力资源档案涵盖了员工的个人信息、教育背景、工作经历、技能特长、绩效表现、培训记录等多个方面。这些信息内容丰富多样，既有静态的基础数据，也有动态的工作记录，为单位提供了全面了解员工、科学评价员工、合理调配人才的依据。

2.管理流程的规范性与标准化

为确保人力资源档案的真实、完整和有效，单位通常会制定一套规范的管理流程。这包括档案的建立、归档、借阅、更新、保密和销毁等各个环节。每个环节都有明确的操作规范和责任分工，确保档案管理流程的标准化和高效化。

3.保密性与安全性的高要求

人力资源档案涉及员工的个人隐私和单位的核心信息，因此保密性和安全性是档案管理的重中之重。单位通常会采取多种措施来保障档案的安全，如设立专门的档案室、配置防盗设施、制定严格的借阅制度等。同时，还会加强档案管理人员的保密意识培训，确保档案信息不被泄露。

4.动态更新与实时维护

人力资源档案是一个动态的信息系统，需要随着员工个人发展和单位变化而不断更新。单位通常会建立定期更新机制，如员工晋升、调动、离职等情况发生后，应及时对档案进行更新。同时，还会通过信息化手段，实现档案的实时维护和查询。

5.信息化与数字化的发展趋势

随着信息技术的不断发展，人力资源档案管理也在逐步实现信息化和数字化。电子档案管理系统可以将传统的纸质档案转化为电子档案，实现档案的快速查询、在线编辑和共享。这不仅可以提高档案管理的效率，还可以降低管理成本，为单位的人力资源管理提供更加便捷、高效的服务。

综上所述，人力资源档案管理具有信息内容丰富多样、管理流程规范标准、保密安全要求高、动态更新实时维护以及信息化数字化发展趋势等特点。这些特点使得人力资源档案管理成为单位管理中不可或缺的一部分，为单位的发展提供了有力的支撑和保障。

（三）人力资源档案管理的作用

人力资源档案作为档案的一个重要组成部分，在单位的组织生产中发挥着重要的作用。从现代的人力资源管理角度出发，人力资源档案是单位生存和发展的宝贵资源，只有合理地利用和开发单位的人力资源档案，才能更好地促进单位在现代市场经济环境下的良好发展。

1.人力资源档案管理对单位的重要作用

单位的发展，离不开单位员工的支持和努力，随着人才作用的不断提高，人才日益成为各个单位在管理过程中追求的重要资源，搞好人力资源档案管理工作对单位有着重要的作用。

（1）搞好人力资源档案管理能使单位更好地使用人才

随着单位间竞争的日益激烈，单位间的竞争逐渐从生产力的竞争转变为人才的竞争。因此，留住并培养出适合自己单位的特色人才，成为单位成败的关键。管理好人才有很多方式，其中，作为基础的一点，就是搞好单位的人力资源档案管理。人力资源档案中的信息，记录着每个员工在单位中的具体表现，记录着员工的个人品质和个人素养。单位培养和选拔人才首先要对员工的表现记录进行考量，看员工的材料是否符合单位岗位的要求。人力资源档案管理的好坏是单位保留人才、选拔人才、培养人才的重要依据，更是单位充分使用人才的主要途径。

（2）搞好人力资源档案管理可以更好地为单位发展服务

人力资源档案管理是人力资源管理的一个重要分支，人力资源管理是伴随着单位的发展计划而不断改变的，作为人力资源管理的分支——人力资源档案管理，也需要不断变化发展。人力资源档案管理的发展水平和状况影响着单位整体的发展，人力资源的开发会激发单位员工整体的凝聚力和工作热情，人力资源档案管理是人力资源管理的关键，员工的能力和技能会加快单位发展，所以，搞好人力资源档案管理对于单位的发展具有重要作用。

2.人力资源档案管理对单位员工的重要作用

单位的人力资源档案管理不仅对单位发展有着至关重要的作用，对单位员工也有着重要的影响，主要包括以下两点：

（1）搞好人力资源档案管理能更好地激发员工的积极性

单位的人力资源档案管理，将单位员工在单位中的各项活动表现中有价值的资料都进行了集中管理，这样就使得单位员工在参加单位的各项活动中，都会考虑自己的表现情况将被记录到个人的档案中，在一定程度上约束了单位员工的不良行为。单位在选拔各种人才时，人力资源档案中记录的内容会作为重要参考，所以，单位员工在个人的发展中，就会不断进取，努力提升自己的水平，这样就能达到全面提高单位员工的工作积极性和工作热情的目标。

（2）搞好人力资源档案管理能更好地实现员工的职业规划

人力资源档案在管理的过程中注重员工的价值和需求，充分实现员工自身的职业规划，发挥员工自身的潜能。单位中的人力资源管理部门是单位与员工联系最为紧密的部门，人力资源档案管理作为人力资源管理的一个重要组成部分，同样肩负着单位与员工紧密相连的责任。单位的人力资源档案将员工的职业生涯进行了有效的记录，这样，员工可以更好地了解自己的职业需求，也是明确自身的实际情况与自身价值体现的重要方法，单位员工通过人力资源档案与单位之间建立起一种亲密的联系，这样的联系不仅可以加强两者的关系，也在一定程度上，促进了两者的共同发展。

（四）人力资源档案管理原则

人力资源档案管理作为单位管理的一个重要组成部分，同单位整体管理及单位中其他的管理一样，在管理的过程中都有需要遵循的原则。

1.以人为本原则

这一原则的含义，是将员工的需要作为人力资源档案管理的根本。在人力资源档案管理的过程中，单位管理者并不是将员工的档案进行整理保存就结束任务，而是应该将员工的人力资源档案进行仔细的研究，从中了解到每个员工的闪光点，知道每个员工的长处和不足，这才是人力资源档案管理的实质。为了使人力资源档案管理工作发展得更好，我们应该在管理的过程中，坚持适才适位的原则，发现并挖掘出员工的潜能和发挥其作用。

2.依法管理原则

依法管理原则是单位进行人力资源档案管理的一项重要原则，也是最基本的原则。任何工作的进行都必须遵循相应的法律法规，此项原则中所说的依法管理原则中的"法"，可以泛指所有人力资源档案管理工作需要遵循的法律和制度。在管理的过程中，单位所有计划的制订和所有任务的执行，都离不开国家档案管理的相关法律，也离不开单位内部制定的各项规章制度，只有做到依法管理，才能使单位的人力资源档案管理工作和其他单位的各项工作有意义。

3.便于利用原则

便于利用原则是单位进行人力资源档案管理的根本目的所在。单位进行人力资源档案管理的根本目的是便于单位和员工各方面的利用及单位各项工作的开展，如单位在选拔和晋升员工时，单位所管理的员工的人力资源档案就成了重要的参考，根据单位的人力资源档案资料，单位管理者决定所要选拔的员工，这就是对单位员工人力资源档案的有效利用。

4.真实性原则

真实性是人力资源档案的生命线。所有记录在档案中的信息必须真实、准确，不得有任何虚假或误导性的内容。这要求档案管理人员在收集、整理和归档过程中，严格把关，确保每一条信息的真实性。同时，单位应建立相应的监督机制，定期对档案进行核查，防止信息失真。

5.完整性原则

完整性是人力资源档案的基本要求。档案应涵盖员工的全部相关信息，包括但不限于个人基本信息、教育背景、工作经历、绩效考核、奖惩记录、培训发展等。这些信息共同构成了员工的全面画像，有助于单位全面了解员工的特点和潜力。因此，档案管理人员应确保档案的完整性，及时补充和更新相关信息。

6.保密性原则

人力资源档案涉及员工的个人隐私和单位的敏感信息，因此保密性至关重要。单位应建立严格的保密制度，限制档案的查阅和使用权限，防止信息泄露。同时，档案管理人员应增强保密意识，严格遵守保密规定，确保档案的安全。

7.动态性原则

人力资源档案是一个动态的过程，随着员工的发展和单位的变化而不断更新。因此，档案管理应遵循动态性原则，及时反映员工的最新情况和单位的最新要求。这要求档案管理人员保持与员工的沟通联系，及时收集更新信息，确保档案的时效性和准确性。

8.易用性原则

人力资源档案的目的是方便单位进行人力资源管理和决策。因此，档案管理应遵循易用性原则，确保档案信息的易于获取和利用。单位应建立便捷的档案查阅系统，提供多种查询方式，方便管理人员快速获取所需信息。同时，档案格式和记录方式也应尽量简洁明了，便于理解和使用。

9.法律合规性原则

在档案管理过程中，单位必须遵守相关法律法规和政策要求。这包括个人信息保护法、劳动法等相关法律法规，以及国家关于档案管理的政策规定。单位应确保档案收集、存储、使用和销毁等各个环节都符合法律要求，避免违法违规行为的发生。

综上所述，人力资源档案管理的原则涵盖了真实性、完整性、保密性、动态性、易用性和法律合规性等方面。遵循这些原则，有助于单位建立规范、高效的人力资源档案管理体系，为人力资源管理提供有力支持。同时，单位还应根据实际情况不断完善和优化档案管理措施，以适应不断变化的人力资源管理需求。

第二节　人力资源档案管理制度与流程

一、新时期人力资源档案管理制度的定义

随着社会的发展，人力资源管理在企事业单位中扮演着越来越重要的角色。人力资源档案作为记录员工信息、反映员工成长轨迹、支撑人力资源管理决策的重要依据，其管理制度的完善与否直接影响到单位的运营效率和人才战略的实施。因此，在新时期背景下，制定一套科学、合理、高效的人力资源档案管理制度显得尤为重要。

新时期人力资源档案管理制度，是指在信息化、数字化时代背景下，企事业单位为规范人力资源档案的收集、整理、保管、利用和销毁等环节而制定的一系列规章制度和操作流程。这一制度旨在确保人力资源档案的完整性、准确性和安全性，从而提高档案管理效率。

二、新时期人力资源档案管理制度的内容

具体而言，新时期人力资源档案管理制度应包含以下几个方面：

（一）档案收集与整理制度

档案收集是档案管理的起点，应明确收集的范围、方式和时间节点，确保员工信息的全面性和及时性。同时，档案整理应遵循一定的分类标准和归档原则，使档案内容条理清晰、易于查询。

（二）档案保管与利用制度

档案保管应确保档案的安全、完整和可追溯性，采取物理保护和数字备份相结合的方式，防止档案遗失或损坏。档案的利用应遵循授权原则，明确利用者的权限和责任，确保档案信息的合理利用。

（三）档案销毁与移交制度

对于已达到保存期限或无须继续保存的档案，应建立规范的销毁流程，确保档案销毁的合法性和安全性。同时，在单位合并、分立或员工离职等情况下，应制定档案移交办法，确保档案信息的连续性和完整性。

（四）档案信息化与数字化建设

新时期的人力资源档案管理应充分利用现代信息技术，推动档案的信息化和数字化进程。通过建立电子档案系统、实现档案信息的在线查询和利用等方式，提高档案管理效率和质量。

综上所述，新时期人力资源档案管理制度是一个系统化、规范化的管理体系，旨在提高档案管理水平，为企事业单位的人力资源管理工作提供有力保障。随着时代的进步和科技的发展，我们应不断完善和优化这一制度，以适应新时代的需求和挑战。

三、新时期重塑人力资源档案制度的策略

（一）构建人力资源档案监督体系

随着时代的进步和社会的发展，人力资源档案管理工作面临着新的挑战和机遇。在新时代背景下，如何重塑人力资源档案制度，构建科学、规范、高效的人力资源档案监督体系，成为单位管理工作的重要课题。下面将从从严管理档案的理念与制度、建立长期有效的监督审核机制以及提高人力资源档案监督工作人员的素质三个方面，探讨构建人力资源档案监督体系的策略。

1.从严管理档案的理念与制度

从严管理档案是构建人力资源档案监督体系的核心思想。首先，单位应树立档案意识，明确档案是单位的重要信息资源，对于保障单位权益、促进人才发展具有重要意义。其次，建立健全档案管理制度，包括档案收集、整理、归档、保管、利用和销毁等各个环节的规范化操作。同时，强化档案保密意识，确保档案信息安全。

在制度层面，单位应制定详细的人力资源档案管理规定，明确档案管理人员的职责和权限，规范档案管理流程。此外，还应建立档案质量考核机制，定期对档案管理工作进行检查和评估，确保档案工作的质量和效率。

2.建立长期有效的监督审核机制

监督审核机制是确保人力资源档案管理制度得到有效执行的关键。单位应设立专门的监督机构或指定专人负责监督审核工作，对档案管理制度的执行情况进行定期检查。同时，建立档案问题反馈机制，鼓励员工积极参与档案管理工作，及时反映档案管理中存在的问题和不足。

此外，单位还应加强对档案管理工作的监督考核，将档案管理工作纳入单位绩效考核体系，对档案管理工作表现突出的个人和集体给予表彰和奖励。通过监督考核机制的建立，推动档案管理工作的持续改进和提升。

3.提高人力资源档案监督工作人员的素质

人力资源档案监督工作人员的素质直接关系到档案管理工作的质量和水平。因此，单位应重视人力资源档案监督工作人员的选拔和培养工作。在选拔方面，应注重考察候选人的档案专业知识和业务能力，确保其具备胜任档案管理工作的基本素质。在培养方面，单位应定期组织培训和学习活动，提高档案监督工作人员的业务水平和综合素质。同时，还应加强职业道德教育，培养档案监督工作人员的责任意识和敬业精神。

另外，单位还可以通过建立激励机制和考核机制，激发人力资源档案监督工作人员的工作热情和积极性。例如，可以设立优秀档案监督员奖励制度，对在档案管理工作中表现

突出的个人进行表彰和奖励；同时，也可以将档案管理工作纳入员工绩效考核体系，作为员工晋升和评优的重要依据。

综上所述，构建人力资源档案监督体系是新时期单位管理工作的重要任务。通过从严管理档案的理念与制度、建立长期有效的监督审核机制以及提高人力资源档案监督工作人员的素质等多方面的努力，可以推动单位档案管理工作不断向规范化、科学化和高效化方向发展。

（二）构建档案信用体系

1.构建的原则

构建档案信用体系是一项系统工程，需要遵循以下原则，确保体系的科学性和有效性。

（1）信用信息共享原则

信用信息共享是构建档案信用体系的基础。在信息化时代，各单位应打破信息孤岛，实现人力资源档案信息的互联互通。通过建立统一的信用信息平台，实现档案信息的共享与交换，不仅可以提高档案管理的效率，还能为用人单位提供更为全面、准确的人才信用信息，有助于降低用人风险。

（2）信用信息真实性原则

信用信息的真实性是构建档案信用体系的核心。人力资源档案作为记录个人职业生涯的重要载体，其信息的真实性直接关系到档案的价值和信用体系的公信力。因此，在构建档案信用体系的过程中，必须严格把关档案信息的采集、审核和更新环节，确保档案信息的真实可靠。同时，对于发现的虚假信息，应采取相应的惩戒措施，维护档案信用体系的严肃性和权威性。

（3）权利平衡原则

在构建人力资源档案信用体系的过程中，必须充分尊重和保护个人的合法权益。档案信息的采集、使用和共享应遵循法律法规和道德规范，不得侵犯个人隐私和合法权益。同时，也应关注用人单位的合理需求，确保档案信用体系能够为用人单位提供有效的人才信用信息支持。通过平衡各方权利，实现档案信用体系的公平、公正和可持续发展。

2.构建的策略

随着时代的进步和科技的飞速发展，人力资源档案管理工作面临着前所未有的挑战与机遇。在新时期，重塑人力资源档案制度，特别是构建档案信用体系，成为提升人力资源管理水平、促进单位健康发展的重要举措。

（1）建立个人信用信息基础数据库

构建档案信用体系的首要任务是建立个人信用信息基础数据库。这一数据库应涵盖员工的基本信息、教育背景、工作经历、培训记录、奖惩情况等关键信息，形成全面、真实、准确的个人信用档案。同时，要确保数据的动态更新，及时反映员工的最新情况。在数据库建设过程中，还应注重数据的安全性和隐私保护，确保员工个人信息不被滥用或泄露。

（2）建立档案信用体系的法治保障

法治是构建档案信用体系的重要基石。首先，要制定和完善相关法律法规，明确档案信用体系的法律地位、管理职责和权益保障。其次，要加强执法力度，对违反档案信用管理规定的行为进行严厉打击，形成有效的法律震慑。最后，还应建立健全档案信用体系的监管机制，定期对人力资源档案管理工作进行检查和评估，确保档案信用体系的健康运行。

（3）建立信用监督和失信惩戒制度

信用监督和失信惩戒制度是档案信用体系的重要组成部分。通过建立信用监督机制，对员工的信用状况进行实时监控和评估，及时发现和处理信用问题。同时，要建立失信惩戒制度，对失信行为进行严厉惩处，包括限制晋升、降低薪酬、取消福利等措施，形成对失信行为的有效制约。此外，还可以通过公开曝光失信行为，提高员工对信用的重视程度，促进整个单位信用环境的改善。

综上所述，构建档案信用体系是新时期重塑人力资源档案制度的重要策略。通过建立个人信用信息基础数据库、档案信用体系的法治保障以及信用监督和失信惩戒制度，可以全面提升人力资源管理水平，促进单位的健康发展。同时，这也将为员工提供一个更加公平、透明的发展环境，激发员工的积极性以及创造力，共同推动单位走向更加美好的未来。

3.实施策略与建议

为有效实施档案信用体系的构建策略，以下是一些具体的建议：

（1）加强顶层设计与统筹规划

政府应加强对人力资源档案信用体系建设的顶层设计和统筹规划，制定相关政策法规和标准规范，明确各方职责和权益保障措施。同时，推动各级各部门加强协作配合，形成合力推进档案信用体系建设的良好局面。

（2）完善信用信息采集与审核机制

建立科学完善的信用信息采集与审核机制，确保档案信息的真实性和准确性。通过规范信息采集流程、加强审核把关、建立信息共享机制等方式，提高档案信息的可信度和可用性。

（3）加强信用信息应用与推广

积极推动档案信用信息在人力资源管理中的应用与推广，如招聘选拔、职称评定、绩效考核等方面。通过充分利用档案信用信息，提高人力资源管理的科学性和有效性，促进单位的发展壮大。

（4）加强宣传教育与培训

加强对档案信用体系建设的宣传教育与培训力度，提高广大干部职工的信用意识和档案管理能力。通过举办培训班、开展宣传活动等方式，普及档案信用知识，营造良好的信用氛围。

综上所述，新时期重塑人力资源档案制度、构建档案信用体系是一项具有重要意义的工作。通过遵循信用信息共享、信用信息真实性、权利平衡等原则，并采取相应的实施策略与建议，我们可以推动档案信用体系建设的深入发展，为提升人力资源管理水平、促进单位可持续发展提供有力支撑。

四、新时期人力资源档案管理制度的流程

在新时代背景下，随着信息技术的飞速发展和管理理念的不断更新，人力资源档案管理工作面临着前所未有的挑战及机遇。建立一套科学、高效、规范的人力资源档案管理制度流程，对于提升单位管理水平、优化人才资源配置具有重要意义。

（一）档案收集与整理

人力资源档案管理制度的首要环节是档案的收集与整理。这一环节要求单位设立专门的档案管理部门或指定专人负责，确保档案信息的全面性和准确性。档案收集应涵盖员工的个人信息、教育背景、工作经历、培训记录、绩效考核等多方面内容，形成完整的员工档案。同时，要定期对档案进行整理，确保档案信息的条理清晰、易于查阅。

（二）档案分类与归档

在收集与整理的基础上，对人力资源档案进行分类与归档是管理制度的关键步骤。根据档案的性质和内容，可以将其划分为个人基本信息类、教育培训类、工作经历类、绩效考核类等多个类别。同时，应制定明确的归档标准，确保档案按照规定的格式和顺序进行存放，便于后续的查询和管理。

（三）档案查询与利用

人力资源档案的查询与利用是管理制度的核心价值所在。单位应建立便捷的档案查询系统，允许相关部门和人员根据权限进行档案的查询和利用。通过档案查询，单位可以更加全面地了解员工的情况，为人才选拔、岗位调配、培训发展等提供有力支持。同时，要注意保护员工的个人隐私，确保档案信息的安全性和保密性。

（四）档案更新与维护

人力资源档案管理是一个动态的过程，需要不断地进行更新和维护。单位应建立档案更新机制，定期对员工的档案信息进行更新和补充。例如，员工晋升、转岗、离职等情况发生时，应及时更新档案内容。同时，要加强对档案的管理和维护，确保档案的完整性和真实性。

（五）档案分析与利用

除了基本的查询和利用外，人力资源档案还可以作为单位进行人才分析和战略决策的重要依据。通过对档案数据的深入挖掘和分析，可以揭示人才结构、流动趋势、培训需求等方面的规律和问题，为单位的长期发展提供有力支持。因此，单位应重视档案的分析和利用工作，加强数据分析能力的培养和投入。

（六）制度监督与改进

人力资源档案管理制度的有效实施离不开监督和改进机制的建立。单位应定期对档案管理制度的执行情况进行检查和评估，发现问题及时整改。同时，要鼓励员工对档案管理制度提出意见和建议，促进制度的不断完善和优化。

综上所述，新时期人力资源档案管理制度的流程包括档案收集与整理、分类与归档、查询与利用、更新与维护、分析与利用以及制度监督与改进等多个环节。这些环节的有机衔接和高效运转，将有助于提高单位的人力资源管理水平和核心竞争力。

第三节　人力资源档案管理中的安全与保密问题

随着信息技术的迅猛发展，人力资源档案管理已经步入了一个全新的时代。在这个信息化、数字化的新时期，人力资源档案的安全与保密问题愈发凸显出其重要性。本节旨在探讨新时期人力资源档案管理中的安全与保密问题，分析当前面临的挑战，并提出相应的解决策略。

一、新时期人力资源档案管理面临的安全与保密挑战

（一）信息安全风险增加

在新时期，人力资源档案大多实现了电子化管理，这使得档案信息的存储、传输和处理更加便捷。然而，这也带来了信息安全风险。黑客攻击、病毒传播、数据泄露等安全威胁层出不穷，给人力资源档案的安全带来了巨大挑战。

（二）保密意识薄弱

部分档案管理人员对档案保密工作的重要性认识不足，保密意识薄弱。在日常工作中，可能存在泄露档案信息的风险，如随意谈论、不当共享等，这都给单位的安全稳定带来了潜在威胁。

（三）管理制度不完善

当前，部分单位在人力资源档案管理方面缺乏完善的管理制度。档案管理流程不规范、责任不明确、监督不到位等问题普遍存在，这导致了档案管理中的安全漏洞和保密隐患。

（四）法规政策的变化与监管要求

随着国家对个人信息保护法规的不断完善，人力资源档案管理必须适应新的监管要求，确保其合规性。

二、新时期人力资源档案管理中的安全与保密原则及措施

人力资源档案不仅承载着员工个人信息、职业履历等重要内容，更直接关系到单位的稳定运行和长远发展。因此，如何确保人力资源档案的安全与保密，成为当前档案管理工作中亟待解决的重要课题。

（一）新时期人力资源档案管理的安全原则与措施

1.档案安全原则的内涵与重要性

在人力资源档案管理领域，档案安全原则的内涵主要体现在对档案信息的保密性、完整性和可用性的保护。保密性要求防止未经授权的访问和泄露，完整性确保档案内容在存储、传输和使用过程中不被篡改或破坏，可用性则是保障档案在需要时能够被迅速、准确地获取和使用。

档案安全原则的重要性不言而喻。首先，人力资源档案涉及员工的个人信息、工作经历、薪资水平等敏感数据，一旦泄露或被滥用，将对员工的隐私权和单位的声誉造成严重影响。其次，完整、准确的档案是单位进行人事决策、绩效评估、薪资调整等工作的基础，档案损坏或丢失将直接影响单位的正常运营和管理效率。最后，随着信息化程度的提高，电子档案已成为人力资源档案管理的重要形式，保障电子档案的安全对于防范网络攻击、维护数据安全具有重要意义。

2.人力资源档案管理中的安全措施

（1）强化保密意识，确保信息安全

人力资源档案涉及员工的个人信息、工作经历、薪酬水平等敏感内容，一旦泄露，不仅会损害员工个人权益，也可能对单位造成不良影响。因此，强化保密意识是档案管理的首要原则。单位应建立健全档案保密制度，明确档案管理人员的职责以及权限，加强档案保密教育和培训，提高全体员工的保密意识。同时，应定期对档案进行保密检查，及时发现和纠正保密漏洞。

（2）完善档案管理制度，规范操作流程

制度是管理的基础，完善档案管理制度是确保档案管理安全的重要保障。单位应制定详细的档案管理规定，包括档案的收集、整理、归档、借阅、销毁等各个环节的操作规范。同时，应建立档案管理的责任追究机制，对违反档案管理规定的行为进行严肃处理。此外，还应加强对档案管理人员的培训和考核，确保其具备专业的档案管理知识和技能。

（3）加强技术手段应用，提升安全防护能力

信息化技术的应用为档案管理提供了便捷和高效的管理手段，但也带来了新的安全风险。因此，加强技术手段应用是提升档案管理安全防护能力的关键。单位应建立档案管理信息系统，实现档案的电子化管理，提高人力资源档案管理的效率和准确性。同时，应采取有效的数据加密、访问控制等安全措施，防止档案信息的非法获取和篡改。此外，还应定期对档案管理信息系统进行安全检查和漏洞修复，确保系统的稳定性和安全性。

（4）加强档案备份与恢复工作，防范数据丢失风险

数据备份与恢复是应对档案管理中可能出现的意外情况的重要手段。单位应建立档案备份制度，定期对档案数据进行备份，并妥善保管备份数据。同时，应制定档案数据恢复预案，确保在发生数据丢失或损坏等意外情况时能够迅速恢复档案数据。此外，还应加强对备份数据的检查和维护，确保其可靠性和可用性。

（5）加强监督检查，确保档案管理安全原则的落实

监督检查是确保档案管理安全原则得到有效落实的重要措施。单位应建立档案管理的监督检查机制，定期对档案管理工作进行检查和评估。同时，应加强对档案管理人员的监督和考核，确保其严格执行档案管理规定和安全原则。对于发现的档案管理问题和安全隐

患，应及时进行整改和处理，确保档案管理工作的持续改进和提升。

综上所述，新时期人力资源档案管理的安全原则涵盖了保密意识、管理制度、技术手段、备份恢复以及监督检查等多个方面。只有全面加强这些方面的工作，才能确保档案管理的安全性、完整性和高效性，为单位的稳定发展提供有力的保障。

3.违反安全原则的后果与防范措施

违反档案安全原则可能会导致严重的后果。一方面，档案泄露可能导致员工个人信息被滥用，引发法律纠纷和舆论压力；另一方面，档案损坏或丢失将影响单位的人事决策和管理工作，甚至可能导致法律责任的承担。

为了防范这些后果的产生，单位需要采取多种措施。首先，加强内部监管和审计，定期对人力资源档案管理工作进行检查和评估，及时发现和纠正问题。其次，建立档案安全责任制，明确各级管理人员在档案安全工作中的职责和权利，确保责任到人。最后，加强与相关部门的合作和沟通，共同维护档案安全也是必要的措施。

总之，人力资源档案管理中的安全原则对于保障员工权益、维护单位声誉和确保单位正常运营具有重要意义。通过加强档案管理制度建设、采取物理和电子档案安全措施以及加强内部监管和合作，可以有效防范违反安全原则的风险和后果。

（二）新时期人力资源档案管理的保密原则与措施

在现代化管理体系中，人力资源档案作为记录员工个人信息、工作履历、能力评价等重要信息的载体，对于单位的稳定发展和员工的个人权益具有至关重要的作用。因此，在人力资源档案管理过程中，保密原则显得尤为重要。下面将围绕人力资源档案管理中的保密原则展开探讨，旨在提升档案管理水平，确保员工信息的安全。

1.保密原则的内涵与重要性

保密原则是指在人力资源档案管理过程中，对涉及员工个人隐私和单位敏感信息的档案资料进行严格保密，防止档案信息泄露和滥用。这一原则体现了对员工个人权益的尊重和对单位利益的维护，是单位管理工作的基本要求。

保密原则的重要性主要体现在以下几个方面：首先，保护员工个人隐私权，避免信息被不当利用或泄露，维护员工的合法权益；其次，维护单位利益，防止因信息泄露导致的商业机密失窃或声誉受损；最后，促进单位内部管理的规范化和法治化，提升整体管理水平。

2.人力资源档案管理中的保密措施

为了确保人力资源档案管理的保密性，单位应采取以下措施：

（1）建立健全档案管理制度。制定详细的档案管理规定，明确档案的收集、整理、保管、利用和销毁等环节的操作流程和要求，确保档案管理工作的规范化和制度化。

（2）加强档案保管设施建设。投入必要的资金和技术力量，建设符合保密要求的档案保管设施，如设立专门的档案库房，配备必要的防火、防潮、防盗等安全设施，确保档案实体安全。

（3）严格控制档案利用权限，建立档案利用审批制度，对档案的查阅、复制、外借等利用行为进行严格把关，确保只有经过授权的人员才能接触和利用档案。

（4）加强档案管理人员的培训和教育，提高档案管理人员的保密意识和职业素养，使他们能够自觉遵守保密规定，严格执行档案管理制度。

（5）引入技术手段加强保密管理，利用现代化信息技术手段，如数据加密、访问控制等，对电子档案进行安全管理，防止信息泄露和非法访问。

3.违反保密原则的后果与防范措施

若违反人力资源档案管理的保密原则，可能会导致严重的后果。一方面，员工的个人隐私将受到侵犯，可能引发法律纠纷和声誉损失；另一方面，单位的商业机密和内部信息可能被泄露，对单位的运营和发展造成不利影响。

为了防范违反保密原则的行为发生，单位应采取如下措施：首先，加强宣传教育，提高全体员工的保密意识和法律意识；其次，建立健全内部监督机制，对档案管理工作进行定期检查和审计；最后，对违反保密原则的行为进行严肃处理，依法追究相关人员的责任。

保密原则在人力资源档案管理中具有重要的地位和作用。通过建立健全档案管理制度、加强档案保管设施建设、严格控制档案利用权限、加强档案管理人员的培训和教育以及引入技术手段加强保密管理等措施，可以有效地保障员工信息的安全与隐私，维护单位的利益和声誉。

新时期人力资源档案管理的安全与保密工作是一项系统工程，需要我们从多个方面入手，采取切实有效的措施加以保障。通过加强物理安全、信息安全和制度安全建设，以及提高档案管理人员的保密意识和能力，我们可以确保人力资源档案的安全与保密，为单位的稳定发展和员工的权益保障提供有力支持。在未来的工作中，我们应继续探索和创新档案管理的新方法、新手段，不断提高档案管理的专业化、规范化和信息化水平，以适应新时期人力资源档案管理工作的新需求和新挑战。

第六章　人事代理制度下的人事档案管理

第一节　人事代理制度概述

一、人事代理

在我国，对人事代理概念的研究起步于20世纪90年代，不同的机构和学者对人事代理有不同的定义。如《江苏省人事代理暂行办法》将人事代理定义为县级以上政府人事部门所属人才流动服务机构，接受用人单位或者个人的委托，依法代理有关人事业务。徐丽芳认为，人事代理是指人才交流机构，根据相应的法律程序或政策规定，严格遵循单位用人和个人择业的自主权，通过契约的形式，为单位或个人提供档案保管、薪酬核定、社保缴纳、人才聘用等有关人事业务。张丹、杨金华认为人事代理作为新型的人事管理方式，是在国家人事法规的安排下，以尊重单位用人自主权和人才择业自主权，由人才交流机构为综合代管部门，为企事业单位提供社会化的人事管理服务[1]。

综合众学者的观点，笔者认为人事代理是指在我国社会主义市场经济条件下，经政府人力资源和社会保障部门批准或授权指定的人才交流服务机构，受企事业单位或个人的委托，为其代办有关的人事管理业务，主要是依据指定的法律程序和政策规定，通过运用现代化的信息技术手段和社会化、专业化的服务方式来实现。

人事代理业务大致可分为档案管理、社保管理、人力资源开发和人力资源咨询四大类。档案管理包括人才流动、人事档案的保管、档案工资核算、职称申报、工龄计算、人事证明出具等；社保管理包括代办养老、医疗、失业保险等；人力资源开发包括人才供需信息提供、人才招聘、培训、能力素质测评等；人力资源咨询包括人事咨询诊断、人才规划、机构设置、人事管理方案策划等。

---

[1] 张丹，杨金华. 高校实行人事代理制度问题初探 [J]. 许昌学院学报，2009（3）：140.

二、人事代理及相关概念的界定

（一）人事代理制度

人事代理是指由政府人事部门所属的人才服务中心，接受单位或个人委托，在其服务项目范围内，为用人单位及各类人才提供人事档案管理、职称评定、社会养老保险收缴、政审等服务。高校毕业生到具有档案管理权限的机关、事业单位、国有单位就业的，由单位直接接收并管理档案；到无档案管理权限的单位（私营单位、外资单位等）就业的，可由各地公共就业和人才服务机构负责提供档案管理等人事代理服务。

（二）编制与聘用制

编制通常是指组织机构的设置及其人员数量的定额和职务的分配，由财政拨款的编制数额由各级机构编制管理部门确定，各级组织人事部门根据编制调配人员，财政部门据此拨款。我国国有单位的结构，按照其行政责任及功能，大体上分为三部分，即机关、单位和事业单位，分别对应行政编制、单位编制和事业编制。根据《公务员法》的规定，公务员使用行政编制。

聘用制是以合同的形式确定事业单位与职工基本人事关系的一种用人制度，即事业单位工作人员在本单位的身份属性通过与单位签订聘用合同确定。

（三）人事代理制度的法律关系

人事代理制度实现了人员使用与人事关系管理分离，是人事改革的一项新举措，用人单位只管用人，自主招聘，而将与人事相关的管理工作，如档案管理、职称评定、社会保险等委托合法设立的人才中介机构负责和处理。委托方向相应人事代理机构提出申请，可以是个人委托，也可以是单位委托，由人事代理机构审核委托资格。

人事代理关系的主体有单位、人事代理机构和受聘人。被代理人是受聘人和单位，代理人是人事代理机构。人事代理实质上是一个民事法律合同，人事代理的双方主体，一方是人才交流中心，即依法成立的人事代理机构；另一方是用人单位或个人。当事人双方不存在行政隶属关系，而是平等的民事关系。在受聘人个人委托进行人事代理的情况下，受聘人与人才代理机构之间是委托代理关系；在单位委托进行人事代理的情况下，受聘人与人事代理机构之间不存在任何法律关系。

三、人事代理制度的功能

在现代管理中，人事代理制度已经成为一种普遍且重要的管理模式。这种制度不仅有助于单位降低运营费用，还能创造更多的合作条件，并有效地激励员工行为。下面将详细探讨单位人事代理制度的这三个主要功能。

（一）降低运营费用

人事代理制度通过专业化的服务，帮助单位有效地降低运营费用。

首先，单位无须投入大量的人力和物力去建立和维护庞大的人事管理部门，只需与专业的人事代理机构合作，即可享受到全面的人事管理服务。这大大减少了单位在人员招聘、培训、薪酬管理等方面的投入。

其次，人事代理机构具备专业的知识和技能，能够为单位提供更加精准和高效的人事管理方案。这不仅提高了单位的工作效率，还避免了因管理不善而导致的各种问题和损失。

（二）创造合作条件

人事代理制度不仅有助于降低单位运营费用，还能为单位创造更多的合作条件。通过与人事代理机构合作，单位可以更容易地与其他单位或组织建立合作关系。这是因为人事代理机构通常拥有广泛的人脉和资源，能够为单位搭建起与其他单位或组织之间的桥梁。

此外，人事代理机构还可以根据单位的需求和目标，为其量身定制合适的人事管理方案。这有助于单位在合作过程中更好地发挥自身优势，提高合作成功的概率。

（三）激励员工行为

人事代理制度对于激励员工行为同样具有积极作用。单位通过与人事代理机构合作可以更加科学和公正地进行员工薪酬管理、绩效考核等工作，有助于激发员工的工作热情和积极性，并且可以提高员工的工作满意度和忠诚度。

同时，人事代理机构还可以为单位提供专业的员工培训和发展计划。通过培训和发展，员工能够不断提升自己的技能和素质，进而更好地适应单位的需求和发展。这不仅有助于员工个人的成长和进步，也有助于提高单位的整体绩效和竞争力。

综上所述，单位人事代理制度在降低运营费用、创造合作条件和激励员工行为方面发挥着重要作用。因此，单位应积极采用这种管理模式，与专业的人事代理机构合作，共同推动单位的发展和进步。同时，单位也应根据自身的实际情况和需求，不断完善和优化人事代理制度，确保其能够更好地服务于单位的发展目标。

四、人事代理制度的运行模式

制度经济学的委托代理理论认为，单位的所有者将经营权让渡，从而追求利益最大化。授权者就是委托人，被授权者就是代理人。不管是经济领域还是社会领域，都普遍存在委托代理关系[1]。在人事代理制度下，用人单位将人事关系的管理委托给人才市场，从而降低了用人成本，同时使得用人单位有更多的精力放在发展自身事业和人力资源的开发上，从而节省了人事工作与人事关系管理的烦琐程序。

（一）委托代理

人事代理涉及法学基本理论，代理涉及三方法律关系。代理必须存在三方主体，即代理人、本人（也称被代理人）和相对人（也称第三人），缺少任何一方，都不能形成代理。根据代理权产生的原因不同，代理分为两类：委托代理和法定代理。

人事代理属于委托代理的范畴。根据《中华人民共和国民法通则》的规定，委托代理是指代理人接受被代理人的委托，在委托范围内（代理权限内）以被代理人的名义与第三人进行法律行为，这种行为的法律后果直接由被代理人承受。

人事代理的主要法律特征是：

第一，人事代理机构必须具有从事代理行为的民事行为能力，即经过人事行政主管部门批准成立，能够独立承担民事责任。

第二，委托事项必须是合法的事项，即该事项为被代理人有权从事，不损害国家利益和他人的合法权益，并且不是依法由被代理人亲自进行的行为。

第三，代理人必须有被代理人的明确授权，以被代理人的名义实施代理行为，该行为直接对被代理人发生效力，由被代理人承受该行为的一切后果及其他相关的权利和义务。

第四，人事代理行为必然与第三人发生法律关系，否则代理关系就没有实际成立。

第五，人事代理行为必须在代理权限范围内进行。

根据被代理人及其委托方式的不同，人事代理一般可分为单位委托和受聘人委托。

（1）单位委托。在该种情形下，受聘人与委托代理机构没有代理关系。单位与受聘人签订聘用合同，同时代理机构设立了代理关系。例如，高校人事代理当事人之间的法律关系主要包括高校与代理机构的委托代理关系和高校与受聘人员的聘用合同关系。

（2）受聘人委托。受聘人委托又可分为两种：一是受聘人与代理机构和单位签订代理和聘用合同，设立代理和聘任两种法律关系。应聘者通过与代理机构及单位签订相应的代理协议和聘用合同，以保证其在受聘期间的权利和义务。二是受聘人仅与代理机构订立代理合同，创设代理关系，但是他与单位之间没有聘用合同关系。例如，对高校毕业生一时找不到就业单位或临时聘用的大中专毕业生全部纳入人事代理。在这种情况下，只存在受聘人和代理机构之间的代理关系。单位不是委托人，与代理机构没有代理关系。

---

[1] 宋德福. 八年人事制度改革行 [M]. 北京：中国人事出版社，2005：389-390.

（二）"大"人事代理与"小"人事代理

以人事代理关系的范围为标准，人事代理关系可分为大人事代理关系和小人事代理关系。

大人事代理就是以人才市场为依托，充分发挥人才市场的职能调节作用。人才市场要对人事工作提供全面系统的配套服务项目，人事代理业务扩展到人事管理的每一个环节，从人员招聘、政策咨询到档案管理、社会保险、职称评审等相关人事管理业务。人才交流机构集人才进出管理、日常管理和业务培训等工作于一体，依据国家有关规定和各单位的用人计划，统一制订人才引进计划，按计划组织引进人才，开展培训服务，同时让不适合其工作岗位的人员回流到人才市场。

小人事代理关系代理范围不同，是目前最常见的一种代理关系。一般是指除了受聘人的人事档案由人才中心代管之外，其他一些关系如工资关系、社会保险等转入单位，享受单位正式事业编制人员的同等待遇，与用人单位签订聘用（劳动）合同。

五、人事代理制度的积极意义

（一）人事代理制度推动人事制度的改革

随着市场经济的建立和经济体制改革的深入，政治体制和人事体制的改革也必将不断深入。事业单位是人事改革的重点，人事代理制度有效地配合了事业单位的人事改革和聘用制的实施。人事代理制度依托人才市场，已经有了十几年的发展历程和成功经验，人事代理制度这一就业模式趋于更加完善和深化。人事代理制度实现了从固定用工到合同用工的转变，实现了从身份管理到岗位管理的转变，实现了从计划型管理用人到市场化管理用人的转变。人事代理制度推动了人事制度的改革，客观上促进了劳动关系的统一和人事制度的并轨。

（二）人事代理制度促进人力资源的市场化

在原有体制下，有的单位因为持有单位人员的档案资料，可以把持着档案，不予办理提档、转档手续，从而限制高级人才的流动。办理人事代理，人才由"单位人"变为"社会人"，"跳槽"变得相对容易。人事代理制度为聘用合同管理的实施铺设了合法的人员流动的渠道，能进能出，保证了人才的合理流动。并且拓宽了用人渠道和用人方式，为充分吸收人才提供了机会。

以高校为例，高校人事代理制度是继教师聘用制之后的又一次高校人事制度的重大改革，它将进一步实现教师从行政隶属关系下的非独立主体到平等主体的转变，从计划分配到市场配置的转变，从"单位所有人"到社会自由人的转变。

（三）为应届毕业生就业的人事管理提供新路径

人事代理制度解决了大批应届毕业生的档案问题和工龄计算等问题。临近毕业，高校毕业指导中心一般都会组织学生办理人事代理，校毕业生就业指导中心会邀请省、市人才交流中心到校为毕业生现场咨询解答并办理人事代理手续。对毕业生而言，不管工作单位有没有落实，办理人事代理首先解决了需要落户的问题，其次保证了毕业生不论在何种类型单位（包括私营、三资或民营单位）工作，其本人的合法权益，应有的社会、政治待遇和人事服务都能得到保障。例如，保留干部身份、转正定级、工龄连续、国家规定的档案工资调升、职称评定、出国政策、代办社会保险、住房公积金、各种证件年审等，如将来考取研究生还可计算工龄。

参加人事代理手续简便，随到随办。可以单位委托，也可以个人委托。在职人员凭调动手续由所在单位填写市内干部商调表，通过人事调配部门办理；辞职手续，到市人才中心领取辞职申请表，由所在单位和主管部门盖章后交由市人才中心办理，参加人事代理后连续计算工龄，保持原有的干部身份。

六、完善人事代理制度的思考

（一）完善人事代理制度的原则及指导思想

1.坚持平等自愿、平稳过渡的原则

完善人事代理制度必须坚持平等自愿、平稳过渡的原则。在传统的人事管理制度下，职工对单位有强烈的依赖感和归属感。人事代理制度是依据人才市场的基础建立起来的，在国家人事改革配套政策不完善、社会保障体系不健全的情况下，不可避免会发生问题，在短时期内难以实现"单位人"到"社会人"的转换，难以实现从"身份人"到"岗位人"的转换。在这种情况下，用人单位和求职者要实行双向选择，用人单位与人事代理人员应在平等自愿的基础上签订聘用合同，明确双方的权利与义务。在最大限度保障用人单位和劳动者利益的前提下，逐步实现人事改革的平稳过渡。

2.坚持公平公开、竞争择优的原则

完善人事代理必须坚持公平公开、竞争择优的原则。公平公开即公开聘任岗位、条件和程序，实现公平竞争。竞争择优即严格考核，实行竞争上岗、择优录用、优胜劣汰。通过人事代理制度制造公平、合理和激励性的人事管理新体制，不仅被代理个体的个人收入、心理满足度和未来预期满意等得到提高，也使实施人事代理制度的单位人事管理效率、员工素质和经济效益等得到提高。

3.坚持以人为本，转变政府职能

完善人事代理制度，要坚持以人为本的指导思想，要积极转变政府职能。在市场经济条件下，政府职能必须要与市场经济体制要求相适应。

（1）政府要积极履行宏观调控功能。我国的人才市场是以政府为推手发展起来的，人事制度改革也是政府打主力，所以在进程中政府不可能放手不管。尽量避免"双轨制"，在"双轨制"的过渡情况下力求公正、平等。对违反《劳动合同法》规定解除聘用或者终止劳动合同的，依法追究用人单位的法律责任。

（2）要健全市场服务体系，发挥人才市场在配置人力资源中的基础性作用。大量吸收国内外的优秀人才，不仅为事业单位，还努力为三资单位、民科单位提供优质的人才代理服务。人事代理机构应提高服务质量，落实各项业务。切实转变工作作风，树立服务意识。

（3）要健全市场保障机制。这是保障人才自由流动的一个重要的经济条件和法律条件。一方面，要解决人事代理的后顾之忧，就必须建立与市场经济体制相适应的失业、养老、医疗、住房等社会保障制度，包括户籍制度，这是经济条件；另一方面，要使劳动力市场健康有序运行，必须建立相应的法律法规及相应的机构，加大争议的仲裁及管理力度，维护人事代理的合法权益。

（二）完善人事代理制度的具体设想

1.完善人事代理制度的法律规范

目前，人事代理人员的权益缺乏法律保障。比如，同工同酬的概念出现在劳动法的工资条款中，出现在劳动合同法中，也出现在不少正式签订的劳动合同和聘用合同条款中。但是由于缺少具体的法律细则为依据，在实际的工作中，编制外的聘用制人员往往很难实现自身权益。综上所述，人事代理也不例外。但是新修订的《劳动合同法》规定了劳务派遣工种的法律细则，从立法上保障了同工同酬的实现，也为其他工种同工同酬的实现带来了希望和契机。

在司法实践中，法律细则比法律原则更具有依据性。在法律实施中，特别法要优于普通法，新法要优于旧法。如果能有一部人事代理法来保障人事制度的改革，那远远比人事代理受《中华人民共和国劳动法》和《劳动合同法》调整来得有力。从目前的情况看，中国立法的技术臻于成熟，法治观念深入人心，权益不能靠观念来维护，而应由法律来保障。在中国，人事代理的立法，已经初步具备了基本的政治经济条件和社会文化条件，但还需要政策上的推动和技术上的推动，实现人事制度并轨的趋势。人事代理制度牵扯到三方关系，使用权和管理权分离，因而有必要在人事的使用和管理上做出统一、严格的法律规定。

首先，从法律理论上讲，人民代表大会是国家最高权力机关，在宪法和法律上的地位最高。所以，由全国人大授权立法符合中国国情。例如，1985年，全国人大授权国务院在经济体制改革和对外开放方面可以先制定暂行规定或《条例》，待条件成熟时再由全国人大制定法律。

其次，人事代理制度在我国已经实施了二十多年，遍布了中国的企事业单位，但是目前我国没有一部关于人事代理的专门法，甚至连这方面的法律条文都没有，只有一些各地的试行办法。关于人才流动同样也没有立法和权威性的相关规章制度。立法滞后带来人才市场运行发展和劳动者权益保护的真空，体制带来的身份歧视和不平等待遇就会长久持续。

最后，规范执行人事代理制度需要统一的法律法规，明确人才市场、用人单位和受聘人三方的权利和义务。用人单位和人才交流中心之间必须要有严格的合同约束，有明确的权利和责任保证。

总之，加快立法进程，将人事代理的管理纳入法治轨道，明确法理，才能做到有法可依，依法管理。目前中国没有一部关于人事代理的专门立法，《劳动合同法》中没有提到人事代理，人事代理制度的执行状况处于混乱状态。由于事业单位正处于改革过程中，用人制度比较复杂，事业单位的聘用合同具有特殊性和复杂性。事业单位中实行聘用制的人事代理人员，与单位形成人事关系和劳动关系的杂合。此时必须要明确法律适用，通过现有的法律法规保护当事人的权益，并推动专门立法。建立专门的人事代理法律，对于保障人事改革和执行人事代理制度具有十分重要的意义。

2.制定统一的人事代理管理办法

制定统一的人事代理管理办法，统一制度，完善法规。制定人事代理制度的细则，也能按章办事，起到法律规范的作用。在人事代理制度发展过程中，各省制定了人事代理暂行办法。各自为政的局面就给人事代理执行的过程中留下了法律漏洞。由于缺乏统一的条例规定，各人才交流中心和用人单位在执行此项制度时也就无法可依，或权大于法，不能以人事代理工作本身为中心，而是拈轻怕重，避重就轻，服务项目不完整。如人才交流中心只负责人事代理人员的档案管理，而对职称评定、社会保险等方面的服务内容不加过问。人才交流中心和用人单位都为了自己的管理方便行使权力而不考虑人事代理人员的切身利益，从而导致人事代理制度缺乏社会保障性。

有的人才交流中心的管理办法则比较完备，值得借鉴和推广。有的人才交流中心规定办理人事代理可以同时迁入户口，而且提供人事代理计划生育方面的服务，为人事代理人员解除后顾之忧。比如，温州市教育局文件《温州市教育局、温州市人力资源和社会保障局关于印发温州市教育系统人事代理分支机构管理办法试行通知》（温教人〔2012〕56号）规定：单位委托代理期间，代理人员的户籍、计生等关系由委托单位直接管理。代理人员到达法定退休年龄，其人事档案转回委托单位，由委托单位直接向有关部门申报办理退休手续。人事代理业务经费由各级财政专项拨款，实行免费服务，等等。这些规定方便了人事代理人员的工作和生活，保障了人事代理人员的待遇，大大改善了人事代理人员的实际处境。

制定合理的人事代理管理办法，应该对人才市场在档案管理、职称评定、社会保险、户籍管理等方面做出统一的规定；对公开招聘、聘用合同、工资福利、奖惩制度、岗位管理和考核做出细则规定；注重保障人事代理人员的其他权益。委托单位与人才市场签订人事代理合同，明确双方的责任、权利和义务，确立人事代理关系。用人单位与作为管理单位的人才交流中心要各负其责，共同发挥人事代理制度的效能。用人单位要与管理单位签订工作协议，各方要遵循协议的要求，定期交流人事代理人员使用情况，根据人事代理人员的工作表现确定是否晋级、调整工资等，并将相关材料及时归入人事档案，保持人事档案的完整性和连续性，同时为用人单位提供依据。

3.实现人事制度"并轨"

人事制度的并轨，是指事业单位人事关系和劳动关系的并轨。在固有观念中，有编制才是正式工，这已经成为思维定式。而现实是，编制是有限的，签订聘用合同和劳动合同的编外聘用人员将成为劳动者的主力。编制从某种程度上被看成一种"铁饭碗"，其实，有了编制也不一定有"铁饭碗"，90年代以来，国有单位改制过程中就出现了大量的工人下岗失业的情况，还有单位为解除劳动关系要求职工"买断工龄"，职工的权益照样得不到保障。长期以来，人事代理因为不具有正式编制，所以管理就不规范，工资待遇就没有保障。但是从长远看，"双轨"制是暂时的，人事制度的"并轨"改革才是趋势。

实现人事制度的并轨，就是要推行岗位聘用制。为了打破"铁饭碗"，有的地区采取了"定编定岗不定人"，有的学校逐渐实行绩效工资，不失为在工资待遇上实现同工同酬的好办法。实行全员岗位管理制度和聘用制度，采取量化考核、竞争上岗等方式进行聘任，实现由固定用人向合同用人、由身份管理向岗位管理的转变。用人单位自主用人，人员自主择业，建立能上能下、能进能出的用人机制。

也有学者认为，目前虽然通过聘用合同的法律形式来定位事业单位与其员工之间的劳动关系和人事关系，但是这种形式是表层的，聘用制并没有改变人事关系和劳动关系两种不同的用人模式。我国事业单位人事改革应该建立起统一适用的劳动关系，以适应人事改革发展的趋势。事业单位改革之后的人事制度有望纳入统一的劳动关系之中。

（三）规范用人单位对人事代理人员的管理

人事代理是人事制度改革转型时期的必然，人事代理人员要实现自身的权益，不仅需要经济上的同工同酬，还需要用人单位在身份管理和认定上一视同仁。用人单位要完善管理制度，建立完善、公平的激励机制，与正式职工同等对待。人事代理人员应根据年限和相关规定评定职称，根据职称评定兑现工资；人事代理人员应参加年度考核，考核结果应作为续聘、解聘的依据；人事代理人员应参与年度评优，在工作中增强荣誉感；人事代理人员应参与公开竞聘上岗，有同等的机会走向行政管理岗位。用人单位要有明确的自主权，形成一整套合理规范的管理体系。

人事代理人员虽然属于聘用人员，但是只有全日制大中专毕业生的人事档案才能存放在政府人事部门授权进行人事代理服务的人事代理机构内，人事代理人员的身份就是以前的"国家干部"。从这一点上来说，人事代理人员与其他性质的聘用人员有本质的区别。人事代理人员无论在多少个单位工作过，都可以连续计算工龄，可以续聘职称，可以保留档案工资，可以进行年度考核，等等。用人单位应认识到人事代理人员的特殊身份，逐步实现对人事代理人员从"身份管理"到"岗位管理"的转变，最终完成人事代理人员和在编人员的并轨。用人单位应从管理体系上使人事代理人员身份不受歧视，使他们能安心工作，有归属感，无后顾之忧，从而在工作中尽心尽力，实现自身发展和价值。

（四）规范人事代理聘用合同

用人单位和劳动者双向选择，签订劳动合同，充分体现了劳动者能进能出、自主择业，用人单位择优用人的机制，从根本上实现了从身份到契约关系的变革。合同（契约）是平等主体的公民、法人、其他经济组织之间设立、变更、终止权利义务关系的协议。在法律上，只要劳动者与用人单位之间存在事实劳动关系，就应该受劳动法保护。劳动合同中的无效部分不影响有效部分的执行。相关人事部门应该提供权威的聘用合同范本，完备合同条款，规范合同格式，明确合同期限。用人单位在确保自身用工自主权的情况下，不得随意行使解雇权，解除劳动合同必须具有实质上的正当性和程序上的合法性。用人单位应按照法律和人事部门的规定与人事代理人员签订长期聘用合同，与骨干人员签订无固定期聘用合同，从而从法律效力上保障人事代理人员的权益。

（五）完善薪酬制度和考核评价机制

单位应采用诱致性制度变迁、局部制度变迁和激进式变迁相结合的制度变迁模式。诱致性制度变迁是指根据地方政府和微观主体对潜在利润的特定追求，现行制度安排被相应地变更或替代；局部性制度变迁是同一轨迹的单个制度变迁；激进式变迁是以终极预期目标为参照系数，采取迅速而果断的行动，一步到位安排预期制度的方式。

影响人事代理员工对制度满意度的主要因素是经济报酬，因此单位应该着重考虑建立一套合理、科学的薪酬体系。在设计薪酬体系时，单位应该秉承内部公平、外部公平的原则。物质基础是人们生存的基本条件和保障，是其工作的原动力，也是单位吸引人才、留住人才的必要手段。单位需要建立覆盖员工的同一工资体系，使基础工资可以根据工作经验、工作能力、岗位责任、文化程度等因素确定，人事代理员工和正式员工享受同样的工资支付标准；建立覆盖员工的同一社会保障体系，在休假、生育、探亲、独生子女等福利待遇上使人事代理人员与正式员工享受同等待遇；加强人事代理员工的绩效管理，提高人事代理员工的工作能级，并根据绩效差异拉开收入分配差距。最终完善单位员工薪酬体系，做到在同一岗位工作的员工，实行同一工资标准，纳入同一绩效管理范围，有效地激励人事代理员工的发展。

构建科学合理的考核评价机制，需要定量考核与定性考核相结合，考核评价指标要科学、客观、务实和明确，并且具有代表性。单位有关管理部门需要严格按照考核评价指标体系，认真落实对人事代理人员业绩的考核和评价，进行领导评价、同事评价、下属评价、客户评价和自我评价相结合的综合评价，得出令人信服的评价结果，为单位的人事管理决策提供科学依据。

（六）重视员工的培训和自我发展

在日益激烈的社会竞争中，员工的素质成为单位未来竞争的重要因素，单位不仅要提供公平公正的经济报酬和合理的考核评价机制，还要注重员工的发展和价值的实现，从而增强他们的使命感和责任感，让他们与单位共发展。

赫兹伯格的双因素理论认为，引起人们工作动机的因素主要有两个：一是保健因素，二是激励因素。只有激励因素才能够给人们带来满意感。单位需要从内在激励和外在激励两方面促进人事代理员工的发展：首先，提供学习、培训的良好条件，人事代理员工的学习与培训促使他们不断成长，满足他们对新知识的强烈渴望，也能让单位留住员工，获得竞争优势，实现个人目标和单位目标的有效结合；其次，制定有效的激励政策，关注人事代理人员的职业生涯规划，优先给优秀的人事代理人员提供晋升发展的机会。遵循择优吸纳、公开公平、流程规范的原则，定期吸纳优秀人事代理员工成为编制内员工，稳定人事代理员工队伍，激励优秀人事代理员工，让其感受到单位对自身的重视，增强其归属感，充分调动他们的工作积极性。

同时，为员工营造一个和谐融洽的工作环境是提升员工满意度的必由之路，也是单位义不容辞的义务与责任。从有形环境角度看，单位应该为人事代理员工安排合理的工作时间，提供良好的后勤保障。从无形环境角度看，首先，单位应该时刻关注员工的身心健康，创办心理求助热线。对于不同年龄、学历以及岗位类型的人事代理人员采取不同的交流方式以及交流重点，对他们的情感变化进行细微观察，切实解决其在工作和生活中遇到的实际困难，减小因体制不同所带来的心理差异。其次，营造和谐的团队氛围，积极协调上下级间、各员间的矛盾，开展形式多样的工会活动（如送温暖活动，送清凉活动），开展安全生产劳动竞赛活动，奖励先进，鼓励后进等，以培养员工之间的和谐度。最后，信息开放度也是影响人事代理员工对制度满意度的关键因素，只有建立畅通的沟通渠道，才能增进彼此间的了解和认同，有效地传达各种信息，从而员工才能理解和接受领导的决策，领导才能了解员工的工作动态，使双方达到共同满意，如建立信息公开制度，定期或不定期公示员工关心的热点问题，建立不定期的基层回访制度，建立定期的领导和基层员工座谈制度，等等。

（七）代理机构加强代理工作的管理

人事代理机构应采用诱致性变迁、局部性变迁和渐进式变迁相结合的制度变迁模式。人事代理机构作为代理方，需要时刻以委托方的需求为工作的出发点，目前其代理的核心业务是人事代理人员档案的管理，存在档案管理水平落后、管理人员服务质量不高、代理业务单一等问题。因此人事代理机构应针对这些问题进行制度的变迁，在实际工作中不断摸索，探寻最适合单位、人事代理员工以及本机构发展的制度安排。

第一，提高档案管理水平。人事代理机构需采用信息化技术手段，提高档案管理水平。首先，要完善人事代理人员档案管理系统，对不同类型的人事档案进行分类整合，统一编码、编号，将其他相关的信息输入计算机中，并用扫描仪将原档案材料转换成电子档存储，这样不仅可以延长档案的寿命，也可做到保持档案的保密性；其次，学习借鉴国外机构管理档案的方法，适当开放人事档案，在全国范围内进行联网，实行远程人事档案信息的查询，单位通过网络平台对人事代理人员的档案进行查找和利用，大大节约了管理成本。最后，加大档案管理的硬件投入，尽快解决管理过程中其他不完善的问题，使人事档案管理达到理想的状态，确保保管档案的环境达到防火、防盗、防蛀、防潮、防光等要求，配置现代化办公设备，使办公室、阅档室和库房三室分开，真正实现档案管理工作的保质保量，以使人事档案管理的水平跟上时代的发展，更好地为单位提供人事代理人员的档案管理服务[1]。

第二，扩展业务范围和提高服务质量。人事代理机构应加大与委托单位以及人事代理人员的沟通，双方明确权利和义务，建立高效协调的运行机制与管理模式，健全人事代理服务体系，拓宽服务内容，并提供后续服务。目前，大多数人事代理机构提供的代理服务有保管及整理档案、社会保险代办手续、办理转正定级手续、记载档案工资、接转党组织关系、出具以档案为依据的各种证明等，然而这些一般性的代理服务满足不了单位的需求。

人事代理机构可根据实际情况，增加包括人才供需信息提供、人才招聘、培训、能力

---

① 向立文，宋可.试论人事档案知情权及其实现 [J].兰台世界，2010（10）：36.

素质测评的人力资源规划服务，和关于人事咨询诊断、人才规划、机构设置、人事管理方案设计的咨询服务，使代理服务多样化，从一开始以档案管理为主的服务型代理向以人力资源开发和咨询为主的顾问型代理转变。人事代理机构与单位应严格按照代理协议规定，明确双方权利、责任和义务，进一步使职责范围清晰明了，建立有效的协调机制，实现真正意义上的人事代理。

为了全面做好人事代理工作，人事代理机构需培养一支高素质、专业化的服务队伍。一是建立人才代理机构工作人员的资格准入机制，通过考试挑选具备高素质的人员成为正式员工；二是定期对人事代理工作人员进行岗位相关知识培训，努力学习和掌握人事代理服务必备的技能，同时依据单位人事管理制度改革的趋势，发现现有问题，并制定出解决问题的对策；三是开展文明服务，不断提高服务人员的亲和力，以良好的形象提供优质服务，加强监督，提高服务效率，打响"人事代理服务"的品牌，以完善的服务手段和优良的服务态度为单位服务。

第二节　人事档案管理理论基础

一、委托代理理论

（一）委托代理理论的提出

20世纪30年代，美国经济学家伯利和米恩斯因为洞悉企业所有者兼具经营者的做法存在着极大的弊端，于是提出"委托代理理论"，倡导所有权和经营权分离，企业所有者保留剩余索取权，而将经营权利让渡。"委托代理理论"早已成为现代公司治理的逻辑起点。

第一个阶段既是所有者也是经营者，不存在层级管理结构，信息对称，单位内部不存在委托代理问题；第二个阶段出现了委托代理问题，单位由少数合伙人共同建立，共投资、共经营，而主要经营者只是部分资产所有者，即他们对其他合伙人进行代理；第三阶段资产所有者享有对代理人的监督权和经营单位的剩余索取权，而不直接经营单位。委托代理理论就是伴随着单位的发展而逐步形成的。现代意义上的委托代理概念最早是由罗斯提出的："如果当事人双方，其中代理人一方代表委托人利益行使某些决策权，则代理人关系就产生了。"①

詹森和麦克林认为，委托代理是由一个或多个行为主体根据一种显露或隐含的契约关系雇佣另一个或多个行为主体为其提供服务，并且授予后者相应的决策权力，并根据提供服务的情况支付一定的报酬。授权人就是委托人，被授权者就叫作代理人。委托人与代理人的关系在本质上是市场参与者之间信息差别的一种社会契约形式，它是掌握较多信息的代理人通过契约与掌握信息较少的委托人之间展开的一场博弈。

（二）人事代理制度是委托代理在单位人事管理中的应用

委托代理理论经过40年的发展，已从传统的双边委托代理理论，发展出多代理人、共同代理和多任务代理理论。委托代理理论研究的内容主要可以集中在四个方面：委托代理收益问题、委托代理成本问题、激励与约束机制问题以及委托代理关系对社会经济发展的作用。委托代理关系是在能够为经济主体双方带来预期净收益、达到双赢的基础上建立的；由于代理人的不负责任和机会主义并以各种手段攫取单位财富而带来损失，为抑制这种行为需要付出一定的成本；委托代理关系对经济的持续增长具有推动作用，可以分散投资风险，优化资源配置和产权组合。

由于信息的不完全和不对称，因此产生了委托代理理论中存在的两个主要问题：逆向选择（adverse selection）和道德风险（moral hazard）。前者是事前的（在签订契约之前），是指委托人可能不知道雇佣哪个代理人才是最优选择，不知道如何规定契约条款或职权范围；后者是事后的（在签订契约之后），当一个代理人被雇佣后，他改变了自己的行为因而损害了委托人的利益，这时代理人道德风险就发生了。但这种道德风险是双向的，同样存在委托人道德风险，"根据合同，当观测到的产出高时，委托人应该支付给代理人高的报酬，但是委托人可能谎报产出不高而逃避履约责任，从而把本应该支付给代理人的收入占为己有。"

人事代理涉及单位、人事代理机构、员工三个主体之间的关系，单位是委托人，人事代理机构作为代理人代表着单位的利益。单位将员工的人事关系、工资关系、人事档案、养老保险等人事管理相关业务委托给人事代理机构代为管理，以此减轻单位负担，并且，单位与人事代理机构需签订"人事委托代理协议"。在这一委托代理关系中，单位是信息劣势的一方，人才代理机构由于身份特殊而可能忽略作为代理人应该担负的责任，给单位和员工带来损失。因此，运用委托代理理论研究单位的人事代理制度，具有一定的适切性。

---

① 刘蕾．高校人事代理制度的实践与思考 [D]．上海：复旦大学，2009.

二、供给需求理论

（一）供给需求理论的提出

需求是在一定的时期内，在一定的价格水平下，消费者愿意并且能够购买的商品或劳务的数量。与需求相对，供给是指生产者在某一特定时期内，在每一价格水平上愿意并且能够提供的商品或劳务的数量。供给需求理论的产生经历了一个漫长的过程，由早期的重商主义、古典经济学、新古典经济学发展到后期的凯恩斯主义、新保守主义等。

15世纪末16世纪初，封建王权与商业资本联合，商品经济实现快速发展，重商主义认为金银是财富的唯一形态，而最有效的办法就是通过实现贸易顺差来获得，此时国际上各地区之间的发展差异导致了商品需求的无限扩大，为了满足这些需求，人们主张应当扩大供给、增加出口；17世纪中期，随着西方资产阶级自由发展，古典经济学产生，亚当·斯密反对政府积极干预经济生活，主张政府实行自由放任政策，用市场这只"看不见的手"对资本主义经济进行自由调节，以实现个人利益和国家利益的统一[①]。在此基础上，1803年，萨伊在《政治经济学概论》一书中提到供给会自动创造需求[②]，从全社会的角度看，供给和需求在总量上是一致的，自由竞争的市场会通过价格实现供给和需求的平衡，产品过剩的经济危机不可能出现；19世纪末20世纪初，新古典经济学出现，马歇尔提出单位能够通过自由竞争的市场提高生产效率，自由竞争的市场通过价格调节生产，以达到充分就业的均衡，而人类追求"满足"和避免"牺牲"这两个动机，决定了商品和各种生产要素的需求和供给；20世纪30年代，世界性的经济危机爆发，国家产生了大量的失业和产品过剩问题，传统的经济学已不能适应资产阶级的要求，凯恩斯抛弃了以萨伊为代表的新古典经济学的主张，指出政府必须对市场进行有效干预来弥补需求的不足，从而实现经济稳定；20世纪70年代中期，西方国家逐渐爆发出通货膨胀和失业等问题，供给学派产生，强调在市场供给和需求关系中，供给是主要的方面，要求政府通过减少税收达到刺激生产、增加供给，使供给和需求在市场环境下自动趋向平衡；而到了20世纪80年代以后，凯恩斯主义和新保守主义产生了融合的趋势。

（二）单位人事制度改革需要制定人事代理制度

需求供给理论是针对现实的经济问题进行的解释，它的产生是受当时特定的外部经济环境所影响的，因此，西方经济学各个学派对供给和需求的不同见解也有那个时代的烙印。如果说学派的思想存在一个市场，那么西方经济学300年以来，这个市场时而偏向

---

① 亚当·斯密. 国富论 [M]. 北京：商务印书馆，1972.
② 萨伊. 政治经济学概论 [M]. 北京：商务印书馆，1963.

供给，时而偏向需求，时而供给与需求相结合。因此，对供给和需求的认识和管理，也要根据具体的经济发展阶段和经济运行特点，采取特殊化、个性化的供给和需求调节。在市场经济发展初期，政府实行扩大供给的政策，集中优势资源提高生产能力，这样更能促进经济的发展。但是当经济发展到一定的阶段以后，就要扩大需求，防止产生供给过剩的局面，同时还要对供给和需求的有效性进行合理的调节，采取必要的市场干预措施，或者较少对市场的干预，最终达到供给和需求在总量和结构上的协调发展。

人们之所以对制度产生需求，是因为制度能够给人们提供便利，增进人们的利益，这种方便和利益就是制度发挥的功能和作用；制度供给是对制度需求的回应，可能由人们有意地设计出来，也可能是逐步演化而自发形成的。在传统的人事制度下，单位实行的是档案管理和员工管理合一的方式，员工和单位签订劳动合同后，其合同关系的各个方面都要由单位负责。这种现象造成单位机构臃肿，冗员过多，难以实现资源的优化配置，运行竞争激励的用人机制，工作效率低下。单位为了集中精力搞好生产经营，应该把一部分不必要的人事代理业务委托出去，才能提高经济效益和单位竞争力，这时迫切需要对现有人力资源管理制度进行改革，构建一种新型的人力资源管理制度。人事代理正是此项改革的配套措施之一，是市场经济背景下一项具有开拓性意义的工作创新，其目的在于实现人力资源的合理配置。它可能不是最终的形态，但它的实施促进了传统单一、闭塞式的人事管理模式逐渐向开放、综合和服务保障型模式的转变。因此，从需求和供给的视角解读人事代理制度的产生，是完全依据我国现阶段人力资源管理制度改革的目标而确定的。

三、交易费用理论

（一）交易费用理论的提出

交易费用的思想早期可以追溯到科斯在1937年发表的《单位的性质》一文。在该论文中，科斯首先利用交易费用的概念来解释单位存在的原因。他提出，单位与市场使用的是不同的交易机制，市场是以价格机制对资源进行配置的，而单位则是以行政手段进行配置资源。由于"通过市场使用价格机制是要付出代价的"，付出这一代价的结果就是形成了交易成本。为节约使用价格机制所产生的交易费用，出现了单位，部分地代替了市场的功能。但单位的扩张不是无限制的，是有边界的，因为在单位的运行过程中会产生诸如管理费用等相关费用，在边际成本上，当单位由于代替市场所节约的交易成本等于单位不断增加的管理费用时，单位的规模达到了均衡点。在 1960年科斯发表的《社会成本问题》一文中，又进一步把交易费用具体化，他指出交易费用就是利用价格机制的费用，是获得市场信息的费用，以及谈判和订立契约的费用等。

继科斯之后，达尔曼（C.J.Dahlman）则从合约的达成过程来对交易费用进行说明，他指出，交易双方想要达成一定的协议，必须首先进行相互的了解，将各种可能存在的交易机会告知对方，而这种信息的传递和获得则需要耗费一定的时间和资源；如果交易的一方有多个经济代理人，那么在决定交易条件时，还会产生某些做决策的费用；相互同意的条件确定后，还有执行所签订协议的费用以及控制和监督他方以确定是否按照所签订协议履行其责任的费用。因此，交易费用包括信息费用、讨价还价和决策费用、执行和控制费用。奥利弗·威廉姆森则将交易费用具体细分为事前的和事后的交易费用。事前的交易费用包括起草、谈判和维护一项协议的费用。事后的交易费用包括：当交易偏离了所要求的准则而引起的不适应费用；倘若为了纠正事后的偏离而做出双边努力，由此而引起的争论不休的费用；伴随建立和运作管理机构而带来的费用；使安全保证生效的抵押费用。

（二）单位和员工基于人事代理制度降低交易费用

在现实生活中，具体的交易是通过契约进行的，因而从契约的角度可以分析具体的交易费用支出。但从社会的角度来看，正如康芒斯所认为的，交易是人与人之间经济活动的基本单位，无数次交易构成经济制度的实际运转，并受到制度框架的约束。交易费用是经济制度的运行费用，具体的，从这一角度理解交易费用，应包括制度的确立或制订成本、制度的运转或实施成本、制度的监督或维护成本（违反制度的惩罚等）等，如果考虑到制度本身的创新或变革，还有制度的变革成本。张五常教授也认为，交易费用实际上就是所谓"制度成本"，从广义的角度看，制度是因为有交易费用而产生的，所以交易费用应该包括"信息成本、谈判成本、拟订和实施契约的成本、界定和控制产权的成本、监督管理的成本和制度结构变化的成本"，简言之，交易费用是指"包括一切不直接发生在物质生产过程中的费用。"[①]交易费用的变化可以体现出制度结构的变化，在不同制度结构下，交易费用是不一样的，一种好的制度具有内在降低交易费用的内在动力。

人事代理制度作为新型的人事管理模式，实现了单位人事关系所有权和使用权的分离。在传统的人事制度下，由于实行的是人员管理和档案管理合一的方式，人员一旦正式调入单位，其人事关系的各个方面都要靠单位帮助解决。这种国家办单位，单位办社会的现象，造成单位机构臃肿，冗员过多，负担沉重，有限的资源难以优化配置，竞争激励的用人机制无法建立和运行，工作效率低下，无法集中精力搞业务。在实施人事代理制后，单位充分尊重人才自主选择工作的权利，减少了因人才流动而产生的后顾之忧，更好地实现人力资源的优化配置；同时，单位可以把一部分其他不必要的人事业务委托出去，有利于单位节约成本，提高效率，集中精力搞好生产经营。员工在竞争激烈的工作环境中增加了紧迫感和危机感，从而不断地提高自己的工作能力，加倍努力工作，以免被淘汰，大大

---

① 张五常. 经济解释 [M]. 香港：花千树出版有限公司，2001.

降低单位的人事管理成本；而求职者个人也可以通过参加人才代理机构的人事代理，将自身的档案委托出去，也可在人才代理机构的帮助下，找到自己满意的工作，这对于他们本身也是一种交易成本的减少。

第三节　人事代理制度下的人事档案管理实践

一、人事代理制度对人事档案管理的影响

随着市场经济的深入发展和现代企事业单位管理理念的更新，人事代理制度逐渐成为许多单位优化人力资源配置、提高管理效率的重要手段。人事代理制度不仅为用人单位提供了更加灵活、专业的人力资源服务，也对人事档案管理产生了深远的影响。

人事代理制度的实施，使得人事档案管理更加规范化和专业化。传统的人事档案管理往往由用人单位自行负责，由于缺乏专业的管理人员和管理手段，容易导致档案信息的混乱、丢失甚至被篡改。而人事代理机构的介入，使得档案管理工作得到了专业化的分工和协作。这些代理机构通常拥有专业的档案管理团队和先进的管理系统，能够确保档案信息的完整性、准确性和安全性。

人事代理制度提高了人事档案管理的效率和质量。代理机构通过采用信息化、电子化的管理方式，使得档案的查询、更新和存储变得更加便捷和高效。同时，代理机构还能够根据用人单位的需求，提供个性化的档案管理服务，如档案的分类、整理、归档以及定期的档案审核等，从而提高了档案管理的质量。

此外，人事代理制度也有助于促进人事档案的流动和共享。在传统的档案管理模式下，由于信息的不对称和管理的封闭性，人事档案往往难以在不同单位之间进行有效的流动和共享。而人事代理机构通过搭建统一的档案管理平台，实现了档案信息的互通有无，使得用人单位能够更加方便地获取和使用档案信息，提高了人力资源的配置效率。

然而，人事代理制度给人事档案管理也带来了一定的挑战。例如，代理机构与用人单位之间的沟通和协作问题、档案信息的保密和安全问题以及代理机构自身的资质和信誉问题等都需要引起足够的重视。因此，在推进人事代理制度的过程中，需要不断完善相关的法规制度，加强监管和考核，确保人事代理制度的健康发展和人事档案管理的有效实施。

综上所述，单位人事代理制度对人事档案管理产生了积极的影响，使得档案管理工作更加规范、专业、高效和便捷。同时，也需要正视其中存在的问题和挑战，通过不断完善

制度、加强监管和提高服务质量等方式，推动人事代理制度在人事档案管理中发挥更大的作用。

二、人事代理制度导向下的人事档案管理原则

随着现代单位制度的不断完善和人事代理制度的深入实施，人事档案管理作为人力资源管理的重要组成部分，其重要性和复杂性日益凸显。在人事代理制度的导向下，人事档案管理应遵循一系列原则，以确保档案信息的真实性、完整性、安全性和有效性，从而为单位的人力资源管理提供有力支持。

（一）保密性原则

人事档案包含了个人的敏感信息，如政治立场、思想品德、工作表现等，因此必须严格遵守保密规定，确保档案内容的安全。任何未经授权的泄露都可能导致严重的后果，包括法律风险和信任危机。

（二）准确性原则

档案信息必须真实准确，不得随意篡改或歪曲事实，确保公正客观。准确性是档案管理的核心原则之一，它保证了档案的可信度和权威性，对于维护个人权益和单位利益至关重要。

（三）安全性原则

人事档案涉及个人隐私和单位机密，因此安全性是档案管理不可忽视的原则。在人事代理制度的实施中，单位和代理机构应采取多种措施保障档案的安全。这包括加强档案的物理保管，如设立专门的档案室、配置防火防盗设施等；同时，也应重视档案信息的电子化管理，通过加密技术、权限控制等手段，防止档案信息被非法获取或篡改。

（四）有效性原则

有效性原则要求人事档案能够为单位的人力资源管理提供有效的支持和参考。基于人事代理制度，档案管理应与单位的发展战略和人力资源管理需求相结合，确保档案信息的时效性和实用性。这要求档案管理者定期对档案进行更新和维护，及时反映个人的最新情况和职业发展动态，以便单位能够更准确地评估和使用人才。

（五）合规性原则

在人事代理制度导向下，人事档案管理还需遵循相关的法律法规和政策规定。单位和

代理机构应确保档案管理的合规性，遵循国家关于个人信息保护、档案管理等方面的法律法规，尊重和保护个人隐私。同时，也应根据行业标准和最佳实践，不断完善和优化档案管理流程和方法，提升档案管理的专业化和规范化水平。

综上所述，人事代理制度导向下的人事档案管理应遵循真实性、完整性、安全性、有效性和合规性等原则。上述原则相互关联、相互促进，共同构成了人事档案管理的基石。通过遵循上述原则，可以确保人事档案信息的真实性、完整性和安全性，为单位的人力资源管理提供有力支持，推动单位持续健康发展。

三、人事代理制度导向下人事档案管理实践中的关键环节

在人力资源管理的过程中，人事档案管理是一项至关重要的工作。随着人事代理制度的深入推行，人事档案管理实践也在不断地发展和完善。下面将探讨人事代理制度下人事档案管理实践的各个环节，以期提高档案管理的效率和质量。

（一）人事档案收集与整理

人事档案的收集与整理是档案管理的首要环节。在人事代理制度下，代理机构需要负责收集员工的基本信息、教育背景、工作经历、职称评定、奖惩记录等相关材料。这些材料应真实、准确、完整，以为后续的档案利用提供可靠依据。代理机构还需按照统一的分类标准对档案进行整理，确保档案的条理性和可查询性。

（二）人事档案保管与保密

人事档案涉及员工的个人隐私和单位的敏感信息，因此档案保管与保密工作至关重要。代理机构应设立专门的档案室，制定严格的档案管理制度，确保档案的安全和完整。同时，代理机构还需加强档案保密意识，对档案管理人员进行保密教育，防止人事档案信息的泄露和滥用。

（三）人事档案利用与查询

人事档案的利用与查询是档案管理的核心环节。代理机构应建立完善的档案查询制度，为用人单位和员工提供便捷的档案查询服务。在查询过程中，代理机构应严格把关，确保查询申请的真实性和合法性。同时，代理机构还需定期对档案进行更新和维护，确保人事档案的时效性和准确性。

（四）人事档案移交与归档

随着员工的离职或调动，人事档案的移交与归档工作也显得尤为重要。代理机构应制

定明确的档案移交规定，确保档案在移交过程中的完整性和连续性。同时，代理机构还需对归档档案进行定期检查和整理，防止档案的遗失和损坏。

（五）人事档案信息化与数字化建设

随着信息技术的快速发展，人事档案的信息化与数字化建设已成为趋势。代理机构应积极推进档案的电子化管理，利用现代技术手段提高档案管理的效率和质量。通过建设人事档案数据库，实现档案的快速查询、检索和共享，提高档案利用率。同时，代理机构还需加强数据安全防护，确保电子档案的安全性和可靠性。

（六）监督与考核

为确保人事代理制度下人事档案管理的有效实施，代理机构应建立健全的监督与考核机制。通过对档案管理工作进行定期检查和评估，发现问题及时整改，推动档案管理水平的不断提升。同时，代理机构还可对档案管理人员进行绩效考核，激励他们积极履行职责，提高档案管理的专业化水平。

综上所述，人事代理制度下人事档案管理实践涉及多个环节，需要代理机构从档案收集与整理、保管与保密、利用与查询、移交与归档、信息化与数字化建设以及监督与考核等方面进行全面把握和推进。只有这样，才能确保人事档案管理工作的规范化和高效化，为用人单位和员工提供优质的服务。

四、人事代理制度下档案管理的现状与问题

当前，在人事代理制度下的档案管理制度与只是保管档案，保证其不会丢失的人物档案的托管不同。随着社会的发展，大学生越来越多，高学历人才数量也在日益增加，社会的大环境发生了巨大的变化，最原始的人事代理制度已经不能适应中国当前社会的发展，尤其表现在档案管理方面，它产生的问题主要表现在以下几个方面：

（1）代理机构与用人单位档案管理职责不分明。人事代理机构只是对人事代理人的档案进行保管，并不会主动收集补充档案内容。而用人单位则需要对档案进行查阅、利用和补充。两者之间的职责不明确，直接导致问题产生。例如，当职工进行职位调配、工资福利调整等需要开具各类证明材料时，档案管理人员不能及时将人事档案交给人事代理机构或者代理机构的信息整理反馈不及时甚至工作效率过低，都会影响到正常的工作进程。

（2）当事人与其档案分离。在我国现有的制度下，个人没有管理和持有自己档案的权利，只能交付给托管机构进行管理。在这种情况下，人事代理人员不能及时了解个人信息，其对个人档案的知情权被削弱；同时用人单位不及时补充，造成档案缺失，这样其他用人单位就无法及时知道真实情况。当一个人被调到新的工作单位，不及时提交档案，会

造成弃档或者无头档案的产生。

（3）未及时补充档案内容。人事档案材料的重要特点之一就是动态性。随着时间的增加，材料的内容不断发生改变。因此，要想真实地了解当事人的信息，必须随着当事人的改变而更新。由于当下实行的人事档案管理制度，当事人与代理机构之间在某种程度上存在着分离现象。用人单位不定期将材料递交给代理机构，其过程中置办手续复杂耗时，容易造成材料的损坏与缺失。同时，代理机构只是负责将现有的材料进行整理，并不了解当事人的真实情况。

五、人事代理制度下人事档案管理的挑战与对策

随着社会的快速发展和市场经济体制的不断完善，人事代理制度在人力资源管理中扮演着越来越重要的角色。然而，这种制度导向下的人事档案管理也面临着诸多挑战。下面将深入剖析这些挑战，并提出相应的对策，以期为人事档案管理提供有益的参考。

（一）人事代理制度下人事档案管理的挑战

（1）信息管理的复杂性。基于人事代理制度的人事档案管理，由于用工状况的复杂性，单位往往存在大量的临时工、辅助工作人员等，这使得人事档案的收集、整理、存储和更新工作变得异常烦琐。如何高效地处理这些信息，确保档案的准确性和完整性，是人事档案管理面临的首要挑战。

（2）流程规范的缺失。部分单位在人事档案管理方面缺乏完善的制度和流程，导致档案管理混乱，甚至出现档案遗失、错放等问题。这不仅影响了档案的使用效率，还可能给单位带来法律风险。

（3）隐私保护与信息安全。人事档案涉及个人隐私，如何确保档案信息的安全性，防止信息泄露或被滥用，是人事档案管理必须面对的重要问题。尤其在数字化时代，网络攻击和数据泄露的风险日益加大，给档案管理带来了更大的挑战。

（二）人事代理制度下人事档案管理的对策

（1）加强内部管理。单位应建立健全的人事档案管理制度和流程，明确档案管理的责任部门和具体人员。同时，加强对档案管理人员的培训和考核，提高他们的专业素质和责任意识。

（2）推进信息化建设。利用现代的信息技术手段，建立完善的人事档案管理系统，实现档案的数字化、网络化管理。通过系统对档案信息进行实时更新和共享，进而提高人事档案管理的效率和准确性。

（3）强化隐私保护与信息安全。制定严格的档案保密制度，限制档案信息的访问权

限，防止人事档案信息的泄露。同时，加强网络安全防护，定期进行数据备份和恢复演练，确保档案信息的安全可靠。

（4）完善法律法规与监督机制。政府和相关人事管理部门应加强对人事档案管理的立法工作，规范档案管理制度和流程。同时，建立有效的监督机制，对档案管理进行定期检查和评估，确保档案管理的合规性和有效性。

（5）确定规范的操作程序。明确人事代理机构和用人单位人事档案管理人员的责任，用人单位和代理机构之间必须及时沟通交流开展工作，要真正确定出可行性、操作性强的操作程序。

（6）实现网络可查询功能，做到人档不分离。在保证人事档案信息内容的安全的情况下，人事代理机构应利用网络技术逐步做到全面联网，使人事档案电子化，让各个城市乃至全国人才市场的信息可以共同享用。同时应做到网络查询等级划分，提高网络信息利用率，让每个等级都能发挥其最大作用。做到个人可以及时更新补充信息，用人单位可以快速查询职工真实有效的信息。

（7）制定有效的人事档案催缴制度。明确各自职责，确立有效的制度对未及时报送人事档案的责任方进行惩罚。建立第三方监督机制，使制度真正落实。

在科技高速发展的今天，人事代理制度下的人事档案管理模式适应了中国当今经济发展的潮流，为中国经济的飞跃做出了巨大贡献。然而作为改革过程中产生的新生事物，它还存在许多问题，其中包括人事代理机构与用人单位之间职责的不明确、人档分离以及材料补充不及时等问题，只有解决了这些问题才能够更好地为用人单位的发展做贡献，才能真正为人事制度的改革发展服务。

第四节　大数据时代流动人员人事档案的管理

一、流动人员人事档案管理特点

随着各地区城市化建设与经济高质量发展，城市流动人员数量越来越多，尤其在经济结构与社会结构转变下，人才流动频率越来越高，这也为流动人员人事档案管理提出了新的要求，其特点也越来越复杂。

第一，较高的流动性特点。流动人员人事档案管理工作的流动性特点可以从两方面来解释，其一是不同阶段流动人员个人具体表现的记载流程与指向；其二是伴随着流动人员本身在各地区之间的流动而形成档案的跟随流动。

第二，较广的分散性特点。各地区城市中不同类型的流动人员的档案管理属于分割式模式，例如，在非入编部门就业或者未选择就业的应届毕业生档案往往是由其所在地人才流动服务机构存放和管理，这种分割式管理模式必然使得流动人员人事档案较为分散且覆盖面积较广①。

第三，较大的易失性特点。流动人员在各地区流动过程中常常会出现档案无法与人同步流转的情况，特别是部分地区对于流动人员人事档案管理工作存在管理不到位、管理体制不健全、管理模式不完善等问题，因此很大一部分流动人员的人事档案容易丢失。

第四，较高利用率和管理难度。流动人员人事档案管理复杂性较高，但利用率也较高，其大多数是流动人员本身在流动过程中的直接使用，还有一部分则是用人单位在招纳人员时进行查阅个人档案信息，而频繁的流动过程必然会出现多家用人单位对档案的查阅，其利用率会大大提升，但由于流动人员人事档案信息常常更新，所以在信息收集、整理、保管和利用等多个环节中会产生连锁反应，其管理难度较大②。

二、大数据时代下流动人员人事档案管理信息化建设的优势

（一）有效提高流动人员人事档案利用时效

以往进行流动人员人事档案管理工作时，常常集中在流动人员人事档案相关信息查阅需求方面，然而受到流动人员人事档案管理相关特点的影响，海量的信息内容导致纸质档案数量极为庞大，要进行人事档案信息的更新调阅，往往需要投入大量人力物力，而且人事档案管理实效也较低。而通过信息化建设，则能够将纸质人事档案进行数字化，所有流动人员人事档案信息的调阅、查询均可通过信息化设备进行操作，大大减少了烦琐的人力资源管理工作流程，有利于实现人事档案管理服务程序的简化和服务效率的提高。此外，在流动人员人事档案管理信息化建设之后，人事档案管理信息系统中可设置审批权限和审批流程，明确人事档案信息的接收、更新、查阅等相关服务范围以及服务流程，从而建设更加规范化、标准化、系统化的流动人员人事档案服务管理机制，这在很大程度上会提高流动人员人事档案信息管理和利用的时效③。

① 马爱萍.大数据时代下流动人员人事档案管理信息化建设研究[J].就业与保障，2022，6（8）：148-150.
② 许昊.浅谈大数据时代下流动人员人事档案信息化建设[J].明日，2021，12（14）：26.
③ 张海宏.浅谈大数据时代下流动人员人事档案信息化建设[J].内蒙古科技与经济，2019，10（18）：33-34.

（二）有效节约流动人员人事档案管理成本

由于流动人员人事档案信息较为庞杂，纸质档案数量较为庞大，在进行人事档案信息的更新、收集、查阅时，需要借助大量的人力资源来予以开展。流动人员人事档案信息的整理、归档、保存工作流程较为烦琐，基于此种情况，传统方式档案管理不但效率低下，而且成本较高，且难以真正提供高质量、专业化的档案信息服务和个性化档案管理服务。而大数据时代背景下，流动人员人事档案管理的信息化建设，则能够实现人事档案管理服务的自动化、信息化，甚至可进行智能化服务，会大大增强流动人员人事档案信息的共享性和查阅的便利性，对档案管理人力的需求也会不断下降，节约了大量人事档案管理成本，如此就可将节省的人力资源、物力资源、资金投入人事档案信息挖掘和流动人员信息服务等专业化与个性化服务当中，进而从整体上提高流动人员人事档案管理的效率和质量，实现人力资源市场人才管理的可持续发展[1]。

三、大数据时代下流动人员人事档案管理信息化建设的思路

（一）收集流动人员信息并科学规划人事档案信息化建设

要想加强大数据时代下流动人员人事档案管理信息化建设的整体进程，就必须注重对流动人员相关信息的完善，积极转变思想观念，牢固树立大数据共享理念，对当地所有流动人员人事档案信息予以全面且细致的调查、了解和分析，才能为打造高效化、信息化档案数据管理和交流机制奠定坚实基础。在实际操作过程中，人力资源相关公共服务部门需不断加大宣传力度，所有人社系统内部单位与工作人员必须认识到流动人口人事档案管理信息化建设所具有的价值，使所有工作人员都能够积极主动地参与到信息化建设工作当中。管理部门要围绕流动人员人事档案管理信息化建设相关内容、理念、程序和作用进行全面深入的了解，并正确引导所有工作人员加大大数据相关技术和知识的学习，以保证所有参与到流动人员人事档案管理信息化建设的工作人员都能够具备满足信息化建设要求的操作能力和技术[2]。

（二）注重人事档案管理硬件与软件建设

一方面，需加大投入力度，加强对人事档案管理信息化建设中硬件与软件的规划和配备。尤其在大数据时代背景下，各项先进科技成果的更新迭代不断加快，而且对科技成果的转化也越来越便利，这就需要及时进行软硬件的购置和更新。新时代背景下，流动人员

---

① 黄芳. 大数据时代对流动人员人事档案管理信息化建设的途径探索 [J]. 城建档案，2020（01）：26-27.
② 朱静. 大数据时代流动人员人事档案管理使用困境与对策 [J]. 办公室业务，2019，10（12）：140.

人事档案管理工作信息化建设必须依靠先进且完善的软硬件来提供支持和保障，才能够满足不断变化和发展的流动人员人事档案管理工作实际需求。在进行各项软硬件设备与设施规划建设实践过程中，相关人力资源公共服务部门需要紧密结合流动人员人事档案管理信息化建设相关特点和具体目标以及实际需求，进一步加大档案管理信息化建设的力度，投入足够资金来进行硬件设备的购入和软件设施的安装，配备先进适用的基础软件设备和硬件设施，才能够为流动人员人事档案管理信息化建设效果的提升奠定基础[①]。

另一方面，对于软件也要积极进行开发投入，以外包和合作的方式，依据流动人员人事档案管理具体要求和各项工作内容进行细化，并设计出符合流动人员人事档案管理相关工作内容、流程和细节等方面要求的定制化软件，以保证软件功能能够满足流动人员人事档案管理相关工作标准要求[②]。

另外，当前我国5G通信技术已被广泛推广和应用，这一技术成果将为大数据技术提供更加广阔的应用空间，对于流动人员人事档案管理信息化建设相关规划也必须能够采用先进的5G通信技术，结合现代化软件和硬件进行相关工作的衔接和规划部署，从而紧跟时代发展步伐，奠定坚实的技术基础。

（三）以人事档案服务机制创新提高信息联网服务水平

对流动人员人事档案管理进行先进信息化建设，是助推人事档案管理服务更新与创新的有力支撑，其充分体现了当前人力资源市场人事档案相关服务理念上的转变和服务模式以及服务机制等全过程根本性的改革。人力资源市场人事档案管理信息化建设必须能够从多方面予以服务机制的创新推进，尤其要充分发挥流动人员人事档案管理相关信息化功能优势[③]。

其一，要加强对人事档案管理相关制度的创新，以人事档案新模式为基础，对流动人员人事档案管理相关制度和机制予以改进优化，形成硬性制度约束，强化多元数据综合利用，形成符合流动人员人事档案管理实际需求的档案管理制度。

其二，要注重对人事档案服务体系的创新，依据国家现行相关行动方案所提出的"全国一张网"建设要求，人力资源相关管理部门需不断提高自身人事档案管理信息化服务水平，加强对流动人员人事档案信息的收集、查询、服务等相关标准化服务体系的建立和完善，从而实现人力资源服务与"互联网＋"模式有机融合，打造现代人事互联网精准对接模式，从而提高流动人员人事档案管理覆盖范围，以跨行业服务能力取胜，从整体上

---

① 王云.大数据时代流动人员人事档案管理使用困境与对策探究[J].经济与社会发展研究，2020，3（5）：196.
② 王维.大数据时代流动人员人事档案管理的困境及对策分析[J].办公室业务，2022，12（15）：163-165.
③ 李香玉.大数据时代流动人员人事档案管理使用困境与对策[J].山东档案，2021，2（5）：49.

提高流动人员人事档案的服务能力[①]。

（四）注重网络与数据库相关技术更新发展

人力资源档案管理相关部门的流动人员人事档案管理信息内容的整理工作量较大，而且各项信息内容较为庞杂。所以，在具体开展人事档案管理工作过程中，必须注重信息共享化，而信息共享的根本基础在于相应数据库的建立和完善，从而使人事档案管理可实现自动化、共享化与智能化发展。因此，在当前流动人员人事档案管理信息化建设过程中，必须要注重对数据库相关技术的更新，综合运用大数据技术、计算机技术、云计算技术、互联网技术，针对流动人员人事档案信息予以准确分类，对于其中所存在的信息缺失部分，需加大收集力度，并进行整理、归档和动态化更新，以此满足流动人员人事档案调用和及时查阅相关需求。另外，流动人员人事档案管理信息共享可提高档案利用率，实现档案信息查阅的便利，这也需要加强人力资源市场流动人员档案管理相关工作的互联网建设，使流动人员人事档案信息调阅、流转更为方便快捷，但需要注意严格按照相关管理制度和具体流程操作，以确保流动人员人事档案信息管理工作的规范化与标准化开展，根据不同地区实际流动人员的具体情况，制定相应的规范细则，从而确保流动人员人事档案管理工作的有序开展[②]。

综上所述，无论是从社会经济与文明进步发展，还是现代化、科技化建设的发展来讲，流动人员人事档案管理信息化建设都是必然的趋势。在各项先进科技和设备的支持下，信息化建设能够保证流动人员人事档案管理效率和质量的提高，也能切实提高其利用率。这就需要相关部门结合流动人员人事档案管理特点和现状，引入大数据时代下新型信息技术、计算机技术、现代通信技术以及相关设备，以完善硬件设备不断推动流动人员人事档案管理工作向着数字化与智慧化方向迈进，从而实现人事档案管理的高效化与精准化，为充分发挥人力资源公共服务价值提供有力支撑。

人事代理制度下的人事档案管理是一项复杂而重要的工作。面对信息管理、流程规范、隐私保护和信息安全等挑战，我们需要采取一系列对策来加强和改善人事档案管理工作。通过加强内部管理、推进信息化建设、强化隐私保护与信息安全以及完善法律法规与监督机制等措施，我们可以有效提高人事档案管理的水平和效率，为单位的稳定发展和人才资源市场的健康有序提供有力保障。

---

① 刘艳，饶丽．大数据环境下流动人员人事档案信息化建设之我见 [J]．现代单位文化，2020，10（20）：119．
② 丁春玲．大数据时代下人事档案电子化管理研究 [J]．兰台内外，2021，13（24）：27-28．

第七章 流动人员人事档案管理

第一节 流动人员人事档案管理概述

一、流动人员人事档案的含义

（一）流动人员概念的界定

对于流动人员概念的界定，主要是澄清流动人员与流动人口这两个易于混淆的概念，厘清二者各自涵盖的范围及其相互间的关系。目前，我国人口流动的主要形式包括高校毕业生就业与再就业产生的流动、组织之间人员再就业的流动、大量农村剩余劳动力向城市的流动三大人群流动，学术界一般习惯将"前两类"统称为流动人员，而将向城市转移的农村剩余劳动力称为流动人口。

1.关于流动人口的现有定义

理论界对流动人口内涵与外延的界定有着不同的标准，根据学科的不同，学者们关注人口流动的侧重点也不同，因此在不同的学科领域，不同学者有着不同的定义：

第一，社会学上关注的流动人口是："从一个社会进入另一个社会，从一种社会结构进入另一种社会结构，从一个领域进入另一个领域，从一种生活方式进入另一种生活方式的人群。"

第二，人口学家通常把人口的流动现象称作人口的迁移。因而人口迁移、移民、短期迁移人口、计划迁移、非正式迁移等称谓都是常见的人口学的概念。人口迁移的具体定义是指改变居住地的地区间的人口流动。可分为短期内改变居住地的暂时性人口流动和长期改变居住地的长期性或永久性人口迁移。

在立法中对于流动人口的定义，普遍采用了行政管理学的划分标准，即是否具有本地户籍。但具体到各地的规定上，流动人口的定义却十分混乱。

总之，目前流动人口是一种生活中常用的约定俗成语言，其本质为"人户分离"，而这种人口的流动在我国更多地体现在农村剩余劳动力在"推拉"理论的作用下涌向具有强大"拉力"的城市，但他们的户口仍保持在具有"推力"作用的迁出地。因此，可将流动人口定义为：人们在没有改变原居住地户口的情况下，到户口所在地以外的地方从事务工、经商、社会服务等各种经济活动，即"人户分离"，但排除旅游、上学、访友、探亲、从军等情形。至于在多大的空间、多长时间范围内的人户分离才算流动人口，则要根据实际工作来确定标准。

2.流动人口与流动人员区分

显然，当前学术界与实际工作中，人们对流动人员与流动人口两个概念的界定与使用并不统一。按照目前对这两个概念的主流说法，流动人口为"人户分离"的进城农村剩余劳动力，流动人员则是在城市中各种组织间流动的除农村剩余劳动力之外的其他人员。目前，对这两个概念的认识不仅存在概念之间的界定不清，而且人们对每一概念本身的内涵与外延认识也不统一。

总之，从主流的认识来看，显然当前理论界对"流动人口"与"流动人员"这两个概念的认识是有区别的，集中到一点其最主要区别在于流动者的户口是否发生变化。但更应看到他们都是推动经济建设和社会发展十分重要的、具有流动性的坚实力量，二者具有共同的属性——流动性。

目前，这"两类"人员的总数在社会中占有相当大的比重，由于他们都具有社会流动性的特点，在为社会做出巨大贡献的同时给社会管理增加了一定压力，因此对二者的管理进行改革是非常必要的。做好这一管理工作的第一步就是要将这"两类"人员进行系统化研究、统一化管理，避免当前行政分割导致的管理中的诸多问题，而其中的关键就在于抓住二者"流动性"的特点。在档案管理工作中，对于二者的管理明显区别于其他人员的也正是他们的流动性。从这个意义上讲，这两大类看似存在差异的人群实际上是"同路人"，为体现对进城务工的农村剩余劳动力的充分尊重，我们在研究"两类"人员的档案管理工作时可以合而并之，将两个概念一元化，统称为流动人员。

3.流动人员的主体及其流动现状

本书主要研究的是目前对我国社会影响大、流动量大的特定群体的档案建立、管理与利用等问题。根据对我国目前人口流动情况的分析，"传统"意义上的流动人员共有七类，其中包括辞职或被辞退的机关工作人员、外国企业常驻代表机构的中方雇员和出国留学人员，另外包括部队转业人员在内的这几类流动人员流动规模小、数量少，而且在其流动中档案管理相对顺畅，涉及问题较少。因此，本书未将其纳入研究范围，而将研究的着力点集中在流动规模较大，管理中出现问题较多的如下人群中：未落实工作单位的大中专毕业生中辞职、被辞退的人员，与用人单位解除劳动合同或聘用合同的企事业的单位专业技术人员和管理人员，大量流向城市的"农民工"。"农民工"即流动就业的农村劳动力，是经济社会转型期的特殊概念。指户籍身份还是农民，有承包土地，但主要从事非农产业、以工资为主要收入来源的人员。狭义的农民工，一般指跨地区外出进城务工人员。广义的农民工，既包括跨地区外出进城务工人员，也包括在县域内二、三产业就业的农村劳动力。本书对农民工的研究范围主要限定在狭义上，即跨地区外出进城务工人员。在研究中，本书将对流动人员按照各自特点分为三大群体：其一，高校毕业生当期就业中的流动人员；其二，组织之间再就业中的流动人员，主要包括下岗职工再就业、部分国有和集体企业离岗职工再就业、非国有企业在内的人员流动等；其三，狭义的"农民工"概念，是指大量涌向城市的农村剩余劳动力，这也是流动人员中规模最大的群体。

（1）高校毕业生当期就业中的流动

高校毕业生在就业过程中形成了大规模的人员流动，他们主要流向机关、企事业单位及其他组织。但由于近几年高校招生规模不断扩大，严重加剧了就业压力。全国高校大规模扩招始自1999年，从本科生扩招的角度来看，2003年是自1999年首次高校扩招的本科生走向社会的第一个毕业高峰年，毕业人数达212万人，考虑到同样每年扩招的专科生与研究生，这个增量将会更大，就业压力急速加剧。到2020年，全国普通高校毕业生人数达874万人，较2019年增加40万人，综合考虑经济下行压力和疫情叠加的因素，预计2021年高校毕业生就业面临的形势将更加复杂严峻。实际上，导致当前我国高校毕业生就业难的主要原因不是绝对过剩，而是结构性过剩，高校培养与市场实际需求脱节，大规模的扩招是造成高校毕业生就业压力的重要原因；而相关的毕业生就业体制不完善、就业渠道不畅通则是影响毕业生合理有序流动的关键因素。国家有关部门一直在积极探索就业政策与就业体制的完善，但其进展仍无法满足连年扩招带来的大量毕业生及时充分就业的需求。在数量上，尽管高校毕业生就业的流动规模无法与涌入城市的农村剩余劳动力的流动规模相提并论，然而大学生作为知识分子，是社会的精英，是社会进步的先锋力量，做好大学生就业任务艰巨、工作意义重大。因此，必须加强毕业生就业工作，改善就业渠道，使供需双方更好地对接。同时，作为一个社会性问题，大学生就业难已经不单是教育部门的问题，必须通过社会相关部门多方努力，才能解决大学生"毕业即失业"的问题。

（2）组织之间再就业人员的流动

组织是人们为了一定目标的实现而进行合理的组织与协调，并具有一定边界的社会实体。根据组织自身的目的可以把组织分为三大类：营利性组织、非营利性组织和公共组织。政府组织、非营利组织以及涉外的人员流动具有在社会的总体人员流动中所占比例小、流动较简单等特点，不具备研究的广泛性。本书所述组织之间人员流动主要是指企业之间再就业人员形成的流动（包括国有和非国有各种性质企业），也就是营利性组织中的失业与再就业人员，如下岗职工。所谓失业是指劳动者与生产资料相分离，或者有劳动能力和就业愿望的人没有合法的社会工作岗位和劳动收入的状态。我国对失业人员是这样定义的：在劳动年龄内，有工作能力，无业且要求就业而未能就业的人员。

建国至今，我国已出现过六次失业高峰，最近一次也是对目前影响最大的一次是20世纪90年代中期。随着我国经济增长方式从粗放型向集约型的转变，在经过3年的宏观调控之后，1996年我国经济实现了"软着陆"，但市场却出现了疲软迹象，商品滞销，企业普遍开工不足。产业结构调整使传统产业萎缩，停产倒闭企业增多。国有企业改革的步伐加快也使多年存在的隐形冗员问题暴露出来。经济过剩、结构调整和改革深化三者的汇合，使失业问题比过去任何时期都突出。出现了除下岗以外的企业中人员流动形成的失业与"跳槽"。以"十三五"期间为例，全国城镇实现新增就业人口6000万人以上，但就业形势仍未得到彻底纾解。而且尽管我国下岗职工人数在减少，但高校毕业生待业人数和非下岗失业人员短期内均将继续保持增加势头。为了缓解我国的就业问题，各级政府推出了一系列减负稳岗扩就业的政策举措，就业优先政策体系得到不断完善，覆盖城乡的公共就业创业服务体系逐步健全。目前，每年为8000万劳动者提供职业指导、职业介绍等服务，为5000万用人单位提供用工招聘的服务。

（3）农村剩余劳动力向城市及非农产业的流动

我国是一个有14亿人口的农业大国，其人口的基本特征是基数大，增长快，农村人口比重大。在全面推进农业现代化的进程中，剩余劳动力将会越来越多，而剩余劳动力迅猛增长，将会大量涌向城市。美国发展经济学家托达罗将人口迁移模型建立在城市已存在失业的基础上，认为预期收入是城乡人口迁移的决定因素，而迁移者在城市现代部门就业的概率与城市失业人数成反比。

目前，在我国城乡二元经济结构不断得到调整的背景下，城乡收入差距仍然较为明显。同时，城市对于农民工的需求也有增无减。综合来看，我国农民工亦工亦农，流动就业的形式将长期存在，这对于我国从"二元经济"向城乡一体化的新时代经济发展来说意义重大。发展至2021年，我国的农民工总量约为2.85亿人，其中，本地农民工约为1.16亿人，外出农民工约为1.69亿人。农村劳动力大规模向城市和非农领域迁移和就业，构成了我国经济增长的重要动力和支撑。虽然农民工的规模已经占全国总人口的五分之一，但在较长时期内，相关政策在应对农民工现象上有所滞后。即使顶层设计上已经有了"一视同仁"的要求，但在实际执行当中，仍然存在一些显性或隐性的不利于解决农村剩余劳动力在城乡间自由流动的阻碍。当前，我国已进入新发展阶段，全面建成小康社会目标已基本实现，并将在"十四五"时期跨越中等收入阶段，步入高收入国家行列。在梳理农民工发展历程的基础上，及时把握农民工这一经济社会现象的变化动向和未来趋势，有助于我们及早在区域和产业布局、人口规划、城乡公共设施规划、财政转移支付、人力资源开发等方面做出前瞻性的合理安排，更有利于改善收入分配格局，实现乡村振兴，促进经济高质量发展。

（二）人事档案界定

人事档案是指在组织人事管理活动中形成的，经组织审查或认可的，记录、反映个人经历和德能勤绩的，以个人为单位立卷归档保存的文字、音像等形式的档案。[①]综合来看，国内学术界关于"人事档案"的意见是较为统一的。国外对人事档案定义的表述尽管不尽相同，但大多是指国家机构、社会组织在人事活动中形成的，记述和反映人员经历、德才水平和工作表现的，保存备查的文字、表格以及其他各种形式的原始记录。可见，国内外学术界关于"人事档案"的含义较为一致。人事档案的内容是记录一个人一生轨迹的重要凭证，是反映个人经历、工作学习、德能勤绩等方面内容的材料汇总。目前，根据中组部《干部人事档案材料收集归档规定》（组通字〔2008〕12号）中的"归档范围"，主要包括"履历""自传""考察""学位学历""职称职务"等25项内容。在实践中，这一归档范围被认为适用于除干部之外的各类人员的人事档案，也包括流动人员人事档案。而在国外，除了上述内容外，某些专业部门形成的公民状况文件、健康状况文件、财产和收入文件、刑事和犯罪处理案卷、基本统计文件等涉及个人秘密的档案材料也被视为人事档案的组成部分。可见，国外关于"人事档案"内容的范畴更大一些。

（三）流动人员人事档案界定

本书所讨论的"流动人员人事档案"是指记录和反映流动人员的综合情况，经组织认可归档保存的人事档案。随着经济体制改革和人事制度不断深化而发展起来的一种新的人事档案类别。同时，当前我国农村富余劳动力尚未形成完整的人事档案，故本书所指的"流动人员人事档案"指离开户籍地，在城市中各类经济组织间进行流动的劳动力的人事档案。按照国家规定可分为八大类，具体类别将在"流动人员人事档案管理的范围"中予以详述。

（四）流动人员人事档案特点

因为流动人员自身存在特殊性，因此，流动人员人事档案除了具有其他各类人事档案的共同特点——全面性、真实性、动态性、机密性等之外，还具有如下几个独有的特点：

1.流转速度快

随着我国政治经济体制的深化改革，人员流动更为频繁，这也更符合人力资源合理配置的需求。按照国家相关规定，流动人员人事档案由"其户籍所在地或者现工作单位所在地的公共就业和人才服务机构管理"，一旦人员工作地或者户籍地发生变化，人事档案就要随之进行流转。因此，流动人员人事档案的流转速度与其他类型的人事档案相比更快也

[①] 朱玉媛，周耀林.人事档案管理原理与方法 [M].武汉：武汉大学出版社，2011：13.

更频繁。

2.使用频率高

根据国家相关规定，档案管理机构应当为单位或者个人提供借阅档案、出具证明、政审等基本就业服务。人员流动频繁需要流转人事档案或对档案材料进行审核，部分事项的办理需要依据人事档案出具证明，致使流动人员人事档案的使用频率与其他类型的人事档案的使用频率相比更高。

3.管理难度大

流动人员人事档案管理虽然实行"集中统一、归口管理"的管理体制，但在当前工作实践中，在集中管理体制不完善，经济利益因素介入致使多头管理的现状下，人事档案转递不规范，人员流动频繁加之本人不重视致使档案材料补充与更新不及时，甚至人事档案不流转等情况也在加剧，这些都进一步加大了管理难度。

当前，基于流动人员人事档案本身所具有的以上几个独有特点，在市场经济条件下，流动人员人事档案管理工作中有许多新问题正随之产生，流动人员人事档案管理工作也逐渐受到当今社会的广泛关注。

二、流动人员人事档案管理的内容结构

（一）流动人员人事档案管理规定

为进一步加强流动人员人事档案的管理，维护人事档案的真实性、严肃性，完善人才流动社会化服务体系，促进人才合理流动，中共中央组织部、人事部于1996年12月18日印发了《流动人员人事档案管理暂行规定》（人发〔1996〕118号，以下简称《暂行规定》）。《暂行规定》是当前我国流动人员人事档案管理的规范性文件，自1996年公布至今已沿用近二十载。

2014年年底，为进一步做好流动人员人事档案管理服务工作，建立健全流动人员人事档案公共服务体系，更好地服务人才强国战略和就业优先战略，中共中央组织部、人力资源社会保障部、国家发展和改革委员会、财政部、国家档案局五部门于2014年12月10日印发《关于进一步加强流动人员人事档案管理服务工作的通知》（人社部发〔2014〕90号，以下简称《通知》），对于流动人员人事档案管理的相关内容做了进一步完善。

除此之外，涉及流动人员人事档案管理的专门性规定并不多。在工作实践中主要参考或依据其他相关人事档案管理的文件，如中共中央组织部、国家档案局于1991年4月2日印发的《关于印发<干部档案工作条例>的通知》（组通字〔1991〕13号），中共中央组织部于2009年7月16日印发的《关于印发<干部人事档案材料收集归档规定>的通知》（中组发〔2009〕12号），等等。

（二）流动人员人事档案管理主体

关于流动人员人事档案管理部门《暂行规定》规定，遵循"集中统一，归口管理"的原则，接受同级党委组织部门、政府人事行政部门的监督和指导。第二章对于"流动人员人事档案管理机构"提出了明确要求。第四条规定，流动人员人事档案管理机构为县以上（含县）党委组织部门和政府人事行政部门所属的人才流动服务机构。第五条规定，跨地区流动的流动人员人事档案，可由其户籍所在地的人才流动服务机构管理，也可由其现工作单位所在地的人才流动服务机构管理。

《通知》在此基础上做了进一步调整与完善。除坚持"集中统一、归口管理"原则外，明确主管部门为"政府人力资源社会保障部门，接受同级党委组织部门的监督和指导"。同时规定，流动人员人事档案具体由县级以上（含县级）公共就业和人才服务机构以及经人力资源社会保障部门授权的单位管理。跨地区流动人员的人事档案则规定仍由"户籍所在地或现工作单位所在地的公共就业和人才服务机构"负责管理。

（三）流动人员人事档案管理范围

《暂行规定》第一章第二条规定，流动人员人事档案包括"辞职或被辞退的机关工作人员、企事业单位专业技术人员和管理人员的人事档案""与用人单位解除劳动合同或聘用合同的专业技术人员和管理人员的人事档案""待业的大中专毕业生的人事档案""自费出国留学人员的人事档案""外商投资企业、乡镇企业、区街企业、民营科技企业、私营企业等非国有企业聘用的专业技术人员和管理人员的人事档案""外国企业常驻代表机构的中方雇员的人事档案"和"其他流动人员的人事档案"七大类。

《通知》根据社会形势变化在此基础上对管理范围进行了完善，第二条明确了管理范围。包括"非公有制企业和社会组织聘用人员的档案""辞职辞退、取消录（聘）用或被开除的机关事业单位工作人员的档案""与企事业单位解除或终止劳动（聘用）关系人员的档案""未就业的高校毕业生及中专毕业生的档案""自费出国留学及其他因私出国（境）人员的档案""外国企业常驻代表机构的中方雇员的档案""自由职业或灵活就业人员的档案""其他实行社会管理人员的档案"八大类。与之前的《暂行规定》相比，包含的管理范围更为全面，界定更为准确。

（四）流动人员人事档案管理责任

《暂行规定》规定由县以上（含县）党委组织部门和政府人事行政部门所属的人才流动服务机构作为管理主体，承担流动人员人事档案管理责任，同时对流动人员人事档案的转递、收集、整理与利用、保管以及违反规定应当受到何种处罚等作了明确规定。

《通知》在此基础上对相关内容做了进一步的明确，对管理机构在"服务的内容""接收与转递的规范""提高服务信息化水平""安全管理""经费保障""严肃纪律""加强组织领导"等方面应承担的责任做了规定。

三、流动人员人事档案管理信息化的含义及意义

（一）流动人员人事档案管理信息化含义

第一，人事档案信息化是指在组织人事部门的统一规划和组织下，在人事档案管理活动中应用现代信息技术，对人事档案信息资源进行组织、管理和提供利用，做好人才信息基础保障工作，是运用现代信息技术管理人事档案的过程。[①]

第二，人事档案信息化工作就是，使档案管理模式从以档案实体为重心向以档案信息为重心进行转移。

关于人事档案管理信息化，在国外主要是使人事档案管理工作实现数字化、信息化的管理，并采用先进微缩技术存储档案信息，既能保持内容的及时更新，又可以方便地检索统计和提供利用。在国内，各省市也在不断运用现代信息技术管理人事档案。如2002年上海劳动系统实现人事档案信息实时查询，2007年对人事档案中的部分内容进行扫描，2005年上海人才系统开始试点电子档案库的运行，2006年实现档案信息全面联网服务。扬中人才服务中心于2008年自行设计开发了人事档案管理系统，实现档案流转、材料收集、查询、统计、转出等功能的信息化。贵州人社部门于2011年试行使用流动人员人事档案信息化管理软件，建立档案信息数据库，对纸质档案进行数字化处理，等等。

关于流动人员人事档案管理信息化，国内外的做法是较为一致的，都是将高科技技术作为管理人事档案的重要手段，信息化管理逐步成为流动人员人事档案管理工作的发展趋势。

（二）流动人员人事档案管理信息化意义

流动人员人事档案管理信息化工作正越来越受到社会关注，实践证明，在流动人员人事档案管理工作中运用高科技信息化技术发挥的作用是巨大的。

1.有利于提高管理效率

相关组织和部门可以在权限范围内，随时随地查询、更新和审核相关人员的信息，操作更为方便快捷。

[①]　朱玉媛，周耀林．人事档案管理原理与方法 [M]．武汉：武汉大学出版社，2011：93.

2.有利于节约管理成本

在部分人事档案的利用与服务过程中可以减少纸质档案的流转等，避免人力、物力的浪费。

3.有利于规避管理风险

部分人事档案信息的查询、更新与审核工作等可以通过网络完成，能够最大限度地避免纸质档案流转可能发生的灭失风险。

第二节　流动人员人事档案管理工作的发展趋势

一、从控制型向服务型转变

改革开放之前，我国在保障公民充分就业的基础上，以"单位"为载体，将城乡居民整合进相对封闭的社会管理体制中。对于城市居民来说，单位主要指的是就业者工作的组织，通常是各类国家机关和企事业单位。对于农村村民来说，人民公社制就是他们的单位。对人的一生中所需要的"衣食住行"到"婚丧嫁娶"，单位俨然以"包办一切"的封建社会大家长姿态对人们的需求进行一一满足。然而在一定程度上，包办一切就是控制一切，人们的身份、就业和生活的方方面面都依托人事档案被控制起来。"控制"是传统人事档案制度的主要功能，在人事档案的控制作用下，不仅在客观上人们绝无流动的可能性，在主观上，人们形成了以单位为原点的坐标轴，任何想法和行为都是在这个坐标内运行的思维模式和行为模式。

改革开放以后，由于经济发展的客观形势和控制政策的松动，国家制定鼓励人们到行业所需要的地方去工作的政策，流动人员大量形成，为其提供人事档案管理的工作应运而生，但是当时国家对流动人员人事档案管理工作的规范的主要原因是传统人事档案工作在面对流动人员时无法作为。流动人员人事档案管理工作在开展的历史进程中越来越体现出"服务"功能。1988年，国家为该项工作的运行制定了专门的规范性文件即 5 号文件。1996年，118号文件的颁布首次为该项工作提供详细指导细则。2006年，全国流动人员人事档案管理研讨会的召开对该项工作的成果进行总结、现状进行分析、未来发展方向提出要求。2014年，国家五部门联合发布90号文件，此文件正文共2298字，服务一词共出现了34次。而1996年，118号文件共2349字，服务一词只出现了24次。在该项工作的发展进程中，档案保管费用不断下调，从2015年元旦起全面取消。这些政策规范的变化和全国性会议的召开，无不展现了国家在流动人员人事档案管理工作的发展进程中不断调整工作目标。到2021年，该项工作的服务群体进一步扩大，从主要服务于技术类科技人才到广大的劳动者和新型灵活职业者、自由职业者。可见，该项工作已经摆脱了传统人事档案对中国人民的管理，已经将"为流动人员服务"作为宗旨。

值得注意的是，在人们被人事档案控制的时期，档案界和公共就业与人才服务机构的"弃档"行为令人头痛。因为任何国有企事业单位都不会接收"无档"人员的岗位转换、工作调动。而现在，如果流动人员人事档案工作无法满足流动人员和用人单位的需要，他们就可以选择放弃这项服务。如何将流动人员的人事档案服务工作做到更好，实现价值、满足利用者的需要，成为该项工作赖以生存的基础和奋斗的目标。

二、从封闭型向开放型转变

作为被政府长期严格控制的信息资源，在社会民主化程度不断加深、人民公民权利意识不断增强的今天被要求开放利用。在20世纪80年代，国家迈出了开放档案的第一步——开放国家历史档案。档案局发表了《关于开放历史档案的几点意见》。

在此后的40多年间，我国档案开放范围不断扩大，利用者群体不断增加，开放方式逐渐多元化，中国的档案开放工作已经取得了一定成果。流动人员人事档案管理工作也由完全封闭的模式逐渐向开放型模式转变。

在计划经济时代，为了将人员牢牢束缚在单位中，国家强行控制人事档案，并且规定"当事人的人事档案在其死亡五年之内都不能被销毁"。[①]然而，在当事人的一生中，他的档案的收集、信息的查看都处于封闭状态，当事人对本人的档案没有知情权利。中国的高度民主化社会的建设工作需要尊重人民的民主权利，其中知情权是重要的民主权利之一。人事档案的形成者是公民个人，所归档的材料在归档之前都是向本人开放的，本人亲自填写材料，对所获得的反馈评论进行确认。在人事档案归档后，知情权也没有被剥夺的理由。

该项工作已经完成了对中国劳动者由"控制"向"管理"的转变过程，"服务"是现阶段的发展方向。在向流动人员提供服务的过程中，将人事档案向本人开放，并将其中不涉及本人隐私的、满足市场需求的信息资源向社会开放是实现流动人员人事档案价值的重要方式。在对该项工作的调整和完善过程中，国家已经认识到了这一点。

1988年，5号文件规定"必须坚决执行国家的保密制度"；1996年，118号文件规定"所有人都不得查看本人与直系亲属的人事档案"；1998年，人事部为杜绝流动人员人事档案管理中弄虚作假现象而加强保密力度；2006年，全国流动人员人事档案研讨会提出

---

① 庄玲秀. 目前人事档案管理存在问题的原因及对策 [J]. 劳动人事与社会保险，2006（7）：73.

"保密原则绝不允许变通"；2014年，90号文件中剔除了"任何人不得查阅或借用本人及其直系亲属的档案"这一不合理的规定。确保公民对本人档案的合法的知情权，对不实内容可以按照程序进行修正，并将部分人事材料纳入社会信息资源共享数据库中成为该项工作努力的方向。2016年，人社部出台了《关于加强和改进人力资源社会保障领域公共服务的意见》和《关于简化优化流动人员人事档案管理服务的通知》，要求简化人事档案管理手续、服务流程，探索人事档案公共服务方式。可见，随着我国流动人员规模的不断扩大，政府从顶层设计层面转变了流动人员人事档案管理服务模式，主要体现在三个方面：一是突出体现了人事档案管理工作的"服务性"，在符合国家相关法律法规的基础上，简化了档案管理服务手续；二是体现了人才服务机构的"普惠性"，即由财政兜底，将流动人员人事档案管理纳入公共服务体系；三是流动人员人事档案管理"信息化""数字化"提升。随着智慧政府建设不断深化，"最多跑一次""四张清单一张网"等政府改革持续推进，人力资源社会保障系统信息共享刻不容缓，通过建立健全全国流动人员人事档案数据库，推动流动人员人事档案网上预审、更新、查阅等服务。网上受理、网上办理是人才服务机构服务发展的方向和趋势。

三、从静态管理向动态管理转变

在人事档案被封闭管理，被用于组织审查干部、国家控制人员流动的时期，人事档案只需要完成控制管理的功能，全部人员的人事档案都实行保密制度。在该项工作开展的初始阶段，人才流动服务机构和一些受到利益驱使而非法运营的机构也只能纠正该项工作的混乱状况，将重点放在档案的接收和保管上。这种方式在一定程度上避免了因为人员流动而造成档案遗失的失控局面，但是该项工作在新的经济环境中不能满足流动人员和用人单位进一步的要求，服务方式停滞不前，"弃档"现象大量涌现，重新引起了国家对该项工作的关注。

单纯延续传统人事档案工作模式无法满足市场对人才选拔和人员利用的要求。随着时间的推移，个人社会经历增多，市场对于劳动力信息的新要求不断增加，流动人员人事档案的内容需要不断更新。为满足用人单位、就业者的招聘和求职需求，流动人员人事档案内容不再以个人简单的基本情况和组织上对个人的思想政治鉴定为中心，而是根据实际需要加入了业绩档案、培训档案、诚信档案等能够反映个人能力和个人信用的新的内容。特别是有关个人诚信档案的更新，由于非公有制经济组织形式的用人单位无法进行像国家机关单位那样对于人员的严格审查，因此在面对纷繁的信息中，诚信档案是对求职者诚信状况和职业轨迹进行分辨的最可靠的依据，这也受到了全社会和政府的共同关注。到2021年，各级政府对流动人员人事档案更为重视。各级主管部门除了对流动人员人事档案的内容进行了及时更新外，还利用现代信息技术，在统一该项工作的各项标准上将文字记录转换为可供计算机存储和处理的数据，建立流动人员专有的人事信息共享数据资源库，力图通过广域网将社会上的各个终端进行连接，为档案的更新和人事信息的利用提供便捷、高效的平台。通过这种途径，市场上的所有用人单位都可以利用该平台在合法、合理的权限限制下，对劳动力资源进行信息查询和信息利用。

第三节 流动人员人事档案管理工作对策

一、提升管理服务理念

创新流动人员人事档案工作，有利于国家人才战略的实施，有利于促进人才合理流动与使用，有利于维护用人单位的权益，有助于推进人事制度的改革，有利于发挥人事档案的作用。应坚持以人为本，立档为民，以理顺管理制度为出发点，以完善法规制度建设为基础，以科学管理为重点，以信息化建设为手段，以深化服务于社会主义现代化建设为目的，综合施策，持续用力。

十八大以来，无论是"互联网+政府工作"的广泛应用，还是"最多跑一次"的工作要求，都旨在加强和改进政府公共服务质量，较好体现国务院关于"放管服"协同推进的部署。流动人员人事档案是人才服务体系的依托，更要改变流动人员人事档案工作中重管理而轻服务的传统理念。在具体工作中，要提高用人单位和流动人员对档案材料的收集意识，对档案内容共同建设，优化公共服务机构服务的手段。

流动人员人事档案管理不仅局限于自身建设，开发人事档案信息资源，在充分发挥和提升档案的凭证、依据和参考作用的基础上，更关键的是通过信息的整合共享和开发利用，实现资源共享，体现着人事档案工作的价值，更好地为经济社会发展服务。而要实现这一目的，就需要在国家有关部门统一部署下，以标准化建设为基础、以数字化档案为抓手，构建全国统一的流动人员人事档案管理应用体系，在全国范围内做到"一处受理、多处服务"，提供更加便捷、高效的档案管理公共服务。此外，还应主动探索，加强人事档案信息与公安、民政、税务、金融等个人信息资讯的整合，构建起覆盖全域的公民信息管理系统。

二、完善流动人员人事档案管理制度

（一）逐步开放流动人员人事档案主体的知情权

在我国，封闭式人事档案管理制度不断受到质疑，关键是观念的创新和突破。在改革中以尊重人、爱护人作为出发点，赋予人事档案记录主体相应的档案权利，包括按照规定程序了解档案内容的权利、对有异议的数据信息提出申诉的权利、要求维护个人隐私的权利等。人事档案管理部门应清醒地认识到，建立和管理人事档案的根本目的之一是保障档案记录主体依法享受各方面的权利，为档案的利用提供更有利的条件。参考国外的一些做法，如美国，所有的人事档案都向本人或本人授权的对象开放，只是不向公众提供利用。在某些州未经人事档案主体授权的人查看他人的人事档案是违法的，执法人员也不例外。

（二）建立积极的流动人员人事档案接收制度

建立积极的工作宣传渠道和方式，加强对高校毕业生等重点群体的政策解读指导，充分宣传流动人员人事档案的公益性服务特点，提高流动人员个人存档意识，将等待管理档案变为主动管理档案。建立与大中专院校、国有企事业单位的联系机制，加强档案管理机构间的协同配合，在大中专毕业生、体制内人员流出这两个最容易出现人事档案管理脱节的环节，提高流动人员人事档案管理机构的接管率，保证人事档案在管理机构内的有序流动。鼓励非公经济单位办理集体委托存档业务，可与单位养老保险参保工作联系。通过建立积极的流动人员人事档案接收制度，从管理机构的角度减少"弃档"现象。

（三）建立覆盖全体流动人员的人事档案制度

全社会各类流动人员都应享受由人才服务机构提供的人事公共服务。一方面以集约性的服务节省社会公共资源和政府行政资源，另一方面建立起对流动人员管理服务的直接抓手。同时，考虑到一般情况下，没有人事档案的人群也是我国贫困人口的集中人群，可探索发挥流动人员人事档案在脱贫攻坚中的作用。如人力资源机构现场对接建档立卡贫困家庭，安置劳动力就业，既促进了贫困人员通过就业实现脱贫，又加强了省市与基层人力资源机构结对共建，优势互补，资源共享，进一步提升当地人力资源服务机构的服务能力。

未建立人事档案的主要有两类人员：一是初高中以后没有受教育经历。我国现行的学生档案制度，是从每个人初中以后的学校开始建立的，高中毕业后无后续受教育经历，同样也没有个人档案；二是个人没有体制内（机关事业单位、国有企业等）工作经历。基于以上原因分析，可由人才服务机构以其现所在单位、从事职业为基础，以劳动合同、社保缴纳情况为基本材料，对其个人基本信息、就失业情况给予反映，再增收其可能会有的职称、技能类材料，以现有的灵活就业人员人事档案材料为范本，建立其人事档案，再随着灵活就业人员档案内容制度的完善，同步调整。

（四）保证流动人员人事档案管理工作经费

1.政府财政预算保证

将流动人员人事档案管理工作归入公共物品范畴，政府对其予以保障。目前，国家对公共人力资源服务经费纳入政府预算的政策分别在两份文件中予以体现：一是《关于进一步加强流动人员人事档案管理服务工作的通知》，二是《人力资源市场暂行条例》（2018年5月2日国务院第7次常务会议通过，自2018年10月1日起施行）。

但这两份文件中的政策缺乏细致的指导和操作办法，应进一步细化流动人员人事档案基本公共服务经费保障制度，可由全国人才流动中心、全国人才交流协会牵头，确定专项课题，研究测算，提出实操性方案。

2.列入政府购买公共服务

政府购买公共服务是政府采购的一部分。政府购买即为向组织、机构购买，公共就业和人才服务机构为国家事业单位，符合"购买客体"的要求。早在2013年7月，国务院常务会议就要求推进政府向社会力量购买公共服务，全国政府购买服务工作会议也鼓励事业单位参与提供公共服务。

一般政府购买的服务可以分为两大类：一是政府机构及其工作人员自身消费的服务，属于政府内部的服务，服务对象是政府机构和政府官员自身；二是政府机构及其工作人员为社会所提供的服务，属于公共服务，服务对象是除政府以外的其他社会机构和公众。流动人员人事档案服务项目符合第二类型要求。

3.管理机构服务收费保证

《关于简化优化流动人员人事档案管理服务的通知》（人社厅发〔2016〕75号）中对于不得收费的项目明确提出，但对于哪些属于基于档案延伸的其他服务却没有详细说明，在实际的工作中并没有收费依据，更何谈收费的项目。同时，由于取消流动人员人事档案服务费后，社会对流动人员人事档案管理的收费行为已较为敏感，故需在国家层面上对基于档案延伸的其他服务进一步规范、明确，使流动人员人事档案管理机构能通过合规的收费行为，保障工作经费，更好地提供管理服务工作。

（五）加快推进流动人员人事档案工作标准体系建设

实际工作中，在执行和落实相关文件时，没有一个详细、规范、统一的操作规程，导致各机构服务标准不统一，各地之间协调办理不顺畅等诸多问题，因此需要制定一个全国统一的、标准化的、有利于推动流动人员人事档案管理服务工作落实的操作规程。

人社部已提出流动人员人事档案管理服务规范（GB/T32623-2016），但从工作体系的建设角度来看，这仅是基础工作。关于国标的宣传、贯标、培训、监督等各环节都予以落实，才能构成体系建设，也才能保证标准的落实。应该以组织部、人社部等国家部级单位为龙头，各公共就业和人才服务机构具体承担，各级人才交流协会参与，形成工作机制和方案，加快推进，并在具体的实践中，对国标进行补充完善。

（六）理顺流动人员人事档案管理体系

1.健全工作体系

建立科学合理的服务体系。由各省级人力资源社会保障部门牵头，根据本辖区内档案管理服务机构现状，构建各级公共就业和人才服务机构为主体，授权管理服务机构为补充的服务体系。落实人事档案管理的主体责任，明确各级公共就业和人才服务机构管理档案的范围，明确省级公共就业和人才服务机构管理档案的兜底职责，任何机构不得随意清退流动人员人事档案。

2.完善规章制度

中华人民共和国成立以来，我国已初步建立了一套人事档案法规体系，如《中华人民共和国档案法》《干部档案工作条例》《流动人员人事档案管理暂行规定》。这些法规对强化流动人员人事档案管理起到了巨大的推动作用。但是，现实工作中有法不依、执法不严的现象还时有发生，必须加强流动人员人事档案依法治档制度建设。流动人员人事档案比较集中的超大城市人力资源社会保障部门，还要尽快制定并实施在本地就业的非本地户籍流动人员的人事档案管理服务相关规定。

除完善法规外，强化制度建设也是流动人员人事档案管理规范化、科学化的重要内容，是提高管理水平的重要举措。为此，流动人员人事档案管理应建立档案收集归档制度、档案鉴别审核制度、档案编排存放制度、档案整理制度、档案传递制度、档案鉴定制度、档案统计制度、档案查阅借用制度、档案库房管理制度、安全保密制度、检查核对制度、档案销毁制度、管理工作人员制度、管理人员调动工作与档案移交制度等。各级公共就业和人才服务机构应当结合本单位流动人员人事档案管理实际，在不断总结实践经验的基础上，建立健全各项工作制度，及时进行修改补充，使各项制度更具有实用性、可操作性、科学性。

3.强化监管监督

建立多部门组成的监管监督工作体系，齐抓共管。各级人力资源和社会保障行政部门应履行组织领导职责，做好统筹规划，明确职责分工，完善政策制度，对存在问题的流动人员人事档案管理服务机构加强问责，督促整改。公共就业和人才服务机构系统内加强系统指导，原则上省级机构应对各地市及以下行政级别机构，有业务上的指导、管理、示范职责。下级机构接受系统内行政级别以上机构的业务督查、培训等。各级人才交流协会协调、策划、推动，促进地方必要的流动人员人事档案管理法规完善，开展宣传工作，履行第三方监督职责。

（七）完善流动人员人事档案内容制度

1.收集补充档案材料

收集补充档案材料是夯实流动人员人事档案工作的基础。应积极创新档案材料日常收集方法，探索档案管理部门与用人单位、流动人员之间的材料收集机制，确保材料及时、全面、系统地归入档案。

第一，建立用人单位、流动人员个人收集补充流动人员人事档案材料的长效机制。澳大利亚的记录连续体理论，突破了文件生命周期理论的"文件/档案二元"划分的线性思维，建立了以"记录"概念为核心的多维度、多层面的连续体系。应用这一理论，对流动人员人事档案也应围绕"记录"这一核心。人才流动服务机构与用人单位签订人事档案代理合同，明确双方的权利义务关系。用人单位的义务主要为负责本单位流动人员人事档案材料的形成、审核、收集与集中，并及时、全面、系统、准确地向人才流动服务机构提供人事档案应归档的有关材料，要求其明确专门工作人员为人事档案材料收集员，通过他们将形成的人事档案材料及时送交人才流动服务机构。人才流动服务机构的义务包括：妥善安全地保管档案，方便快捷高质量地提供服务，对人事档案内容保密，对人事档案损坏丢失必须赔偿。这种义务用合同的形式固定下来，并明确违约应承担的责任。

针对流动人员个人建立人事档案跟踪收集制度，要求个人在办理各项事务时不断补充个人的档案材料。如在办理人事事务过程中，补充相关材料和信息；在办理职称评定时，补充职称评定材料；发展审批党员时，补充入党材料等。对这一要求加大向流动人员个人的宣传，并通过人才服务机构主动地联系，强化跟踪收集力度。

第二，制定流动人员人事档案材料收集归档规定。在学习和借鉴《干部人事档案材料收集归档规定》的基础上，从流动人员的特点和实际出发，着重收集反映流动人员德、能、勤、绩、信等情况的材料，补充档案内容。收集归档规定应明确收集范围（具体指出每份归档材料的名称）、归档时间、归档材料质量要求、归档手续以及监督检查等内容。

第三，加强档案内容状况的研究，有针对性地提出补充收集的措施。流动人员人事档案管理部门，可以抽查一定数量的档案，也可以通过整理立卷、建立数据库等工作对内容进行统计分析，在掌握可靠数据的基础上，向有关部门提出建议或进行补充收集，使档案内容能够反映有关人员较新和全面的情况。

2.充实档案内容

充实流动人员人事档案内容，应从现代社会人力资源管理的需要与流动人员的特点出发，有针对性地补充档案内容。现代企业人力资源管理把人视为一种"资源"，注重开发和使用，强调激发人的活力，开发人的潜能。企业人力资源部门从人力的开发与使用出发，从个人档案中得到以往工作中的培训、绩效、考核信息，个人的能力水平，性格特征，工作与技能特长，工作态度以及诚信等方面的情况。流动人员的突出特点是工作、职业和其他方面的不稳定性。根据以上情况，流动人员人事档案内容除了反映个人姓名、年龄、性别、籍贯、学历、经历等内容外，要重点充实以下内容：一是突出专长、能力。档案内容应重点记载个人的知识与专业水平，继续教育情况，以及各种资格考试、职务职称、受培训情况、能力测评、个性特点、工作态度等方面的材料。二是突出实绩。及时将流动人员的工作业绩、创造发明和重大活动、重点工作中的表现及完成任务的记录材料，考核、考评与考察等方面的材料存入档案，为凭实绩用人、选人提供必要的依据。三是突出诚信材料。党政机关离职人员应有廉政方面的材料，企业管理人员应有任期经济责任审计结果报告或审计意见等材料，企业经营者应有纳税、保险、经济信用等公共道德、行为、职业信誉等方面的材料。充实人事档案内容，使个人的人事档案成为社会共享的个性化的人才信息库，进一步提高人事档案的可信度和使用价值。

三、加快推进流动人员人事档案管理信息化水平

（一）开发使用流动人员人事档案管理服务信息系统

人事档案数字化的实现，必须要有相应的信息系统。公共就业和人才服务机构可以运用流动人员人事档案管理服务信息系统对流动人员人事档案管理和服务的各个工作环节实施有效控制、综合协调，实现对档案信息数据进行收集、传输、加工、储存、更新、拓展和维护，这是流动人员人事档案发展的必然趋势。目前，全国省市级以上公共就业和人才服务机构基本都使用了档案管理系统。但存在系统多样化、不互联的问题，而且有些区县公共就业和人才服务机构还在采用手工操作或者简单的计算机管理办法。

为了实现这一工作，从国家层面上，应做好顶层设计，对流动人员人事档案管理服务信息系统的建设开发设定设计原则，如安全性原则、规范性原则、扩展性原则等，并确定功能架构，划分系统基本的模块。在此基础上，要求各省可根据本省省情进行具体的开发，待条件成熟，实现与全国范围档案信息数据的交换和与其他相关政府部门业务数据的共享；国家相关机构应做好系统应用的指导、推进工作。2017年，人社部部署安排了流动人员人事档案基础数据库建设工作，要求各流动人员人事档案管理机构以《流动人员人事档案管理基础数据采集表》的形式采集数据，这项工作应尽快与流动人员人事档案管理服务信息系统建设开发应用工作统筹规划、合并开展。

（二）提高档案管理人员的信息化管理水平

加强流动人员档案管理队伍建设，当前应抓好以下几个方面：一是严把队伍进口关，实行职业资格认证制度，经过考试考核，合格的发给证书、准入上岗。吸收具有开拓精神、创新意识，政治素养好，法治观念强，文化水平高，专业基础扎实，计算机技术和信息处理能力强的人才进入流动人员人事档案管理队伍。二是加强培训。对现有档案管理人员，按其所具有的专业技能层次，分期举办各种针对性的信息化专业技能培训，全面提高档案管理人员的整体素质。三是严格内部管理，强化竞争激励机制，坚持严格考核，根据考核结果，拉开收入分配档次，体现奖勤罚懒，充分调动广大档案管理人员的积极性和创造性，增强做好人事档案管理工作的主动性和责任感，使流动人员人事档案管理队伍永葆青春活力。四是仿效公务员聘任制，打破事业单位编制身份的限制，聘用信息化领域专业人才，提升工作人员技术水平。

四、强化流动人员档案管理法治建设

（一）加强档案立法配套性地方法规制定工作

要依法建设法治政府管理档案，制定档案立法配套性地方法规，强化档案管理人员的政策法规意识。要根据中国经济社会发展的实际情况加强地方立法，在此基础上制定和完善有关政策法规。档案管理法规要明确规定程序，严格按照法律程序执行档案管理，彻底解决档案违规问题。在这方面，制定档案法规要适应中国经济社会发展水平，基于各地实际情况，如政策等，制定适合各地实际的法律法规。

（二）依照法律规定管理流动人员人事档案

建立健全有关流动人员人事档案管理制度是有效进行流动人员人事档案管理的重要前提和保证，而档案管理的核心在于"执行力"，也就是说我们要切实抓好人事档案管理制度的执行和落实，顺应时代发展要求，优化流动人口人事档案受理程序。我们应当深刻认识到，流动人员档案管理的成效从根本上要依靠健全的法律，建立健全规范的档案管理法律法规，是法治政府的重要表现。从管理角度来说，各地人事档案管理部门应从两方面开展建设，一是完善部门内部规章，使员工明确责任，积极进取；二是主动向各级立法机关提出建议，完善人事档案管理立法工作。

（三）提升档案管理人员的法律意识

人事档案管理工作最终还是要落实在工作人员的具体劳动上。为此必须使其拥有较高的法律意识。其中一条就是必须强化队伍建设，改变各地流动人员人事档案管理工作人员的低素质状态，对其德、能、勤、绩等方面进行全面考核，用严格的考核与奖惩制度对其加以约束，无论是何种编制、身份，都应当建立岗位进出机制。定期对档案工作人员进行素质培训，让法律法规铭刻在工作人员心中，做好本职工作，牢记任何违反法律的档案管理行为都必须依法受到惩处。要通过学习和宣传教育，使得各地负责流动人员人事档案工作的管理者警钟长鸣，有助于社会主义法治理念深入人心。为了探索如何提高法律素养，可以尝试不断加强工作人员基本档案管理知识的学习，包括有关档案的法律法规以及人事工作的条例制度等。同时要加强档案管理人员的职业道德教育，培养其优良的职业道德素质。

（四）加强档案法治宣传

深入扩大档案法治宣传。比如，地方政府可结合全国法制宣传日等，在辖区内不定期开展《档案法》宣传活动，依托相关档案管理部门开展的法律知识普及活动，把与档案相关的法律制度传播出去，让社会公众，特别是流动人员及时、方便地查询，了解有关人事档案管理的法律、法规、办理程序、所需资料等。

上级流动人员人事档案管理部门要根据国家有关法律、法规、制度，开展"双随机、一公开"监督检查，及时做好流动人员档案管理工作，扎实推进信息化管理。对流动人员档案管理存在的问题，及时发现并纠正，打造"让百姓放心的文明窗口"，切实提高档案管理人员依法办事、为民办事、为民服务的意识和觉悟。

五、档案信息资源的开发与利用

流动人员档案管理信息化的最终目的是流动人员档案信息资源的开发与利用。其开发和利用可以从以下几个方面进行考虑：第一，流动人员档案信息查询数据库和档案信息目录数据库。只有建立好个人档案信息查询和目录数据库，才可能将数字化材料合理归档、分类，利用档案知识来指导电子档案工作。所调研地区流动人员档案管理部门都只是建立中心内部档案查询。目前，不少市级流动人员档案管理部门系统还未统一，有的还在使用既有系统，有的则试图通过VPN虚拟网技术开发新系统，这样就造成了信息资源难以共享。第二，电子文件管理[①]。电子文件如何鉴别、归档都是今后流动人员档案管理信息化的重点。第三，电子档案的建立。随着我国流动人员档案数字化发展的不断深入，各地应从人员最早的建档单位开始着手实施这项工作。例如，学校等在建立纸质档案的同时，增加学生电子档案的建立，这样可以方便学生在毕业时，可以直接将电子档案转移给档案管

---

① 颜祥林.国外档案信息化研究热点主题简析——基于LISA数据库的题录分析[J].档案学通信，2012（3）：73-77.

理部门收档，这样流动人员档案管理部门就不需要将所有原始纸质档案进行全文扫描，甚至不需要纸质档案。此外，包括流动人员婚姻状况、生育情况、社保情况，相关的民政部门也可以将这些数据直接变为电子档案进行网络归档。怎样更好地做好流动人员档案信息资源的开发利用，将是今后档案管理信息化的重点。

（一）健全开发机制

科学的开发机制对流动人员档案信息的开发起到至关重要的作用。科学的规划才可能充分发挥先进设备、技术、人力的作用来扩展流动人员档案信息资源的利用层面。首先，在了解流动人员和用人单位需求之后，才可能实现单纯保管档案实体向档案信息开发的高层次转变，实现流动人员档案信息价值的开发。其次，一个健全的开发机制必须从信息的需求、信息的开发、信息的利用三个方面妥善研究和安排[1]。对流动人员档案信息需求进行定期调查，同时对流动人员利用信息的数据进行分析，进而实现流动人员信息需求的采集工作。最后，在分析流动人员档案利用的困难和相关建议后，进一步研发出更多的利用途径和方式。

（二）加快数字化进程

目前，我国很多地区的流动人员档案数字化工作还处于初级阶段。数字化工作主要指传统纸质档案的数字化。由于纸质档案数量庞大，流动人员档案管理部门必须批量地进行数字化工作，利用高效扫描仪真实地将档案材料进行数字化，特别是重要的、利用率高的档案材料一定要进行高分辨率的扫描。总体来看，我国流动人员档案的数字化工作还可以参考档案馆的档案数字化开发流程来加以实施。其具体如下：

1.扫描部分

申请调卷→清点目录→交接手续→分配任务→扫描前编页码→编页码质检→扫描→质检→总质检→档案装订→档案清点→回库房交接

2.数据部分

数据收集整理→数据备份→数据转化格式→数据光盘备份→数据合并转换格式→数据挂接→备份数据检验

总之，数字化是一项基础工作，也是衔接纸质档案和电子档案的重要步骤，影响到今后档案管理信息化的质量。

---

① 李忠峪.加快我国流动人员人事档案管理信息化建设的若干思考 [J].大众科技，2010（8）：218-219.

（三）推广电子化档案管理

目前，流动人员档案信息资源开发还处于流动人员纸质档案的数字化工作上。但是就流动人员档案管理的发展趋势而言，流动人员电子档案的管理才是今后工作的重点。一方面，我们要尽早实现纸质档案的信息化管理。利用先进的电子技术，将纸质档案转化为电子档案进行管理。纸质档案的数字化转化工作非常庞大，数字化成果和今后电子档案如何对接，也是我们要尽快考虑的问题。越早开始电子档案的管理，就能越快顺理数字化信息与电子档案信息的对接工作。

另一方面，电子档案的管理可以被看作电子信息的档案化管理过程。电子档案必定是今后流动人员档案信息的主要部分，所以现今档案工作中就要开始树立电子档案观念。关于电子档案今后要考虑的要素主要包括：如何建立统一的电子档案入口，如何对采集的电子信息按"件"统一管理，如何规范电子档案的接收流程，如何实现新档案业务的加载，如何实现电子档案的安全性、可靠性管理，如何实现权限的灵活、方便利用。使个人在任何学校、单位、组织、机构学习或工作后的基本信息都能保存到各自的电子化档案中。

（四）整合信息资源

要发挥流动人员档案信息的重要价值必须从整合档案信息资源着手。很多地方对流动人员档案管理信息化还缺乏相关经验，缺乏理论指导，这就要求流动人员档案管理部门必须密切沟通、共享信息、整合资源，如此才可以在信息资源开发中不浪费时间和资源，提高工作效率。建设流动人员档案信息数据库和档案信息标准都必须通过整个地区的协同研究才能解决。各级部门利用相同的标准和统一的信息格式，才有利于进行今后的整合。由于流动人员档案的特殊性质，人力资源部门和档案管理部门一定要联合为流动人员档案管理制定相应的规范，这样才可能实现各省（自治区、直辖市）流动人员档案数据的统一规范，为今后建立统一的流动人员档案数据库做好基础工作，共同营造安全便捷的档案利用环境。一个整合的信息平台才可以实现流动人员档案管理信息化，使得流动人员的档案具有现实的利用价值，真正成为诚信档案，真正在社会工作、生活中的各方面发挥重要作用。

（五）加强信息安全利用

信息安全是流动人员在利用档案信息资源时所首要考虑的，包括个人隐私权、信息传播权等。在流动人员信息资源开发时必定会涉及方方面面的信息安全问题。

第一，划分详细的保密范围。只有分清保密密级，才可以有效地杜绝信息泄露的问题。订立不同的安全保密级别，不同的安全保密级别具有不同的查看、修改、维护权限。

第二，确定信息系统和数据库的安全。使用安全系数高的信息系统，定期对流动人员档案信息数据库进行本地和异地备份、电脑和硬盘备份、数据库日志备份。严格进行身份确认和鉴别，设定访问权限，按照不同访问权限限制使用范围。

第三，一定要提高流动人员档案信息的网络安全意识。在人力资源部门和档案部门都要提前做好准备，防患于未然。利用多种方法来保护流动人员的档案信息。流动人员档案管理部门要不断加强信息保密等安全教育。在制定流动人员信息保密制度和管理制度的同时，大力宣传档案信息的保密知识，树立保密意识。

（六）拓展利用方式

在移动互联网时代，一部手机往往成为不少人获取信息的主要工具。因此，要因地制宜地开发适合流动人员的档案管理信息终端，包括手机、电子平板设备、移动终端等。一方面，流动人员可以方便地利用终端，按照权限查阅自己的档案信息，及时发现自己档案中的缺失情况、更新情况等。另一方面，对于用人方面而言，申请权限后，可以对流动人员的基本情况进行了解和审查。

当然，在拓展流动人员档案信息利用的同时，必须保证流动人员档案信息安全，利用相关的计算机技术设置安全密钥等来保障流动人员档案信息的安全。这样，流动人员才可以安心、方便地利用自己的档案信息。

六、实施有效的流动人员人事档案绩效管理

（一）完善流动人员人事档案绩效管理体系

绩效管理，是提高人事档案管理效率和效果的重要途径，对档案管理人员的积极性具有重要激励作用。以绩效管理作为构建我国人事档案管理激励机制的基础，首要任务是完善现有的绩效管理体系，激发工作人员的主动性和积极性，提高工作效率。

首先，设定科学、合理的绩效目标，鼓励各单位人事档案管理人员参与绩效指标的制定，并将人事档案管理人员流动的绩效目标与自身规划相结合。一方面，可以使档案管理人员了解组织目标，合理确定个人目标，正确处理个人目标和组织目标的关系；另一方面，在制定绩效目标的时候，让个人充分参与到绩效目标的制定当中，充分了解绩效目标的合理性、必要性、重要性和有效性，将个人目标融入绩效目标当中，以此激发个人的积极性[1]。

其次，依规、科学地进行绩效考核。按照有关规定，及时、有效地进行绩效考核，可

---

① 魏群．探析流动人员人事档案管理存在问题及改革措施 [J]．兰台世界，2015（20）：96–97.

以有效地激活个人的积极性，并逐步完善激励制度。绩效考核的实施有两大效应，一是能够激发工作的主动性，二是能够发现和培养优秀的员工。通过科学、有效的绩效考核，采用现代评价方法，保障信誉和绩效考核的有效性。公益性岗位员工也需要评估。大学生见习岗位不需要做评估，因为他们通常只工作一年。

最后，注重绩效考核和绩效反馈的实用价值。为了公平公正，被更多的员工接受，避免形式化，因此评估的有效性不能仅限于控制其工作和行为的目的。绩效考核的结果应体现在员工的晋升和奖励上，使员工能够感受到认真工作的好处。此外，需要对绩效结果的反馈。反馈主要包括两个方面的内容：一是预定绩效指标是否在规定的时间内完成；二是学习绩效考核的优缺点，将经验应用到对未来工作的考核中。这两个环节是一个完整的反馈周期。

（二）建立以绩效结果为依据的相应激励制度

一方面，要切实实施绩效工资制度，使绩效工资制度更加公平有效。工资是很多档案管理人员的主要收入来源，基本收入一般都比较低，档案管理在社会中的接受程度不高。我们必须承认物质激励的重要性，它可以更好地发挥个人的积极性，激励档案工作者是一个让其努力工作的重要手段。

另一方面，完善竞争机制。档案管理人员作为国家公职人员队伍的重要组成部分，其职业特点非常稳定，但也造成了私营部门工人的生存和竞争压力，在长期实行"一刀切"管理模式的同时，形成了干好与干差不影响工资的思想，是我国政府管理缺乏创新的关键。为了完善激励机制，我们可以引入竞争激励机制。档案工作人员的绩效工资、职务晋升、奖金分配等，均以个人工作情况为依据。工作效率高的员工，将获得晋升和加薪鼓励，奖励培训机会，等等，形成良性竞争的氛围，最终促进员工绩效改进。

（三）实施绩效目标控制

绩效目标的控制是根据自己的想法实现对档案机构的监督和指导。绩效目标控制不是干预，而是控制下属完成工作的时间和速度。对基层工作者的委托并不意味着在评估结束之前，主管负责人对此置之不理。

第八章　人力资源档案管理信息化

第一节　人力资源档案管理信息化的影响因素

"人力资源档案管理是社保局的重要工作，在信息技术不断发展的今天，进行人力资源档案管理信息化建设极为重要。"①在人力资源档案信息化管理系统中，要求建成应用层、管理层和网络层，所有分层要各司其职。其中，管理层的任务是满足所有人员向其中输入正确的指令和存储资源档案要求；网络层是完成各类数据的传输任务；管理层要根据专业的指令从数据库获取数据，并且把信息纳入后续的数据分析过程。从作用效果上来看，当前信息化系统存在一定的运行问题。

一、系统本身影响

信息化系统无论是建设还是后续的使用过程，都会由于一些客观因素的存在导致其出现故障，常见的缺陷有以下两种表征：

一种是在建设以及设计过程中由于对于各类层级的分析效果较差，导致实际使用和建成的系统无法发挥应有作用，或者一些操作设定违反工作人员的实际操作流程，从而无法发挥应有作用。

另一种是在后续的运行过程中由于受到人工损坏以及该系统本身的缺陷，导致整个系统容易遭受严重的外界干扰。尤其是安全防护系统的建设，要求建立的系统能够全面发挥对于外部网络攻击的应有防范作用，从目前的作用效果上来看，信息化系统在这方面通常存在较大的缺陷，无法有效抵抗外部干扰。

二、工作流程影响

当前的问题在于：一方面，大量人员并未完全按照单位系统的要求补充个人知识；另

---

① 杨淑芬.人力资源档案管理信息化建设的必要性分析 [J].办公室业务，2019，（12）：74.

一方面，该系统的单位也不注重人员的个人素质素养考核工作，甚至在操作流程方面，完全按照人员的个人方法和已经具备的原有知识操作信息化系统，自然不利于专业化及科学化管理体系的建立。

通过对不同工作单位当前系统操作和管理流程制定方法的分析，发现20%以上的单位并未根据信息系统建立专业化的管理制度，甚至在信息化系统的维护岗位建设方面存在人员严重缺乏及有缺陷的问题，该问题的发生概率较高，保持在80%以上。专业人员的缺陷和数量不足自然不利于工作流程的正常确定和升级，在很大程度上会让信息化系统停止运行或者出现人力资源档案管理工作质量大幅下降问题。

三、系统管理影响

关于信息化系统的管理，要求人力资源档案的管理人员主动提高个人素养以正确操作该系统，也要求配备专业化的辅助性专业人员，包括该系统所用软件的日常管理人员、安全防护系统的升级人员、系统运行状态的管理人员等。要求所有人员各司其职，并严格按照已经制定的规范化管理制度确定工作任务，包括对于当前系统中存在故障和缺陷的分析、系统运行状态的调查、系统可升级软件的明确和研究等。只有将所有管理系统都纳入严格的监测体系，才可以让该系统的运行质量得以保障。就当前的实际运行过程来看，大量企事业单位以及工作部门并未配备针对该系统的专业维修检测体系，并且这一问题占据所有故障引发因素的50%左右。从中可以发现，人力资源档案管理信息化系统并未配备专业化的辅助管理系统，自然容易导致该系统无法保持安全稳定的运行状态。

四、人员素质影响

信息化系统的人员素质影响因素有两个：第一个是建设人员的素质影响，第二个是操作人员的素质影响。操作人员的素质对于人力资源档案管理的信息化系统运行过程的影响最大，通过相关数据的获取和调查，发现在已经建成管理系统的单位中，大量人员并未按照专业化的管理举措和相关要求落实各项工作。

第二节　人力资源档案管理信息化建设高质量发展

一、优先人力资源档案管理系统本身建设

在系统的设计和建设过程中，要求设计人员完全按照单位的人力资源档案管理需求完成服务器、数据库、网络应用层等体系的全面建设工作，从而让最终建设的系统能够满足该单位的各项需求。

在系统的后续建设中，要求所有设备的装配地点都要配备专业的环境维持设备，并放置在独立的空间内，只有这样才可以避免整个系统因环境变化而引发的各类风险。

环境的维持设备，常用设施包括除湿装置、温度控制装置、通风装置以及温度测量专用传感器等。后续的效果表明，使用这些相关设备之后，系统的安全运行稳定性大幅上升，并且设备的定期维护人员需求数量下降，故障的排除过程消耗时间也有了极大程度的缩短，说明采用的监管系统和建设思路可以满足该系统的安全运行和稳定运行要求。

二、科学规划人力资源档案管理工作流程

工作流程的规划包括日常操作过程的各类方法使用、专业化管理系统要求的维修任务铺排、系统安全防范工作和故障排除过程等，要求所有的管理工作都要被纳入监管范畴之内，只有使用正确的操作流程才可以预防该系统中可能产生的各类故障。

信息化系统的日常检查工作需要纳入日常性的维护和安排工作内，其中铺排工作的效果是监管和分析日常操作过程中可能存在的问题，包括信息化系统中的硬件设备老化、软件系统的错误、综合系统的问题防范等。所有工作任务都需要被记录到专业化的表格内，而当发现该表格无法发挥应有作用时，可以确定当前管理数据已经经过升级和优化，要把这类新获取的信息及时存储到专用的设备维护服务器内，让数据库进行存储和记录。从实际效果上来看，在建立科学合理的工作流程之后，人力资源档案信息化管理系统故障率由原有的30%降低到10%，虽然其中含有的一些小故障不会影响信息化系统的正常运行，但故障率下降依然会最大限度地符合各类操作人员的使用习惯，提高了该系统使用过程的人性化标准。

三、有效人力资源档案管理体系升级

在管理体系的升级过程中，首先要对所有专业人员的素质进行考核，发现某人员无法完成让系统正常稳定运行需要的安全操作流程之后，需要让该人员接受后续的持续性教育以及考查，从而让该人员的实际素质符合信息化系统的正常操作水平。

关于系统维护和管理人员的素质考核，要求其具备专业化的检修能力和从业素养，包括提高道德水准和个人素质，由此方可认为该人员符合整个系统的维护和使用准则。

关于后续跟踪系统的使用和建立，要求该人员能够完全按照专业化的工作指标使用权限，防止出现安全故障而无法及时排除问题。从取得的效果上来看，所有这些工作落实之后，系统的故障率大幅下降，说明该项工作有落实的必要。

四、加强人力资源档案管理人员素质管理

关于专业操作人员的素质管理，要求管理人员能够完全按照信息化系统的相关要求和管理制度，全面提高个人素养。如该系统的数据上传过程，要求人员做好本地化的编辑工作之后，把建成的文件或文档上传给专业服务器，服务器可以按照文件的归类方案和程序把信息存储到服务器中。

系统维修人员的素质要求：这类人员能够完全按照网络系统的维修管理任务和工作指标，分析当前该系统是否可以处于长期的稳定运行状态。比如，安全防护系统，建立的物理防火墙和软件防火墙都需要发挥应有作用，其中物理防火墙要求人员做好日常维护和各类故障的分析，要求所有人员了解该系统物理防火墙中所有跳线以及专业防护设备的运行状态，并且将其纳入后续的分析管理体系之中，以此为基础设定工作体系。以当前信息化管理系统的实际故障率数据为研究对象，发现当所有人员都完全按照这一工作流程和管理制度履行职责之后，该信息管理系统的安全保障能力大幅提高，上升的幅度为15%~18%。最后则是其余辅助系统的人员素质提升工作，要求其在日常的工作过程中完全按照信息化系统的相关管理规范和各项制度，把人力资源数据上传给已经配备的服务器或专业档案管理人员。而服务器的任务是把这些数据移交给档案的后续处理与管理人员，让其以文档和数据包的形式，把获取的数据上传给信息化系统服务器，并存储到数据库内。

总之，人力资源档案管理在信息化系统使用过程中，人员的素质调查工作缺陷、系统的建设问题、管理体系的本身缺陷等主要影响因素，都会导致该系统无法安全稳定运行。该系统的建设质量提高方法包括管理系统升级、人员素质的全面提高、各项管理制度的落实和推行等。只有做到以上几个方面，信息化系统的故障发生概率方可大幅下降。

第三节　人力资源档案管理大数据管理模式

一、对大数据的基本认识

（一）大数据的特点

大数据的特点如下：

第一，数据规模海量。随着信息技术的高速发展，数据开始爆发性增长。社交网络、移动网络、各种智能工具及服务工具等，都成为数据的来源。

第二，数据流转快速。数据流转快速是指数据产生、流转速度快，而且越新的数据价值越大。这就要求对数据的处理速度也要快，以便能够及时从数据中发现、提取有价值的信息。

第三，数据类型多样。数据类型多样是指数据的来源及类型多样。大数据的数据类型除传统的结构化数据外，还包括大量非结构化数据。其中，10%是结构化数据，90%是非结构化数据。

第四，价值密度低。价值密度低是指数据量大但价值密度相对较低，挖掘数据中蕴藏的价值数据犹如沙里淘金。

（二）大数据时代的价值

1.有利于描述数据价值

在通常情况下，描述数据是以一种标签的形式存在的。描述数据对具体的业务人员而言，能使其更好地了解业务发展的状况，让他们对日常业务有更加清楚的认知；对于管理层而言，经常关注业务数据也能够让其对单位发展有更好的了解，以做出正确的决策。

用来描述数据价值最好的一种方式就是分析数据的框架，在复杂的数据中提炼出核心点，让使用者能够在极短的时间里看到经营状况，同样，又能够让使用者看到更多他想看到的细节数据。分析数据的框架是对一个数据分析师的基本要求——基于对数据的理解，对数据进行分类和有逻辑地展示。通常，优秀的数据分析师都具备非常好的数据框架分析能力。

2.有利于体现时间价值

数据的时间价值是大数据运用最为直接的一个体现，通过对时间的分析，可以很好地归纳出一个用户对于一种场景的偏好。而知道了用户的偏好，单位对用户作出的商品推荐也就能够更加精准。

3.有利于使用预测价值

数据的预测价值主要分为两部分：第一部分是对某一个单品进行预测。例如，在电子商务中，凡是能够产生数据，能够用于推荐的，都会产生数据，产生预测价值；第二部分是数据对于经营情况的预测，即对公司的整体经营所进行的预测，而且可以使用预测的结论指导公司的经营策略。

目前，在电商中，作为无线团队的负责人，需要对数据进行预测。通过预测，将活跃用户分成新增和留存两个指标，进而分析对目标的贡献度分别是多少，并分别针对两个指标制定出相应的产品策略，然后分解目标，进行日常监控。这种类型的数据能够对公司整体的经营策略产生非常大的影响。

4.有助于提供个性化服务

对于个体而言，大数据能够为个人提供个性化的医疗服务。

在大数据的帮助下，将来的诊疗能够对一个患者的累计历史数据进行适当分析，并结合遗传变异、对特定疾病的易感性及对特殊药物的反应等关系，实现个性化的医疗。还能够在患者发生疾病症状之前，提供早期的检测和诊断。

在大数据的支持下，教育能够呈现出另外一些特征：弹性学制、个性化辅导、社区和家庭学习……大数据支持下的教育，就是要根据每一个人的特点，释放每一个人本来就有的学习能力。

5.有助于推动智慧驱动下的和谐社会

近年来，在国内，"智慧城市"建设也在如火如荼地开展。智慧城市的概念包含了智能安防、智能电网、智慧交通、智慧医疗、智慧环保等多领域的应用，而这些都需要依托大数据，可见大数据就是"智慧"的源泉。

在交通领域，大数据能够通过对公交地铁刷卡、停车收费站、视频摄像头等信息的收集，分析预测出行交通规律，指导公交线路的设计，调整车辆派遣密度，进行车流指挥控制，及时做到梳理拥堵，合理缓解城市交通负担。

在医疗领域，部分省市正在实施病历档案的数字化，配合临床医疗数据与病人体征数据的收集分析，进行远程诊疗、医疗研发，甚至可以结合保险数据分析进行商业及公共政策制定等。

伴随着智慧城市建设的火热进行，政府大数据应用已进入实质性的建设阶段，有效拉动了大数据的市场需求，带动了当地大数据产业的发展，大数据在各个领域的应用价值已得到凸显。

（三）大数据的影响

大数据对科学研究、思维方式和社会发展都具有重要而深远的影响。

1.对科学研究的影响

人类自古以来在科学研究上先后历经了实验、理论、计算和数据四种范式。

（1）第一种范式：实验科学。在最初的科学研究阶段，人类采用实验来解决一些科学问题，著名的比萨斜塔实验就是一个典型实例。1590年，伽利略在比萨斜塔上做了"两个铁球同时落地"的实验，得出了重量不同的两个铁球同时下落的结论，从此推翻了亚里士多德"物体下落速度和重量成比例"的学说，纠正了这个持续了1900年之久的错误结论。

（2）第二种范式：理论科学。实验科学的研究会受到当时实验条件的限制，难以完成对自然现象更精确的理解。随着科学的进步，人类开始采用各种数学、几何、物理等理论，构建问题模型和解决方案。比如，牛顿第一定律、牛顿第二定律、牛顿第三定律构成了牛顿力学的完整体系，奠定了经典力学的概念基础，它的广泛传播和运用对人们的生活和思想产生了重大影响，在很大程度上推动了人类社会的发展与进步。

（3）第三种范式：计算科学。随着1946年人类历史上第一台计算机的诞生，人类社会开始步入计算机时代，科学研究也进入了一个以"计算"为中心的全新时期。在实际应用中，计算科学主要用于对各个科学问题进行计算机模拟和其他形式的计算。通过设计算法并编写相应程序输入计算机运行，人类可以借助于计算机的高速运算能力去解决各种问题。计算机具有存储容量大、运算速度快、精度高、可重复执行等特点，是科学研究的利器，推动了人类社会的飞速发展。

（4）第四种范式：数据密集型科学。随着数据的不断累积，其宝贵价值日益得到体现，物联网和云计算的出现，更是促成了事物发展从量变到质变的转变，使人类社会开启了全新的大数据时代。这时，计算机将不仅能做模拟仿真，还能进行分析总结，得到理论。

在大数据环境下，一切将以数据为中心，从数据中发现问题、解决问题，真正体现数据的价值。大数据将成为科学工作者的宝藏，推动科技创新和社会进步。虽然第三种范式和第四种范式都是利用计算机来进行计算，但两者还是有本质区别的。在第三种研究范式中，一般是先提出可能的理论，再搜集数据，然后通过计算来验证。而对于第四种研究范式，则是先有了大量已知的数据，然后通过计算得出之前未知的理论。

2.对就业市场的影响

大数据的兴起使得数据科学家成为热门人才。2010年，在高科技劳动力市场上还很难见到数据科学家的头衔，但此后，数据科学家逐渐发展成为市场上最热门的职位之一，具有广阔的发展前景，并代表着未来的发展方向。

互联网单位和零售、金融类单位都在积极争夺大数据人才，数据科学家成为大数据时代最紧缺的人才。大数据中包含了大量的非结构化数据，未来将会产生大量针对非结构化数据分析的市场需求，因此，未来中国市场对掌握大数据分析专业技能的数据科学家的需求会逐年递增。

尽管有少数人认为未来有更多的数据会采用自动化处理，会逐步降低对数据科学家的需求，但仍然有更多的人认为，随着数据科学家给单位所带来的商业价值的日益体现，市场对数据科学家的需求会越发旺盛。

在未来5～10年，市场对数据科学家的需求会日益增加，不仅互联网单位需要数据科学家，类似金融、电信这样的传统单位在大数据项目中也需要数据科学家。高校可以秉承"培养人才、服务社会"的理念，充分发挥科研和教学综合优势，培养一大批具备数据分析基础能力的数据科学家，有效缓解数据科学家的市场缺口，为促进经济社会发展作出更大贡献。

高校培养数据科学家人才需要采取"两条腿"走路的策略，即"引进来"和"走出去"。

所谓"引进来"，是指高校要加强与单位的紧密合作，从单位引进相关数据，为学生搭建起接近单位应用实际的、仿真的大数据实战环境，让学生有机会理解单位业务需求和数据形式，为开展数据分析奠定基础；同时从单位引进具有丰富实战经验的高级人才，承担起数据科学家相关课程教学任务，切实提高教学质量、水平和实用性。

所谓"走出去"，是指积极鼓励和引导学生走出校园，进入互联网、金融、电信等具备大数据应用环境的单位去开展实践活动；同时努力加强产、学、研合作，创造条件让高校教师参与到单位大数据项目中，实现理论知识与实际应用的深层次融合，锻炼高校教师的大数据实战能力，为更好培养数据科学家人才奠定基础。

在课程体系的设计上，高校应该打破学科界限，设置跨院系跨学科的"组合课程"，由来自计算机、数学、统计等不同院系的教师构建联合教学师资力量，多方合作，共同培养具备大数据分析基础能力的数据科学家，使其全面掌握包括数学、统计学、数据分析、商业分析和自然语言处理等在内的系统知识，具有独立获取知识的能力，并具有较强的实践能力和创新意识。

（四）大数据的关键技术

大数据技术是指用非传统的方式对大量结构化和非结构化数据进行处理，以挖掘数据中蕴含价值的技术。大数据的关键技术如下：

1.数据采集技术

数据采集就是将这些数据写入数据仓库中并整合在一起。就数据采集技术本身而言，大型互联网单位由于自身用户规模庞大，可以把自身用户产生的交易、社交、收集等数据充分挖掘，拥有稳定、安全的数据资源。而对于其他大数据公司和大数据研究机构而言，目前采集大数据的方法主要有如下4种：系统日志采集，互联网数据采集，移动端数据采集，与数据服务机构进行合作。

2.大数据整理

数据整理，也叫作数据准备，是在挖掘提炼数据价值的过程中进行的前期的数据预处理工作。数据整理是为了使数据更好地服务于数据分析而对数据进行的审查和转换的过程，它是整个数据分析流程中最占用精力的过程。从技术上讲，数据整理包含前期数据解析与结构化处理、数据质量评估与数据清洗、数据集成和提纯等过程。由于问题的复杂性，数据整理过程通常不是完全自动化的，而是需要用户介入的反复迭代和交互的过程。

数据整理的核心技术如下：

（1）数据的结构化处理。结构化处理是要对原始数据进行解析，提取出需要的信息，再进一步将其转换成结构化数据。结构化处理的主要输出形式是二维表或图数据，它需要用户确定数据在转换过程中采用的规则。

（2）数据质量评估。结构化处理主要是数据表达形式上的转换，数据结构化之后并不意味着能够直接使用。处理后的数据还要进行质量评估，如果发现数据存在问题，则需采取进一步的数据清洗措施。这个过程被称作数据质量评估。

（3）数据清洗。随着数据质量问题的发现，用户可以定义一些数据清洗规则，批量化地处理数据中存在的质量问题，提高数据清洗的效率。在数据清洗过程中，需要多轮次的人机交互，系统的交互界面和交互方式对于数据清洗算法的有效性尤为重要。

（4）数据规范化。数据清洗还有一项重要的内容是数据规范化，规范化有简单的底层数据层面的，如数据类型转换、单位变换、格式转换等；也有较为复杂的数据项规范化处理，如电话号码、邮编、地址等。这类问题的主要成因是自然语言表达上的差异性会造成同一实体存在多种表达形式。

数据的规范化处理需要根据应用的需求特点，确定数据粒度和表达方式。地址规范化处理背后的问题是实体链指问题，即把同一实体的不同表达形式（不同名字）映射到同一个实体名字上，消除实体表达的语义鸿沟，进而通过关联在数据集中不同地方出现的相同语义的实体，达到数据融合的目的。

（5）数据融合。数据融合是数据集整合的过程，将多个数据集（很可能来自多个数据源）融合到一起，可使数据内容更丰富，更容易获得新的发现。

（6）数据摘取。从数据集中提取部分数据（如一些样本或数据片段），降低数据量，供数据分析模型实现分析操作。这一过程被称作数据摘取，它需要根据任务的特点摘取相关数据。

（7）发布共享。大数据中经过数据整理过程的数据，其数据的来源关系需要被记录下来，以确保用户能够追溯数据的来源，也便于利用索引技术检索需要的数据整理操作。单位内部对数据整理的共享对于单位内部知识管理、协同工作而言有很重要的意义。

3.大数据存储技术

在大数据系统中，由于数据量的庞大，所以大数据的存储都是采用分布式存储的方式。大量的数据被分块存储在不同的数据中心、不同的机房以及不同的服务器节点上，并且通过副本机制来保持数据的可靠性。

大数据领域最著名的存储技术就是Google的GFS[①]和Hadoop[②]的HDFS，HDFS[③]是GFS的开源实现。HDFS的设计理念非常简单，当一台计算机无法存储所有需要的数据时，就要使用多台机器共同存储，当机器数量越来越多时，就形成了一个大规模的集群。

Hadoop分布式文件系统是大数据的根基，它的优点包括：①能够存储大规模数据。能够支持过万的节点，其数据量可以达到PB级，文件数量可以达到百万以上。②流式访问数据。Hadoop分布式文件系统采用一次写入、多次读取的模式，保证了数据的一致性。③运行在廉价机器集群上。Hadoop分布式文件系统对硬件要求低，配置集群只需要普通的硬件就可以，不必专门购买昂贵的机器。④高容错性。虽然廉价机器的故障率可能比较高，但Hadoop分布式文件系统集群具有高容错性。

Hadoop分布式文件系统的设计高度和GFS的高度一致，Hadoop分布式文件系统是一个开源项目，所以Hadoop分布式文件系统要考虑到应对不同的业务逻辑需求，会尽量设计得简洁通用。GFS和Hadoop分布式文件系统的区别主要包括：①快照。GFS中拥有快照功能，可以在不影响当前操作的情况下对文件进行拷贝，其拷贝的结果实际上是产生一个快照文件指向源文件，该源文件会增加引用计数。②垃圾回收。当任务完成且程序运行结束时，系统需要回收之前分配的资源。在Hadoop分布式文件系统中采用的是直接删除的方法，而在GFS中采用的是惰性回收的策略。所谓惰性回收，就是在任务结束时不会立刻回收所有文件资源，而是标记这些文件资源，防止普通用户访问，过一段时间后再删除。

4.大数据管理技术

在大数据中出现了大量的半结构化和非结构化的数据，在大数据管理中，通常使用非

---

① Google 文件系统（Google File System，简称 GFS 或 GoogleFS），一种专有分布式文件系统，由 Google 公司开发，运行于 Linux 平台上。GFS 专门为 Google 的核心数据即页面搜索的存储进行了优化。
② Hadoop 是一个由 Apache 基金会所开发的分布式系统基础架构。它可以使用户在不了解分布式底层细节的情况下，开发分布式程序，充分利用集群的威力进行高速运算和存储。
③ HDFS（Hadoop Distributed File System）是 Hadoop 生态系统的一个重要组成部分，是 Hadoop 中的存储组件，在整个 Hadoop 中的地位非同一般，是最基础的一部分。

关系型数据库，其中最常用的就是HBase[①]。HBase采用了列式存储，本质上就是一个按列存储的大表。列式存储，其数据是按相同字段存储在一起的，每一列单独存放，不同的列对应不同的属性，属性也可以根据需求动态增加。

5.大数据处理技术

在存储了大规模的数据之后，就需要对数据进行处理。大数据处理技术主要是分布式计算。分布式计算的分类如下：

（1）MapReduce。MapReduce是一个大数据的计算框架，它是一种离线计算框架，需要先将数据储存起来再进行计算，非常适合大规模的数据集中性计算。在高度容错性的系统和HBase的基础之上要进行分布式并行编程并不是一件简单的事情，为了能够让所有的程序员都可以轻轻松松地开发出分布式计算的程序，MapReduce由此诞生了。MapReduce主要分为映射（Map）和归约（Reduce）两个过程，一个作业会被系统分成多个小作业，其中每一个小作业就是一个Map任务，它们被分配到各自独立的机器上执行，完成了Map任务之后又会开始Reduce任务，将Map任务的结果作为输入，并将结果进行规约简化，这样一个大的作业就被大量的节点共同完成。

MapReduce的主要功能和优点内容如下：

第一，资源划分和任务调度。架构中的主节点能够进行资源的划分和任务的调度，这样程序员就不需要了解怎么将一个大作业分成小任务，再给每个人分配任务所需的资源，程序员只需要把注意力全部放在处理逻辑上，定义好了函数之后，系统就可以自动完成整个分布式并行计算任务。

第二，故障检测和恢复。大规模的集群发生故障的节点是一种很正常的事情，框架中的节点可以通过心跳机制来反馈节点的资源使用情况和健康状态。对于出了故障的节点只需要将故障节点的数据备份，故障节点上的任务就会交给其他节点执行，从而保障了系统的可靠性。

第三，减少数据通信。框架可以对数据和代码进行双向定位，让处理数据的代码尽量在数据存储的节点上执行，这样可以减少数据迁移带来的网络延时，从而提高系统的效率。

（2）Spark。Spark是一个大数据处理的框架。

第一，Spark的框架。Spark的框架组成如下：

①SparkCore：这是Spark的基础组件，提供Spark基础服务，包括任务管理、计算引擎等功能。

---

① 开源的非关系型分布式数据库。

②SparkSQL：这是一个提供SQL①查询功能的组件，用于处理结构化的数据，便于熟悉关系型数据库的人使用。

③Spark Streaming：提供了API进行实时数据流操作，有点类似于Storm。

④MLlib：提供与机器学习相关的API，包含机器学习常用的算法。

⑤GraphX：提供图计算的库。

⑥Cluster Manager：集群管理器，可以是Spark自带的单独调度器。

第二，Spark的特性。

①处理速度快。Spark扩充了MapReduce的计算模型，可以支持更多类型的计算，更重要的是，Spark是在内存中计算。Spark从磁盘上读取数据之后每次计算不会将中间结果写回磁盘，而是将数据保存在内存中，等完成了所有的任务，才将最后的结果写回磁盘，所以Spark的批处理速度比MapReduce快了10～100倍。

②更具有通用性。Spark支持多种编程语言，支持更多的程序员使用。Spark对于结构化数据也提供了SQL的交互式查询，使得非程序员也可以方便使用。另外，Spark不仅自己带有独立的调度器，也可以运行在其他调度器之上。所以，Spark不仅可以独立使用，也可以集成到其他集群中使用。

③支持流式计算和图计算。Spark不仅可以像MapReduce一样进行批计算，也可以通过Spark Streaming组件像Storm一样进行实时计算，还可以调用Pregel的API进行图计算，极大地扩充了Spark的使用场景。

（3）Storm。Storm的诞生是为了弥补MapReduce只能做离线批处理的缺陷，所以它保留了MapReduce的分布式处理、高度容错性和支持多语言等优点，并定位为一个开源的实时计算框架。目前，Storm被广泛应用在信息流处理、连续计算、广告推送和实时日志处理等领域。

在数据获取阶段，Storm是将获取的数据放到消息队列中，而MapReduce是将数据存放到中高度容错性的系统。Storm会实时读取消息队列并开始计算，而MapReduce是存储到了大量数据之后再将数据送入计算系统。

在数据计算阶段，Storm的进程是一直存在的，只要消息队列中一有数据就可以开始计算；而在MapReduce中，其管理进程是对已经存储的大量数据开启计算进程，任务结束后又会关闭计算进程。并且Storm的计算单元之间的数据是通过网络直接传输，而MapReduce的中间结果需要写入高度容错性的系统，然后被后续计算单元读取。这样Storm的计算就少了大量的磁盘读/写时延。在计算完数据之后，Storm直接将运算的结果展示出来，而MapReduce需要等待所有的计算任务完成并写入高度容错性的系统后，再统一展

---

① 结构化查询语言（Structured Query Language，SQL）是一种特殊目的的编程语言，是一种数据库查询和程序设计语言，用于存取数据以及查询、更新和管理关系数据库系统，也是数据库脚本文件的扩展名。

现。因为以上几点的不同，Storm的时延低、响应快，所以更适合做实时数据处理。在实际使用中，我们需要根据实际的需求使用对应的计算框架。

（4）Pregel。Pregel是Google开发出来的大规模分布式图计算框架，与前面主要进行数据计算不同，Pregel主要用于图计算，被广泛用于图的遍历和最短路径的计算中。

在Pregel中，输入的数据是一个有向图，其顶点和边都含有属性和值。顶点与顶点之间通过消息机制传递数据，每个顶点可以有两种不同的状态，分别为活跃（Active）状态和不活跃（In-active）状态。处于初始状态时，所有的顶点都为活跃状态，当顶点接收到消息并需要计算的时候，保持活跃状态不变；当顶点没有接收到消息或者接收到了消息但是不需要计算时，将该顶点置为不活跃状态。

Pregel的出现进一步丰富了大数据处理的生态系统，有了Pregel之后，许多实际应用中涉及的大型图计算，如社会关系图等问题就有了更高效的计算方法。实际上，在实际应用中，经常需要将多种不同的计算框架结合起来以便满足不同的需求。

6.大数据查询技术

大数据查询技术众多，常用的种类如下：

（1）Hive。Hive构建在MapReduce之上，将结构化的数据映射为数据库表，提供了类似于SQL的查询功能。它的本质是将用户的HiveQL查询语句解析成一个或者多个MapReduce任务，通过完成MapReduce任务来完成SQL查询。因为查询语句的解析以及MapReduce任务的完成，对Hive用户都是透明的，所以Hive的出现极大地降低了工作人员的学习成本，也减少了大量编码的时间，提高了开发过程的效率。

习惯了使用传统数据库和SQL的工作人员也可以快速学习并掌握Hive，完成对系统中海量数据的查询和简单操作。实际上，在实际生产开发中，即使熟悉使用Java的工程师，也会优先使用Hive，因为Hive非常精简而且易于维护。

（2）Pig。Pig是为了简化MapReduce的使用。与Hive一样，Pig处理的流程也是将用户提交的简单的查询脚本转换成MapReduce任务之后执行。与Hive不同的是，Pig不是一个类似于SQL的语言，它有一定的学习成本，这也是Pig没有Hive流行的原因，但Pig比Hive更加轻量化，也更加灵活，可以更加方便地嵌入其他应用程序中。

但由于Hive和Pig都是基于MapReduce工作的，而MapReduce又会带来大量的延时，所以Hive和Pig都无法进行低延迟的查询。

（3）SparkSQL。SparkSQL的前身是Shark。跟Hive一样，Spark刚出来就受到很多人的喜爱，也让更多的Spark使用者越来越频繁地使用。于是，在拿到了投资之后，加州大学伯克利分校马上就着手开发了一款完全独立的、属于自己的查询工具，这就是现在的SparkSQL。

SparkSQL对SQL语句的处理和关系型数据库类似，即词法/语法解析、绑定、优化、执行。SparkSQL会先将SQL语句解析成一棵树（Tree），然后使用规则（Rule）对Tree进行绑定、优化等处理过程。SparkSQL可以优化语法解析和逻辑执行计划生成的功能，使得SparkSQL在速度上进一步提高。SparkSQL也扩展了接口，除了支持Hive数据的查询，也支持多种数据格式加载后进行查询。

7.大数据分析技术

大数据分析技术是在处理完数据之后使用的，我们的目的是要将处理之后的数据变成对我们有用的信息。在大数据分析领域，出现了很多新兴的词汇，如数据分析、数据挖掘、机器学习和深度学习等，由于这些词汇概念模糊又容易混淆，所以下面先解释这些词汇的意思以及它们之间的区别。

（1）数据分析与数据挖掘。大数据分析与挖掘是指通过各种算法从大量的数据中找到潜在的有用信息，并研究数据的内在规律和相互间的关系。

第一，数据分析。从广义上来讲，任何对数据的分析行为都叫作数据分析，所以数据挖掘也是一种数据分析，而一般所说到的数据分析指的是狭义上的数据分析。数据分析就是根据分析的目的，用统计分析的方法来分析获取的数据，从中提取有用的信息。这其实就是一个通过数据浓缩提炼得到结论的过程。

第二，数据挖掘。数据挖掘是指从大量的数据中，通过机器学习等挖掘方法，找出隐藏在数据中的规律。

第三，数据分析和数据挖掘的区别。主要包括：①在数据量方面，数据分析对数据量没有要求，而数据挖掘的数据量非常大。②在目的方面，一般的数据分析都会有一个明确的目的，为达到目的来对数据进行分析，而数据挖掘的目的不一定很明确甚至没有目的，最终得到的是大规模数据中隐藏的规律或者其他有价值的信息。③在应用方面，数据分析主要采用传统的统计学方法，一般是人的智力作用的结果；数据挖掘主要采用机器学习的方法，是机器从大量数据中得到的有价值的规律。此外，数据分析的对象往往是数字化的数据，而数据挖掘的对象可以是声音、图像等多种类型的数据。

（2）机器学习的方式与算法。

第一，机器学习的方式。大数据分析中最常用的方法就是机器学习，机器学习根据输入数据的有无标识，可以分成监督学习、无监督学习和半监督学习三种方式。

①监督学习。监督学习是机器在处理实际数据之前，会通过一组带有标识的样本数据来进行训练，在达到一定条件下的最优模型之后，正式处理数据时将根据模型对输入数据分类，从而使机器具有对未知的数据进行分类的功能。

②无监督学习。无监督学习是机器没有带标识的样本数据来进行训练，自己建模后直接对未知数据进行处理，并将不同特性的数据归类，使机器具有对未知的数据进行聚类的功能。

③半监督学习。半监督学习是介于监督学习与无监督学习之间的情况。实际数据中往往是少量带有标识的数据和大量没有标识的数据，那么对于机器来说，它有两个样本集，一个样本集全部带有标识，另一个样本集全部没有标识。半监督学习关注的问题就是怎么结合少量数据的标识和大量无标识数据的整体分布，得到最优化的分类结果。

第二，机器学习的常见算法。机器学习涉及的算法有很多种，比较常用的有以下几种：

①回归算法。回归算法是一种监督学习式的方法，通过已知的样本点集预测未知的回归公式的参数，并使其误差最小化。

②决策树。决策树的原理是通过对已知数据的训练，构建树状的模型，其中树中的内部节点为属性测试节点，出边为测试输出，叶子节点为分类结果。通过构建决策树的模型，让数据分类更加直观，一次构建后可以重复使用。决策树也是一类监督学习式的算法。

③贝叶斯方法。贝叶斯方法指的是基于贝叶斯原理的一类方法。贝叶斯方法就是计算某个对象的先验概率，然后通过贝叶斯原理计算出它的后验概率，并选择后验概率中最大的类作为该对象所属的类，从而对数据完成分类。

④聚类算法。聚类算法就是对输入的未知数据按照特性的相似度进行归类，包含划分聚类、层次聚类、网格聚类和基于神经网络的聚类等。

⑤深度学习。深度学习来源于对人工神经网络的研究，模拟人脑来解决深层结构的优化问题。深度学习结合监督学习和无监督学习，在每一层的结构中使用无监督学习，而在层与层之间采用监督学习进行优化调整。

8.大数据可视化技术

数据可视化是一种利用计算机图形学和计算机视觉等相关技术将数据以图形的形式显示出来，并通过图形展示出数据中隐藏的信息的一门技术。

（1）数据可视化的意义。在这个大数据时代，数据可视化对商业的影响日益扩大。由于数据量过大，必须使用其他方法或工具帮助我们来理解数据。其中最合适的方法就是整合数据，将数据以图形的形式展示出来。我们知道，人类通过五感获取外界的信息，其中绝大多数的信息通过视觉获取，而图形又是最利于人类获取的信息之一。

数据可视化就是将大规模数据整合压缩，用图形这种形象生动的方式使人们快速地理解和吸收数据中包含的信息，降低了理解大规模数据的成本。在单位中，决策者可以通过大数据可视化工程师处理完数据之后的图形，快速了解数据中的信息，并且迅速地对市场作出反应。

数据可视化技术需要和大数据分析技术相结合，与大数据的分析技术相辅相成。首先通过大数据分析技术利用机器分析数据，其次通过数据可视化技术将分析的结果生成图形，最后人类参与进来，通过人类对数据的分析来补充，尽可能地挖掘出数据中所有有价值的信息，用来支持未来发展趋势的预测和决策。

总之，数据可视化是其中一种最为简单高效的方式，其核心就是帮助人们理解数据，这也是大数据可视化工程师和前端工程师的核心区别，大数据可视化工程师更侧重于对数据理解和分析的能力。大数据可视化展现是指利用可视化手段对数据进行分析，并将分析结果用图表或文字等形式展现出来，从而使读者对数据的分布、发展趋势、相关性和统计信息等一目了然。

（2）数据可视化的工具。得益于数据可视化在社会各方面的大量需求，目前市场上的数据可视化工具百花齐放。正因为有了这些各种各样的数据可视化工具，方便了使用各种编程语言甚至不会编程的人们进行数据可视化，从而更好地发挥出数据可视化的价值，让数据可视化更好地为人们服务。数据可视化工具旨在提供更简单的方法来降低人们进行数据可视化的门槛，如果有一定编程基础的话，就可以更加灵活地写出更好的作品，所以最终在选用数据可视化工具时要根据具体的情况来选择使用哪一款工具。

（3）数据可视化的流程。进行可视化之前，首先需要做的就是数据的准备，当没有拿到足够的预期数据时，必须先想办法拿到所有预期的数据，在拿到了足够的预期数据之后，我们需要明确自己的目标，也就是希望从这些数据中获取什么信息；其次需要使用数据可视化的技术将海量的数据用形象生动的图形展示出来，如用折线展示趋势、用饼图展示占比、用热力图展示最受欢迎的旅游景点等；最后，需要看看能不能根据可视化的结果达到最初的目的，当然也很有可能发现意想不到的、有价值的信息。

二、大数据时代档案用户需求的新特点

近年来，科学技术实现了新的突破，高度信息化的大数据时代影响着人类的工作和生活，也为档案管理工作带来新的挑战。大数据时代，档案管理系统急需更新升级，面对档案管理工作的新要求，需解决诸多问题。

在数字化和信息化的今天，要合理利用电子信息技术，以科学手段，建立完善的档案数据库，确保档案信息的准确性、完整性和安全性，满足各类档案用户的需求。而优化档案管理系统，提升电子档案的应用水平，可以更好地满足企事业单位的需求。与传统的档案管理相比，档案管理系统不仅简化了档案的储存形式，而且改变了档案管理的工作方式，从流程到职能进行改进。档案信息化的管理工作需要打破传统的壁垒，寻求新的技术突破，紧跟信息化建设和大数据管理模式的脚步，持续健康地推进变革，促进档案管理行业的发展。

第一，信息获取快捷性。随着快速变化时代的到来，用户对信息的需求呈现出迅速有效的趋势。在各种大量的这种结构、分布式数据资源中，需要更方便地满足用户对文件信

息的需求，在最短的时间内获得最有效的文件信息，迅速处理问题，满足实际需求。

第二，检索手段多样性。在"互联网+"的环境背景下，技术手段不断革新，与传统的档案信息检索方法相比，目前的用户更希望借助"互联网+"大环境中的各种新兴技术及其所催生的智联平台，革新档案信息的检索、传递、查阅、咨询方式，使其满足客户端、移动设备软件、信息推送等服务需求，在用户的日常生活、学习及工作状态下，更有效、更快捷地获取档案信息，提高效率、整合资源，让各类服务直达用户的终端。

第三，档案信息知识性。在当今的知识爆炸环境下，用户在查询档案信息的同时，还要被迫面对各平台中繁杂的碎片化信息，而此时知识需求才是用户更需要被满足的。因此，将档案信息进行归类、整理、汇总、简单分析并精准快速地送到用户终端，才可以实现档案的知识化，更好地满足用户需求。

第四，载体类型丰富性。随着信息传播媒介的多样化及技术革新，在用户对档案信息进行查询、使用的过程中，信息的表达更互联、更智能已成为新的诉求，而将传统的纸质资料与不断革新的电子档案整合、关联，并与"互联网+"平台结合，便可以更全面地满足用户对全媒体、全维度信息查询使用的需求，也可以给用户带来更好的使用体验和革新档案数据的查询、使用感受。

第五，档案知识信息易接近性。传统的档案信息有着严肃、古板的形象，一般用户对其有着天然的距离感，要想打破其固有印象，就需要从多方面着手，使得档案信息更完善、档案知识更易懂、档案查询更快捷。当用户可以运用碎片化时间有效获取档案信息，甚至可以在有需求时对档案知识进行沉浸式学习了解，使档案中的信息发挥作用，流动到人们的工作和生活中，彻底让档案"活了起来"。

三、大数据管理模式的特点

（一）拥有先进的技术管理手段

依托于现代信息技术的发展，传统的单一实体档案渐渐向数字化、电子化档案转变。在大数据环境下，档案管理部门可以更方便地建立起更先进、更科学的信息管理系统，进而有能力大范围、多形式地收集、整合档案信息。另外，也可以更好地为用户提供档案信息查询等服务。除了先进的技术手段，大数据管理还有着管理模式方面的优势，在"互联网+"平台之下，更智能更科学的管理体系可以逐步完善。如果拥有足量的管理人才，档案信息便可以更快实现现代化管理，加之配套的硬件设施，便可逐步形成档案利用服务智能化、管理与服务一体化，使管理人员及用户在查询使用档案信息时更快捷、更精确。

（二）设置合理的现代化服务流程

传统的档案信息管理与服务需要依托于单一的实体档案，用户获取档案信息，办、取档案业务大多需要面对面与档案管理人员对接，程序繁杂，流程周期长。而随着目前档案数字化的完善，档案信息的业务流程也逐渐简化，电子档案相对于纸质档案，其传递媒介、内容形式都更加多样化，其查询整合的操作也更加便捷。在"互联网+"的环境下，大数据平台中已逐步建立起革命性的现代化档案业务操办模式，更贴合用户需求。用户在办理档案业务时，可以基于网络进行查询，在PC、手机等终端都可以进入平台进行相关预约、操作，甚至可以进入网上办事大厅，无须通过繁杂的线下流程就可以快捷地办好自己的档案相关业务。在档案管理业务系统内部可通过大数据互联、共享档案信息、优化管理模式提高业务办理效率，更好地满足用户需求。

（三）具有更大的档案利用价值空间

在"互联网+"背景下，档案编研及信息资源开发等档案资源利用的知识化，让档案信息的附属价值有了全新的定义，提高了档案利用价值的应用水平与发掘潜力。寻求档案的显性价值并发掘其附加价值，将其与信息资源有机融合，与用户需求匹配，便可加快档案信息的资源化利用进程。例如，全国很多县市等都留存有当地档案，比如县志、文书等档案资源，将其归纳整理，研究并合理开发，发展相应的产品线，打造上游文化、开发下游产品，形成完整的产业链，便是对其档案价值的开发利用。"互联网+"时代，现代化的档案管理体系正契合了快捷精准的档案信息需求，供需相互平衡，共同推动发展，也从侧面促进了档案利用价值的发掘和利用。

第四节　人力资源档案信息化建设中管理方式的转变

当今是信息全面发展的时代，随着信息技术的飞速发展，很多领域已经展开了信息化建设，这些领域也因此得到了很大的发展。时代对单位人力资源档案管理工作的要求不断提高，为了提高档案管理的效率，可以充分地利用信息技术。由此可见，现代单位人力资源档案管理也从传统向信息化、数字化转型，建立人力资源信息管理系统也是发展的必然。

现代化单位人力资源档案管理随着单位的发展、业务的扩大等变得更加细致、全面、烦琐，这就对档案管理部门提出了更高的要求。近年来，我国的信息技术发展迅猛。信息技术的大力发展给我国单位人力资源档案管理带来了更为先进的技术，让档案管理效率得到了一定的提升，这也让单位人事工作开展得更为顺利。本节将针对现代单位这种转变展开深入分析，对这种模式进行评价，探讨现代单位人力资源档案管理的新方法。

一、早期的单位人力资源档案管理

单位早期的人力资源档案管理方式是卡片式的管理方法。那个时期的单位人力资源档案，具体来说，就是职工登记卡构成的职工名册。所谓职工登记卡，面积很小，和普通的名片相似。职工登记卡的面积比较小，能够记录的信息非常少。职工登记卡的具体内容是姓名、出生年月、籍贯、学历、毕业时间等。这就是单位早期的人力资源档案。早期管理人事档案的人员，往往不是专业人员，对于怎样保存好档案、怎样处理档案管理中出现的问题，并不能给予很好的解决。因为专业水平不够和职业道德的缺失，管理人员篡改档案、造成档案内容外泄以及档案严重失真的现象屡见不鲜，档案损毁现象也时有发生。

单位每年都需要借助职工名册对各方面人员数量进行分析，档案管理人员则需要根据上级人事部门提出的要求，翻看登记卡，完成指定工作。这种档案管理方法方式存在不少的缺陷，职工名册卡很容易撕裂，其卡角也容易折损，这样就导致其换新频率很高，严重影响单位人力资源档案管理的效率。单位每年都需要对干部职工进行登记汇总，这类传统的人力资源档案管理方式效率很低。现如今的档案管理工作非常全面细致，单凭工作人员人为进行整理，很容易出现差错。传统人力资源档案容易损坏，不容易长期保存。相对于现在的单位档案管理，早期档案管理手段落后，已有的人事档案管理工作并没有引入先进的技术，手工操作费力。

二、人力资源档案管理的电子表格数据库管理模式

（一）电子表格数据库的实施背景

随着信息技术的快速发展，计算机也已经被应用到各个领域，各事业单位也开始使用计算机对人力资源的档案进行电子表格管理，然后让档案的管理人员对信息进行收集、整理与核对，逐渐形成了以计算机电子表格为创新基础的人力资源档案管理方式。为了切实提高档案管控的工作效率，不少事业单位还加设了专门的员工绩效考核档案模式，除了将员工的基本信息记录在电子表格中，表格的内容还包括资格证、毕业证、论文、聘书、专利、成果、履历、特长以及职称职位等，相较于传统的管理方式，其丰富的内容已经使档案管理便捷多了。

185

（二）电子表格数据库的信息类别

电子表格中收集的数据信息类别主要包含以下内容：姓名、性别、出生地点、科室、人员类别、入职时间和方式、身份证号、年度考核次数以及手机号码等多个项目。为了紧跟时代的发展步伐，档案的内容需要不停地更新，适当增减条目，以保证档案的真实性与完美性。此种档案改革方式的科学意义较为明显，其能够为单位发展提供较为具体的科学数据，且在配置人力资源以及培养人才领域具有重要的作用。

（三）电子表格数据库的运用

电子表格数据库的应用步骤是：先选取所要运用的数据库，然后将其复制，再创建一个新数据库。具体来说，管理人员在新库中先设置好内容的字体型号，按照相关要求排好序（可以先按员工的岗位分类，如医生、护士、行政后勤，再按入职时间排序），设置字号和排序的时候都要以所要保存的个人数据信息为依据。此后，管理人员可以充分利用Microsoft Office Excel中的所有功能，对电子表格中的数据信息进行智能化管理。

（四）电子表格数据库方式的不足

用电子表格数据库的方式对人力资源档案进行管理存在明显的不足：在分析档案数据时发现有限制，只能以所需内容为依托获取相关资料，之后再对获得的资料进行分析整理。而单位员工并不是完全固定的，尤其是编外聘用人员，有着较大的流动性，这也是近几年事业单位发展中普遍存在的现象之一。只要员工一有变动，管理人员就需要对档案中的信息进行重新整理与记录，常年不断地重复操作，基本和新人入职时的情况一样，导致档案的实际管理效果较差，且信息的录入欠缺真实性与准确性。

三、人力资源档案管理的新阶段——人事信息管理系统

人力资源档案管理的信息化管理模式，简称人事信息管理系统，是现阶段最新的人力资源档案管理方式。

（一）系统成立的背景与时间

目前，信息化建设已走在国家发展的前列，引领着我国大部分单位的发展进步。在大数据的背景下，信息化的建设管理为单位的决策、内部管控及风险预测等都提供了较为科学的数据支持。所以，在顺应历史潮流的过程中，事业单位需要建立一套完善的信息化人力资源档案管理系统，以切实推动人力资源档案管理模式的数字化与信息化。

（二）做法

为了有效实现人力资源档案的信息化和数据化管理，单位可以先在内部召开有关人事信息管控的专题会议，做好人员部署工作。然后，由人力资源部门的工作人员牵头，相关部门配合将单位工作人员的证件照片和电子表格中的数据信息共同导入人力资源档案的信息管控系统中。之后由人力资源部门安排专门的工作人员对所有员工的资格证书、毕业证书、聘书以及上岗证等证书证件进行严格的扫描，扫描后再将其导入系统。

同时，信息系统要向全体员工开放，使每个员工都以自己的工号作为用户名，让员工凭借自己的工号和身份证密码登录系统完善个人信息。员工编辑个人信息的方法与步骤如下：输入用户名和密码→系统登录→职工档案管理→职员档案维护→保存。最后，再由人力资源部门专门人员对员工的修改内容做进一步的审核工作，以加强信息的准确性和真实性。

（三）信息系统的条目

人力资源档案信息管理系统的条目通常包括基本信息管理、职员档案维护、工作履历信息管理、学历信息管理、家庭成员信息管理、证书管理、奖惩记录管理、论文管理、人员信息查看和科室职员查看等。其中，基本信息管理包括基础信息、档案信息、薪资信息、职称岗位信息、银行卡信息、工作履历信息、学历信息、家庭成员信息、证书信息、历史职称信息、奖惩信息和论文信息等。基础信息包括员工的姓名、性别、年龄、学历、员工类别、职称、编制和政治面貌等，另外，还有每个月的员工入职、在职和离职的人数等。信息系统的配置包含员工管理界面、信息导入、岗位管控、排班情况和年度考核等。在员工管理的内部，还设有职工查询的链接，能够从中了解到任一员工的科室、入职、技术档案等信息，管理信息方便又一目了然。

（四）系统优势

此信息管理系统能将选择的内容以电子表格的形式导出，每次输入的信息都可长久保存，信息数据更加全面，使用或抽调都较为便捷。此外，若无特殊的要求，通常不会调阅职员的档案信息，档案管理起来效率较高。

作为推动事业单位发展以及制定决策的主要依据，人力资源档案管理是一项优化事业单位人力资源配置以及提升员工整体素质的关键因素。如今，在新时代的市场竞争中，单位若想获得进一步的发展，就必须改革与完善人力资源管理，切实提升人力资源的管控质量。在新的社会环境下，现代化、智能化、信息化和自动化以及数字管理模式都已脱离曾经的试用阶段，逐渐获得了发展，且被广泛应用到越来越多的行业中，使用效果非常好。所以，人力资源的信息化管理已成为推动事业单位持续发展的一大动力。

187

第五节　大数据时代基于档案信息化下的人力资源管理创新

人力资源管理模块是组建管理体系的基础部分，包括单位人力资源规划、人才招聘与配置、员工培训与开发、绩效管理、薪酬管理和劳动关系管理六个方面。不同模块之间的联系关系到具体措施的执行顺序和管理模式，而衔接所有模块的线索就是人事档案的管理工作。人力资源管理工作是培养未来从事单位专业岗位的就职人才，人事工作必须有针对性和目的性，根据能力和素养决定培养方向，决定晋升资格。员工的档案作为其个人能力和职业素养的象征性代表，档案管理工作水平就决定了整体人力资源管理工作效率。而传统档案管理模式无法匹配高质量、高要求、高效率的工作标准，也无法适应新时期单位经营生产的快节奏。因此，人力资源管理工作必须创新发展，加强档案信息化建设，迎接全新机遇和挑战。

一、大数据时代下档案信息化建设的必要性

大数据最早是基于互联网发展和数字通信技术的应用成果所提出来的现代化概念。大数据信息量十分庞大，数据资料难以量化，无法在短时间范围内用常规软件工具进行捕捉、管理和处理。作为规模巨大的数据集合，只有通过全新且更加高级的处理模式，整合归纳、优化决策、节约流程，才能将其数字资料转变为与市场和行业发展等值的信息商品。在大数据时代背景下，各类文件资料和信息数据的利用价值都有所提升，人力资源管理工作是以信息筛选和处理为基础事务而开展的，传统人力资源管理中的人事档案工作由于管理人员流动性大、管理模式单一、建设资金不足等情况，经常会出现档案文件遗漏、缺损，查阅调取效率低下，影响其他工作事务的处理进度。另外，信息化档案建设程度有限，许多档案管理人员仍然以纸质文件为主要工作对象，缺乏专业的电子档案管理工作素养和专业技能。因此，档案信息化建设既是提升人力资源管理水平和效率的主要手段，也是符合社会和科技发展的必然结果。在档案信息化进程中，人力资源管理要明确档案信息化建设的用途和目的，结合具体的工作形式和内容，有选择性、策略性地考虑发展方向。同时，与档案管理工作相关的任一环节都必须加强信息化建设，为了确保整体档案管理工作的协调性和统一性，提升数据信息的准确性和真实性，必须找准问题根源，结合不同主体的需求，制订符合发展战略的管理体系，打破传统人力资源管理的束缚。

二、大数据时代中人事档案信息化建设为人力资源管理带来的变革

进入大数据时代以来，大数据改变了人力资源管理的思维方式和管理模式，大数据技术的应用不仅可以对人事档案进行快速处理，还为人力资源管理提供了一个全新的视角，能够提前做出管理决策以应对可能的变化，实时收集"大人事档案数据"，能够第一时间了解人力资源发展趋势。

（1）不断拓展人力资源管理的信息基础。人事档案大数据管理系统中，员工客观形成的所有人事档案数据将被收集，不再对数据做任何形式的挑选，保证了数据的客观性与全面性。首先，在大数据管理系统中，纸质人事档案中静态档案成了"活跃信息"，将全部被采集。其次，职工个人的其他个体信息也被纳入系统采集范围内，如性格、爱好、社会关系等。并且与职工日常工作相关的岗位、绩效、薪酬等相关信息也被系统自动收集。通过对这些数据的收集，各单位人事档案管理系统收集的数据量将非常庞大，足以支撑人力资源管理过程中的分析使用，也足以支撑大数据对人力资源整体和个体的准确描述、评价和预测。

（2）人力资源管理步入数字化科学管理时代。以往各单位人力资源管理凭借着经验进行定性管理，工作无法得到客观、定量化管理。而通过相关大数据技术的应用，人事档案信息化管理能够在数据定量分析的基础上，准确、客观地描述出职工的工作状态、效率与结果，客观地描述出岗位的工作要求，使人力资源管理中的岗位、人员、激励等相关要素全部数据化，从而将复杂的事情简单化，使人力资源管理步入基于数字化定量分析之上的科学管理时代。

（3）准确预测人力资源发展趋势并做出决策。人力资源管理通过相关大数据技术的应用，不再纠结于人事档案信息间的因果关系，能够从战略角度找到人事档案数据之间的相关关系，对这些数据进行聚类、分类、相关性分析，从而精准地预见人力资源管理的发展趋势。建立在大数据技术分析基础上的人力资源管理工作，能够使人力资源管理决策实现人岗精准匹配，符合社会及经济发展趋势，将重点放在岗位需求、产业结构调整等方面，有效消除了离职诱因，稳定了高层次人才队伍，为各方面人力资源管理工作提供了新的思路，全面提高了各单位人力资源管理工作的智慧与效率。

（4）人力资源管理转向"无限接近最优"。一直以来，人力资源管理决策是以满意决策为目标的，满意决策不是实现管理目标的最优路径，而是意味着基本符合管理目标，虽然结果是可接受的，但传统的人力资源管理无法满足信息的完备性、要完全准确预知别人的行动以及不受时间的约束三个条件，因此，不能带来最优结果，无法达到最优化。而随着大数据技术的不断发展，在人力资源管理过程中，借助人事档案大数据管理，增强了

掌握数据信息量、处理数据、预测未来等能力。也就是说，借助大数据技术，人类的满意决策势必被"无限接近最优"的决策所取代，理性将无限接近完全理性。

三、大数据时代中提升人力资源管理的有效途径

21世纪是一个人才知识竞争的时代，人才成了各个领域发展的最核心问题，尤其是高级人才及团队的竞争。而为了更好地促进人力资源优化配置、完善绩效考核，人事档案管理要充分利用相关信息化技术，全面收集人力资源的各类数据，预测人力资源发展趋势，探求各大数据间的相关关系，才能积极稳住高层次人才及团队，充分调动员工的积极性。

（1）多渠道、全面收集人事档案数据，为人力资源管理提供数据基础。人事档案信息管理系统的大数据收集范围广泛，是通过多个渠道进行信息收集的。首先，通过人事档案管理系统与采集终端等数据接口，自动收集诸如职工薪酬、绩效、社会服务等方面的相关权威信息。其次，在现代人力资源管理下，纸质人事档案中的个体可以借助人事档案信息化建设而被全部采集，各个方面都将成为信息化建设中的基础信息，如基本信息、政治面貌等信息。再次，在人事档案信息管理系统中，职工个人自行填报本人的其他信息将被采集，如社会关系、性格、爱好等。最后，通过人事档案信息管理系统与互联网的数据接口，也将被全部采集，如社会环境、反映本人真实意图的社交网络信息、信用等相关信息。这些数据能够为人力资源的量化管理、科学管理提供坚实的数据基础，能够全方位、立体地反映出员工的全貌。

（2）通过实时全面收集信息，提高客观公正、可量化的绩效考核。首先，在日常工作中，职工会产生大量的数据，如考勤数据、任务复杂程度等，这些数据可以真实地反映出年度工作任务的复杂程度和完成情况，记录着各种实时数据通过与单位内部管理的各子系统对接，自动收集职工日常工作数据，实现绩效考核的全面量化，能够使考核结果公正、客观、准确，充分地体现考核的公正性和客观性。其次，通过人事档案大数据分析，可以分门别类地采取多元化的激励手段进行激励，了解员工事业发展的不同阶段及个性化需求，如对有物质需求的，可以考虑提升待遇或福利；对于需要自我实现的，要通过高度定制化的激励措施切实发挥人才激励作用，适当考虑其在职位上有所提升的成就感需求并对其进行激励；对于有尊重需求的，要在签订聘用合同的基础上使其产生归属感，给予充分的尊重，与新人建立稳固的心理契约。

（3）通过大数据资源及大数据技术，实现人岗精准匹配。首先，结合各岗位工作内容与职责的差异，根据各岗位优秀人才模型，挑选各个方面与岗位需求匹配程度最高的在编员工，如工作能力、性格特点等，实现精准匹配，充分发挥个人潜力。其次，应用相关算法，通过收集绩效优秀的在岗职工在各个方面的各项信息及个体的特征要素，建立该岗位的优秀人才模型。最后，在获取应聘者的简历信息基础上，对于拟招聘岗位的人员可以

通过互联网的大数据，形成关于应聘者的立体信息，全面获取应聘者诸如生活状况、兴趣爱好等其他各方面的信息。并且为了避免面试官由于信息不对称对招聘带来的影响，应使用该岗位的优秀人才模型与应聘者的匹配程度来进行筛选，从而实现人岗精准匹配。

（4）借助大数据技术，最大限度地维护高层次人才队伍的稳定。首先，通过对已离职员工的各项信息进行大数据分析，在日常管理工作中，档案管理部门可以提出有针对性的对策，找出其离职的影响因素。同时，为了确保人力资源的稳定性，要借助大数据，尽量消除可能出现离职倾向的重点员工的离职影响因素。尤其是要保证高层次人才及团队的稳定，提升单位的有形资产和无形资产，为单位多争取发展经费，推动技术创新和进步。其次，从长远角度来说，为了符合经济、顺应产业结构调整，应利用大数据技术进行分析，结合环境数据，对未来的人力发展趋势作出前瞻性预测。通过掌握现有各类人才结构情况，制订出科学合理的中长期人才引进规划，能够防止今后造成单位发展的人员负担，从而更好地用人、管理人、激励人，制定出符合未来发展趋势的人力资源管理决策。

第九章　人力资源管理与档案信息整合性服务

第一节　人力资源管理与档案信息整合性服务概述

一、概念界定

目前学术界对于"人力资源档案"的概念研究较少，基本上形成以下两种观点：第一种从管理角度出发，普遍认为人事档案管理通过引入人力资源管理思想，对档案管理的理念、方式进行改革，因此人力资源档案与人事档案本质上讲是一致的；第二种从本体角度出发，意在说明人事档案的功能性转变，各单位开始重视和进行人力资源信息的开发与利用，将人力资源档案的功能转变为人力资源培训与开发、绩效、薪酬和劳动关系四个管理模块，紧密结合，从而对人力资源档案概念做了如下界定：人力资源档案是各类单位或机构在实施人力资源管理的过程中形成的，用来记录和反映该单位员工健康、知识、技能、道德等各方面的信息，一般以个人为单位集中保存起来以备查考利用的历史记录。

相比而言，本书比较赞同第二种观点，功能与效用的彻底转变使得人力资源档案部分丧失了人事档案的原有特点，尽管由人事档案衍生发展而来，但却是一种全新概念，二者不可等同。对人力资源档案的认识根据宏观与微观不同视角可以分为：宏观的人力资源档案包括单位经营活动中若干"个人"形成的档案记录材料的整体总和，形成具有一定系统性和关联性的档案信息；微观的则是以若干"个人"之一为基本研究对象，进而形成该个体的档案信息。

二、人力资源档案的内容构成

人力资源档案是指以某一个人为中心形成的一切有保存价值的原始历史记录，包括传统的人事档案、医疗档案和信用档案中的个人部分，也包括新兴的个人业绩档案和健康档案。就目前而言，我们可以根据性质不同将人力资源档案大致分为五大类：第一类是基本信息类，主要包括一些个人的基本情况信息，如民族、家庭成员、履历、自传，以及鉴定、考核、考查材料。第二类是教育、业绩类，主要包括学习经历和工作经历方面的信息，如毕业院校、院系、现任职务、级别、工资等，还有学历、学位、学绩材料和简历与面试资料、评定技能的考绩、审批材料，招用的劳动合同，调动、聘用、复员退伍、转业、工资、保险福利待遇、出国、退休、退职等材料。第三类是信用类，主要信用信息记录，包括单位信用、是否有贷款、信用消费和公共事业交费信息以及刑事信息等。第四类是健康医疗类，主要包括医疗记录和体检信息，如健康行为资料、临床资料（既往史、家族史、生物学基础资料、预防医学资料、心理评估、行为等资料）和病情流程表等。第五类是其他个人特殊信息。

三、特点

（一）人力资源档案的动态发展性

人力资源档案是以个人为单位的具有专门性的档案，其内容集中反映了一个人的实践经历、政治状况、品德才学、业绩表现、培训状况、信用情况等全面信息。一份有关某个体的人力资源档案建立以后，并不意味着人事信息材料的完成和收集工作的完结，这份档案会随着它的个人情况而变化，连续不断地增加新的内容，补充新的材料。

现代人力资源档案的动态性主要包括两个方面内容：一方面，人力资源档案的主体大多数仍然在各单位的工作岗位上工作，这就决定了人力资源档案将随个人的成长、工作或学习的延续不断增加新的内容；另一方面，人力资源档案的主体是不断流动的，单位内调动、晋升、下岗等情况经常发生，随之而来的是单位员工的人事变动和主管单位的变动。因此，人力资源档案是伴随一个人的发展而存在的，只有解除了当事人在单位的劳动关系，才能停止这种流动。

（二）人力资源档案的互补联系性

随着网络技术的迅速发展，以及多媒体、办公自动化等信息技术与通信手段的普及利用，传统的人事档案和传统的文本信息正受到虚拟档案馆和数字档案信息的挑战[①]。

人力资源档案的产生作为现代信息化的代表，本书认为其与传统档案之间互相联系，是彼此互为前提、协同发展的。传统的人事档案是档案管理的基础，主要是通过专注于存档文献的文件信息提供服务。其存在必须依靠一定实体文本形式作为载体，服务对象是具有一定针对性的，利用方式固定化，但基于存档的档案大多为纸质文档与文件，都具有实体存在的原始形态，保证了传统型文本档案区别于其他学科资料的原始性的特点。数

---

① 张芳芳.传统文本型档案信息与现代化电子型档案信息的互补性 [J].企业改革与管理，2015（14）：212.

字信息是通过计算机或网络终端提供服务的，各单位专注于数据库和网络的研发和改进，人力资源档案的信息服务是建立在计算机和通信网络的基础上的。它的特点是不受时间的限制，广泛和快速地实现信息在组织内科学地流动，但也存在一定的弊端，如保密性有待提高、真实性有待考证。结合前文的阐述，人力资源档案信息与纸质传统人事档案在一定程度上，功能与作用存在互补性关系。

其一，人力资源档案信息服务解决了传统人事档案文本信息存在的服务范围过窄与信息滞后的问题。传统人事档案作为一般性管理的一手资料，承载着其他资料不可替代的原始性材料价值，人力资源档案信息的建设依赖于文本类型的文件信息，数字化的文本文件是建立在实体文件基础上的，是经过选择后数字化处理的数字信息。离开传统人事档案文件信息，人力资源档案就成了无源之水。传统人事档案信息在保持原始数字信息上是不能代替的。因此，传统人事档案与网络技术的应用与结合，帮助其脱离了空间与时间的束缚，使之上升为人民期盼得到的知识食粮。

其二，人力资源档案服务信息高度的开放化与传统人事档案信息凭证性与隐私性的特点，取长补短。

人力资源档案信息服务能满足单位决策者和个人信息拥有者所需要的信息，但其存在过度的开放性的弊端，易改动、容易失真。传统人事档案信息具有文本信息的原始性，因此它具有法律上的可靠性，具有信息的权威性。

一般来说，涉及国家安全利益、与社会秩序相关的或与集体、个人秘密有关的档案，因其合法权益受到法律的保护，均属于限制范围内。特别是关于国家安全和知识产权等法律保护的权威档案信息一般不上网提供利用服务，当然也为了避免电脑黑客的攻击，这类档案信息往往采取文本型服务方式或至多提供网上目录服务。传统人事档案的权威也是通过这种保守的文本方式来维护的。当然，对于这类档案信息的保密性与开放性应辩证看待，不可隔离对待，两者是对立统一关系。不能说保密的都不开放，开放的都没有价值。

（三）人力资源档案的构成复杂性

根据王英玮在《信息时代的人事档案管理》中对人事档案管理的定义，人力资源档案管理可理解为用科学的原则和方法管理人力资源档案，并为单位内部管理层及个人提供信息服务的工作。它是按照人力资源档案的产生、存在和发展规律设计的一个人工管理系统。

按照不同的分类标准，人力资源档案管理可分为不同的内容。按照传统的档案管理分类，人力资源档案管理的内容包括"七项内容和两大方面"，即"收集、整理、鉴定、保管、检索、提供利用和统计"七个环节，"实体管理"和"信息内容的开发利用"这两大方面，前者是手段和基础，后者则是目的和方向。按照档案管理涉及的相关要素，将人力资源档案管理划分为狭义的和广义的。第一，狭义是指人力资源档案管理人员所从事的前端控制、实体管理和信息管理；广义则除了上述内容外，还包括宏观的管理体系和制度、工作人员的培训和理论的研究等方面。第二，本书所说的人力资源档案管理是指广义的人力资源档案的管理，人力资源档案的管理内容和模式，以及人员的素养都是本书所要探讨的。第三，除了上述几种分类方法，由于人力资源档案是元概念，且具有分散性的特点，根据人力资源档案内容和管理实践，可将人力资源档案管理分为人事档案管理、个人信用档案管理和个人健康档案管理以及其他档案管理等几部分。其中人事档案管理是基础，个人信用档案管理和个人健康档案管理是必要补充，它们之间既相互独立，拥有各自的规则，又密切联系。

（四）人力资源档案的技术依赖性

人力资源档案的信息资源开发工作不仅要结合当时当地的实际条件，以及单位各方面对信息资源开发产品的需求，更要结合当今网络化、数字化的时代背景。因此，我们必须清醒意识到人力资源档案的信息资源开发确实需要科学技术的支撑。

其一，人力资源档案信息资源开发方法的多元化。随着计算机网络技术的发展，各项专业工具已趋于成熟。特别是以数字化转化为目的的一系列工具尤为突出，如专业的数据库、在线文字检索系统与查询系统、文字扫描系统、在线交流软件等。通过应用这些技术档案部门把已掌握的档案信息进行高度浓缩与加工，更加强调对文本载体中的信息的提炼，档案的种类不再单一，图片、视频等一系列资料丰富了档案的种类。网络技术与数字技术为档案部门的各项工作提供了高质、高效完成的新途径，同时单位各部门的快速反应与沟通都依赖于网络，以更好地实现人力资源档案信息化与网络化。

其二，人力资源档案打破了原有体制的束缚。进入21世纪以来，社会发展步伐大大加快，如果档案管理仍遵循原有的方法与模式，是不适合时代发展趋势的。由于传统的文件开发周期过长，迫切需要使用档案的人积极调整影响有效开发的主客体关系，这样才能更有效地打破既有体制，展开高效的档案信息资源开发。

（五）人力资源档案的管理双重性

人力资源档案管理是一种针对各单位（或机构）组织而建立的科学管理手段，充分体现了管理的双重性。双重性管理，从最基本的意义来看，一是指挥劳动，二是监督劳动。由于生产过程具有两重性——既是物质资料的再生产，又是生产关系的再生产，因此，对生产过程进行的管理也就存在着双重性：一种是与生产力、社会化大生产相联系的管理自然属性，另一种是与生产关系、社会制度相联系的管理社会属性。这就是管理的双重性

（管理的性质）。

其一，人力资源档案是由单位通过利用科学技术对信息进行开发而逐渐形成的，完整的知识形成过程都与该单位的管理流程息息相关。首先管理者根据满足对人才信息最迫切的需求和反映该单位员工对自我认知的根本需要来制定信息规划；管理者指派专门的信息管理人员确定采取标准化的收集方法，实施收集信息、处理信息等活动，并对收集到的大量人才信息进行序化、类聚，进而形成连续性的信息，即便以上对信息的处理过程都属于基础工作，也都倾注了管理者对整体信息管理工作的心血。

其二，经过信息的整合，相关单位得到了最终的信息产品，该单位管理者得到了相关的详尽书面报告。通过报告反映内容，管理者会产生一个信息反馈，对单位的工作进行总结，如如何对下一期的信息工作进行改善，并对单位中各部门进行一个合理化调整。基于以上过程完成了一个完整信息管理周期活动，管理者不仅承担了管理工作，还承担了监督工作。

四、人力资源管理与档案信息资源整合服务

（一）"整合性服务"的含义

"整合性服务"是在管理学中公共服务领域提出的新概念，维基百科将其定义为基于网络的，以整合特殊元素以保证服务质量为目的的计算机程序构建。

第一，档案信息资源建设分为两个组成部分：一是自身建设，二是整合建设。而所谓档案信息资源整合，则是对现有档案信息资源进行重组，在一定范围内形成档案信息跨区域、跨行业的有机联系，形成具有针对性服务的档案信息流，实现档案信息的高度共享[①]。

第二，档案信息资源整合是对现有档案信息资源进行重组。这种重组是档案信息资源优化组合的一种存在状态，是依据一定的需要，对各个相对独立的信息系统中的档案信息资源、功能结构及其互动关系进行融合、类聚和重组，重新结合为一个新的有机整体，形成一个效能更好、效率更高的新的资源系统[②]。

第三，将网络环境下档案信息资源整合定义为：在兼顾网络档案信息资源现有配置及管理状况的条件下，通过建立统一的信息交换与共享平台，对分散异构的网络档案信息资源系统进行优化组织与无缝链接，从而实现网络档案资源合理组织、高效利用与价值增值。

在信息资源管理领域，面对海量的、分散的、不同种类的信息资料，"整合"的概念

---

① 刘怡芳.对档案信息资源整合的思考 [J]. 山西档案，2008（5）：25.
② 宁英琦.信息化背景下档案信息资源整合与共享的现实基础 [J]. 黑龙江档案，2011（3）：112.

以及应用前景，已经成为当前的研究热点。本书认为，在档案学研究范围内，整合性信息服务包括两部分研究内容：档案信息资源自身建设和档案信息资源管理服务整合。

随着社会经济文化的快速发展，人们已经进入了信息爆炸时代，有效信息的占有量决定了竞争力的大小。据统计，在进入21世纪的前十年，人类知识总量翻一番所需平均时间为三年。而随着社会发展进程的加快，作为社会活动的真实、原始记录的档案，其数量也在逐年暴增，对档案信息资源进行高效建设迫在眉睫。

档案信息资源建设分为自身建设和整合建设，自身建设是整合建设的基础。所谓档案信息资源自身建设，即文件、资料经移交、收集，经过人力资源档案工作人员鉴定、整理、编号、上架、数字化建设、提供利用等一系列工作，所形成的原始档案信息材料。人力资源档案信息建设是针对某一份、某一个领域的档案信息资源建设。而档案信息资源整合建设，则是针对已有的档案信息资源而言，对跨区域、跨行业的档案信息进行资源重组，形成具有针对性服务的档案信息流，实现档案信息的高度共享。

显而易见，档案信息资源服务方式整合承受于档案信息资源建设，在已有的交叉互补性档案信息资源基础上，在"统一领导、分级管理"的前提下，寻求管理体制的创新，通过服务系统建设、计算机网络技术应用等手段，才能实现档案信息资源分配的合理布局。

由于档案界并没有对档案信息资源的"整合性服务"这一概念作出明确界定，本书暂且根据已知内涵，尝试进行概念描述：

实施对象：各领域、各行业海量的、分散的档案信息资源。

实施手段：档案管理技术、数字化技术、网络技术、通信现代化技术等。

实施环境：档案信息资源建设以"统一领导、分级管理"为前提，各行业自成一体；文书档案、科技档案、专门档案管理水平不平衡，档案信息资源分配不合理。

实施目标：实现跨领域、跨行业档案信息资源互相融合、聚类、重组，兼顾实体与数字档案信息资源的整合；同时，优化信息资源结构，形成配置合理、高度共享的档案信息资源服务系统。

综上所述，档案信息资源整合，就是将各领域、各行业海量的、分散的档案信息资源，以档案管理技术、数字化信息技术、网络技术等现代化技术为手段，进行重组管理，实现跨领域、跨行业的档案信息资源互相融合、聚类、重组，形成配置合理、高度共享的档案信息资源服务系统，并以虚拟管理系统指导实体档案馆管理，兼顾档案实体与数字信息双重整合。

（二）人力资源管理与档案信息建设整合性服务的特点

通过人力资源档案工作管理体制和运行机制的改革创新，促进档案事业全面、协调、可持续发展，更好地为党和国家各项事业服务，为人民群众服务。可见，实施档案信息资源管理的整合性建设服务，是新时代国家档案工作发展提出的必然要求。根据新时代档案工作指导思想的要求，结合档案信息资源整合性服务的内涵，本书提出人力资源管理与档案信息整合性服务的特点。

1.系统性

人力资源管理与档案信息整合性服务，是从人力信息资源建设开始，到提供创新型整合性服务为止，整个过程涉及信息资源收集整理、实体信息系统和数字化信息系统建设、相关档案信息资源的交叉集成、档案信息服务体系构建等内容。在考虑人力资源管理与档案信息整合时，首先应该将系统性放在首位进行考虑。在以"统一领导，分级管理"为基本模式的档案事业管理体制基础上，人力资源管理与档案信息整合性服务应该在深度和广度上有所突破。跨领域、跨专业对人力资源档案管理与档案信息进行整合性重组的同时，应建立新系统所服务的对象和目标，为所有人力资源管理工作提供方向和范围的规制。同样，作为系统构建的相关要素，法律法规、人力资源结构、基础设施建设、档案实体质量、档案信息完整程度、技术标准等是影响这一系统的实现程度和工作效率的关键要素，在系统构建时需要提高重视程度。

2.集成性

集成性是人力资源管理与档案信息整合性服务最突出的特点，其又分为人力资源档案信息本身的集成、人力资源档案信息管理系统集成、人力资源档案信息管理手段集成、人力资源档案信息服务方式集成四部分。

（1）人力资源档案信息本身的集成

人力资源档案信息本身的集成是人力资源档案文献信息资源研究的本体[①]。人力资源管理与档案信息整合，要求人力资源档案管理工作打破传统工作模式的既定框架，站在信息资源本身的角度，跨领域、跨专业对档案文献材料进行深层次的分析、挖掘、重组。对于整合结果来说，可以分为实体档案信息资源整合产品、数字化档案信息资源整合产品，以及实体档案和数字化档案信息资源整合产品三种。

（2）人力资源档案信息管理系统集成

人力资源档案信息管理系统的整合要求打破原有的人力资源档案管理理念，整合并超越现存的人力资源管理系统，在已有的政策法规基础上，形成一个具有优质人力资源结构、标准制度完备、技术手段先进、相互之间沟通顺畅的集成型人力资源档案信息管理系统。在实现形式上，一方面是超越现有的管理模式，将各个管理组织机构协调统一起来，实现更高层次的管理系统；另一方面，借助信息技术，将实体档案信息数字化，通过网络链接，建设数字化档案馆，对跨馆档案信息资源进行逻辑集成分享。

---

① 张志业，宜建军.档案文献信息集成服务研究 [J].兰台世界，2010（7）：26-27.

（3）人力资源档案信息管理手段集成

传统的档案管理，包括收集、鉴定、整理、编目、上架、保管、统计利用七个基本步骤。现代化的档案信息管理，在原有的档案管理基础上，通过计算机技术对档案信息进行著录标引，通过扫描和图像存储技术将实体档案数字化，通过网络技术将数字化档案信息整合分享。此外，在档案信息的安全管理、档案信息资源挖掘、档案信息资源传输等环节，需要数字证书、水印等安全技术，以及数据库挖掘技术、信号通信技术等手段。可以说，人力资源档案信息资源整合性服务是传统手段和现代科技手段的集成实现。

（4）人力资源档案信息服务方式集成

传统的人力资源档案信息服务方式是以实体档案为基础，档案需求者到档案馆进行查阅、影印、咨询，或者档案馆主动提供档案原件或档案编研成果展览。随着信息技术的发展，信息技术融入档案管理工作后，越来越多的公共档案馆实现了档案信息资源的数字化、网络化服务。人力资源档案信息资源的整合性服务旨在建立一个高于现有服务模式的集成服务系统，上层建立人力资源档案信息资源整合性服务互联网服务中心，通过身份认证、信息抓取、匹配检索、联机检索等技术，实现人力资源档案信息资源虚拟化、"一站式"管理服务，并在虚拟网络指导下优化实体人力资源档案信息资源配置，实现虚拟指导实体、实体服务虚拟、"虚实整合"的集合式服务。

3.技术性

人力资源管理与档案信息的整合性服务必须以现代科学技术的研究发展应用为支撑。随着信息技术的发展，信息资源管理一直在探寻传统管理模式的虚拟化，探索打破时间空间上的局限进行知识传递、组织、管理、利用的途径并提高其可行性。从传统的互联网硬件连接，到技术实现网页联通，直至现在的对等计算和网格信息技术、网络技术、计算机技术的集成应用，将传统的手工档案管理工作转化为机器可完成的工作。在这一过程中，人力资源档案信息资源整合性服务所期待的整合多方面繁杂的知识信息，向用户提供透明的、直接的、动态的、可关联的服务，这一模式还需要诸如数据仓库技术、云计算技术、物联网、移动互联网、社会感知计算、可信计算[①]等高新科学技术的整合利用。

4.针对性

人力资源管理与档案信息整合性服务的针对性，包括人力资源档案信息服务指向群体的针对性、人力资源档案信息服务产品的针对性，以及人力资源管理与档案信息整合性服务方式的针对性。

如前所述，人力资源档案信息涵盖多个专业领域，不同专业产生的人力资源档案以及所需要的信息资源各不相同。在对人力资源档案信息进行整合性服务时，需根据不同专业

---

① 吕竹筠，张兴旺，李晨晖，等.信息资源管理与云服务融合的内涵及共性技术体系研究[J].情报理论与实践，2012（9）：27.

的特点和需求，进行有方向和针对性的人力资源管理与档案信息整合性服务方案设计；在对人力资源管理与档案信息整合性服务产品进行研究输出时，要针对各专业或行业不同的研究方向、热点难点、人员结构等因素，进行有针对性的档案信息整合性服务产品编辑研究；在产品输出时，不仅需要考虑利用单位或个人的使用权限、网络类型，还要考虑物理距离、保密级别等因素，形成针对各利用单位的服务方式建设。

人力资源档案资源整合性服务是建立在虚拟网络信息管理系统的基础上，将分散的实体档案馆馆藏资源整合重组，并提供档案信息资源服务的系统。所建虚拟网站界面需简明亲和，下拉菜单设置需合理，检索路径需有效，虚拟系统检索结果应与实际情况符合，各级档案馆能够根据系统检索结果高效提供档案资料，信息检索系统和各级档案管理机构高效对接，用户可无障碍获取实体档案信息资源等。需要注意的是，人力资源管理与档案信息资源整合性服务系统的可用性是实现人力资源管理与档案信息资源整合性服务的基本条件。

人力资源管理与档案信息资源根据领域和内容不同，其密级和保管期限也各不相同。在提供人力资源管理与档案信息资源服务时，只有解密的人力资源管理与档案信息资源对所有用户开放，而未公开的人力资源管理与档案信息资源，应根据用户身份校验，通过分级授权分情况对部分用户开放。

第二节　人力资源管理与档案信息整合性服务的可行性及意义

一、人力资源管理与档案信息整合性服务原则

（一）以档案信息资源为工作核心原则

以档案信息资源为工作核心对象，是人力资源档案和档案信息整合性服务的首要原则。应从保证人力资源档案质量、促进档案信息资源进一步挖掘、创建档案信息资源整合方式等角度深入讨论，明确工作中所涉及的更详细的问题。

第一，重视人力资源档案质量。保证人力资源档案质量，是完成人力资源管理与档案信息整合性服务工作的前提。对人力资源管理与档案信息进行整合性管理服务，就是为了

将分散保存于各处的人力资源档案资料进行形式、内容上的汇总，通过进一步发掘档案资源的潜在价值提供服务以解决社会需要。提高人力资源档案质量，首先应该注重人力资源档案的成套性和专业性，将收集管理工作贯穿于整个工作周期，保证人力资源档案实体的完整性和准确度。

第二，重视人力资源档案编研工作。当前，人力资源档案编研工作存在两大问题：一是人力资源档案工作人员盲目编研，消极应付；二是档案编研只重视量化的"编"而忽略了深层的"研"，导致编研产品应用水平低。人力资源档案整合是以提供服务为工作导向，对原始的档案材料进行深层次的整理挖掘，促进人力资源档案潜在经济价值、学术科研价值的实现，是现有档案服务利用的最佳补充形式。如果没有充分专业的编辑研究，档案信息资源"整合"二字将无从谈起。所以，人力资源档案编研工作是完成人力资源管理与档案信息整合性服务时应着重予以重视的工作之一。

第三，以信息整合为主、实体整合为辅。有保存价值的人力资源档案一部分被保存在综合档案馆、专业人力资源档案馆等档案管理单位，还有极大一部分被保存在单位档案室、专业主管机关档案室。因为保管单位众多、保管地点分散，对档案实体进行整合行不通，所以在进行档案信息资源整合时，必须借助信息技术、网络技术、通信技术等，在逻辑上对人力资源管理与档案信息进行整合并提供利用，实现信息整合为主、实体整合为辅，两者相辅相成、相互促进。

第四，促进人力资源档案共享性。人力资源管理与档案信息整合性服务的根本目的是发掘档案潜在价值并提高其利用率。在进行档案信息资源整合时，档案各保管部门应共享信息资源，补充其他部门所缺；在档案产品输出时，除了一些涉密信息只能在档案管理系统内部传递利用之外，其他档案信息产品应该作为公共资源被社会共享。

（二）系统整体优化原则

如果以人力资源管理与档案信息为整合的对象，那么该对象所存在的人力资源档案信息管理系统及其各要素，则是整合工作的依托。提高人力资源管理与档案信息的整合效果和工作效率，坚持人力资源档案工作体系整体优化，是人力资源管理与档案信息整合工作的基本原则。

1.以人力资源档案信息管理系统为对象进行整合

首先应对整个管理系统进行优化处理，理顺各单位在整个档案管理过程中的角色、作用，将各管理单位视为系统要素，纵观全局，综合解决系统问题，提高系统整体功效，从而达到提高人力资源档案管理的力度和效率的目的。

2.将项目管理过程和档案管理过程整合

将项目管理过程与人力资源档案管理过程整合，是提高人力资源档案准确性、完整度的有效措施。出现档案质量不合格的一大原因是人们的档案意识淡薄，且移交档案质量与工程验收不挂钩。将档案生产、收集、整理、移交各环节整合入工作项目的各阶段，不仅可以保证各工作项目的准确性，使工作项目在各阶段有据可查，还可以提高档案工作人员的档案意识，规范档案管理制度，使各类工作人员主动参与人力资源档案工作。

3.以整体规划、分步实施、循序渐进策略处理系统性优化问题

人力资源档案管理与档案信息建设的系统性优化应整体规划、分步实施、循序渐进。人力资源档案管理系统与其他管理系统，是一个覆盖各行业、主管机关、行政部门等的庞大网络，在对系统进行整合优化时，切勿急功近利，妄图一蹴而就。在具体实施工作时，需要从大局出发进行整体规划，从意识观念逐步落实到具体步骤，从国家机关进行到其他机构或单位，由专门档案工作者带动相关专业技术人员等，以循序渐进的方式，最终达到整体优化的目标。

（三）坚持观念创新原则

观念创新激发人力资源档案工作适应市场经济，将档案由"死"变"活"，为社会提供利用价值并产生持久经济效益。

1.适应市场经济，树立法治意识

人力资源档案量大类杂、设计领域广泛，为了做好人力资源档案管理工作，行政执法部门必须根据现有的各项法律规范，加大执法力度，树立工作人员、技术人员的法治意识，如有出现妨碍执法、维护偏袒的现象，将加大执法力度，为保障下一步工作的落实打下基础。

2.管理动态性和多元化

不同单位的工作项目是动态化发展的，在动态发展的过程中，为了使人力资源管理与档案信息整合建设与工作项目保持协调一致，人力资源工作者应打破档案入库即工作结束的常规理念，周期性地对人力资源信息进行更新，应以多元管理方式、管理手段和管理技术，实现人力资源档案的动态管理。

3.实现主动服务

为了适应快速发展的社会趋势，人力资源档案工作理念必须转变，人力资源档案工作应由以前的被动服务转变为主动服务，一方面应建立以客户为中心的档案整合发展战略和客户关系管理理念；另一方面应积极拓展服务范围和服务手段，引进先进技术设备，满足不同用户的不同需要。

（四）人才支撑原则

进入新时代，人力资源档案工作需要综合素质高的管理人才作为发展推动力。随着数字化档案馆不断建设实施，人力资源档案工作人员不仅要求具有档案学专业知识背景，还应该具有较强的计算机操作能力和外语阅读沟通能力，并了解一些各行各业的专业知识，运用在以信息技术、网络技术为依托的人力资源档案整合工作中，以人才为支撑，全面开展人力资源档案和档案信息的整合性服务。

1.注重现有人力资源档案工作人员的培养

现有的人力资源档案工作人员是新时代档案事业的中流砥柱，在实施"人才战略"时，首先考虑的是提高现有人力资源档案工作人员的综合素质。通过在职培训、委培交流、座谈等形式可以取得很好的效果：一方面，转变工作人员固有的"重保管、轻利用"的错误观念，培养积极主动的工作习惯；另一方面，充分利用现有人力资源档案工作者扎实的理论知识和丰富的实践经验，督促其学习相应的网络信息操作技术，实现"老人"带领"新人"、激励"老人"的工作模式。

2.吸引全方位的创新人才

除了培养在职人员之外，吸收高水平、高素质、全方位的创新技术人才，是实现人力资源管理与档案信息整合性服务的必要条件。具体可以通过人才引进、人才借调、人才交流互换等形式，吸纳稳定或暂时的各专业高等人才。通过对人力资源档案整合工作进行专业性指导帮助，完成某一专题、某一项目并进行深层次挖掘，提高人力资源档案工作质量。

3.根据客观需求配置人才队伍

不同单位的人力资源档案管理部门，其馆藏结构不同，档案涉及专业范畴也不同，在实际配置人才队伍时，一方面考虑引进人才的综合水平，另一方面要考虑实际需要和专业指向，做到有选择有侧重地进行人才队伍建设，既要避免人才短缺，也要避免人才浪费，力求在人才队伍支撑下发挥管理系统最大效益。

二、人力资源管理与档案信息整合性服务目标

人力资源管理与档案信息整合性服务的目标，是通过提高人力资源档案信息管理系统的效率、挖掘人力资源档案信息的潜在价值，提高人力资源管理与档案信息整合产品的质量和利用率，从而使档案产品符合用户的预期。追根究底，人力资源管理与档案信息整合性服务的目标是将市场竞争机制引入人力资源档案工作，提高人力资源档案事业的社会地位。

（一）提高用户的满意度

人力资源档案来源于各个单位，是社会共享的无形资产。但长久以来，人力资源档案工作体制僵化无突破、工作思路僵化、服务手段不灵活，使得我国档案信息服务一直以被动查找、提供凭证为主要方式。人力资源管理与档案信息的整合服务，通过信息手段，将分散存放的人力资源档案进行逻辑整合，在分析市场需求前提下，有针对性地对人力资源管理与档案信息进行统合性编研，从而提供符合用户期望的人力资源档案产品。人力资源管理与档案信息整合服务在服务方式上变被动为主动，在服务手段上变人工为机器，在提供资源上变实体为信息，通过全方位的整合创新，提高人力资源档案信息用户的满意度。

（二）提高人力资源档案工作的社会认可度

中华人民共和国成立后，不少档案已变得可查可用，但仍未完全解开蒙在档案上的神秘面纱。对于档案，大多数人认为它是对历史的记载和留存；而提到人力资源档案工作时，人们大多联想到陈旧的资料、柜架和灰尘。对于人们的这种错误认识，只能通过主动的人力资源档案工作，拉近人们与档案的距离，使人们了解档案、认识档案、利用档案。

人力资源档案是具有大量潜在价值的档案，人力资源管理与档案信息资源整合性服务，不仅可以为相关单位提供规划设计资料，节约规划建设资金，还可以利用凭证价值为行政管理实务提供依据，减少再考察的人力物力耗费。作为社会发展的见证，综合性的人力资源管理与档案信息整合编研出版物，可以为大众普及知识，将人力资源档案工作带到大众眼前，提高人力资源档案工作的社会认可度。

（三）记录社会发展历史，服务人民大众

人力资源管理与档案信息整合，是将分散的档案信息聚合提炼，实现各类信息的立体呈现。当前社会发展日新月异，人力资源档案资料是对我国社会的真实记录，对人力资源管理与档案信息的整合，就是为了详细、真实地将社会发展的轨迹以人力资源档案的形式保存下来，形成系统的社会发展史。另外，对建设信息的还原、维护，可为当前经济社会发展提供服务。

三、人力资源管理与档案信息整合性服务工作难点

（一）环境变化难点

第一，已有法律法规不适应当前人力资源的工作需要。社会经济建设快速发展，牟利者大量涌入市场，在这种情形下，人力资源档案管理体系的优化规范、人力资源管理与档

案信息的整合管理、档案信息产品的有偿服务等工作，都必须有健全的法律法规体系做后盾。但是，我国现有的法律法规并不能满足这一需要。我国人力资源档案规范大多形成于20世纪八九十年代，如《中华人民共和国档案法》颁布于1987年，并于1996年进行修改；《干部人事档案工作条例》于1991年4月2日通过，并于2018年11月28日修订；等等。

而当今社会科技迅速发展，人们知识水平大幅提高，社会事务繁杂且涉及面广，与社会活动、职场生涯紧密联系的人力资源档案工作，相比于以前，涉及的行业单位、专业范围、技术手段等因素也日趋复杂。例如，一方面，现有的人力资源档案规范大多围绕着档案馆及其管理活动制定，强调如何能更好地管理各种类型的人力资源档案，但对人力资源档案管理体系建设、人力资源档案管理与档案信息整合性建设等方面却很少涉及。另一方面，由于人力资源档案工作涉及单位众多，不同主管部门颁布的管理办法相互之间可能产生冲突。

第二，市场经济下人力资源档案呈现出单位多元化、管理对象复杂化的特点。随着我国综合国力不断增强、国际地位不断提高，我国经济发展与国际市场联系越来越密切，大范围、多角度、深层次的交流促进观念创新、技术革新、手段途径增加。在这种情况下，挖掘人力资源档案信息的潜在价值，使其成为契合社会需要的有偿商品，正符合市场发展的趋势。同时，社会发展形势多元化也为人力资源档案工作增加了许多新元素，接受新观念、学习新技术、充分利用新工具，成为人力资源档案和档案信息建设工作的一大挑战。例如，随着大量外商的涌入，外资单位在华的建设项目形成的档案资料，属于人力资源档案的一部分。但外商大多注重知识产权的保护，如何对这一部分档案进行收集并规范性管理，是当前我国人力资源档案和档案信息建设整合性服务需要思考并解决的问题。

（二）管理体制难点

人力资源档案管理体制障碍，影响同一地区内人力资源管理与档案信息的整合利用。

第一，档案管理系统内的体制障碍。人力资源档案行政管理体制条块分明，人力资源档案和档案信息建设整合性服务不仅受到档案部门的指导，而且隶属于建设部门，建设单位层级隶属关系划归转变时，其产生档案的所属关系也要随之改变。例如，我国国有单位私有化改革后，国有单位纷纷建立由股东会、董事会、监事会、经理层组成的公司管理模式，以集团母公司管理控股子公司的管理体制开始得到运作。原国有单位产生的人力资源档案依其隶属关系收归国有，但在单位改制之后，人力资源档案作为单位无形资产由单位自身集中统一保管，这就造成了档案形成主体相同，但档案分散保管的现象。此外，建设单位隶属关系的提升或下放，导致所属级别不同，档案移交单位也将改变。上述情况导致同一单位产生的档案材料保存于不同的档案管理部门，影响档案的完整性。

第二，档案系统与非档案系统之间的体制障碍。人力资源管理与档案信息建设涉及的系统众多，例如，人力资源规划管理系统、档案信息建设管理系统等，各系统间相互协作，共同完成某项人力资源建设项目。由于人力资源涉及面广，要素繁杂，此间产生的人力档案资料由于各系统之间衔接不畅，存在丢失、遗漏、损毁等情况。另外，图书馆、博物馆等非档案系统也保存着一定量的人力资源档案资料，在进行人力资源与档案信息整合工作时，需要跨系统进行沟通与共享。

（三）人才建设难点

人力资源工作人员是人力资源档案和档案信息建设整合性建设的直接实施者，但当前人力资源档案工作群体结构存在诸多问题，主要表现在以下几个方面：

第一，人力资源档案工作者结构组成不合理。当前，很多单位的人力资源工作人员结构现状为：在性别比例上，女多男少；在学历组成上，高学历者少，且缺少计算机、信息管理等方面的专业人才，复合型人才更是稀缺。由于人力资源档案工作发展与信息技术、计算机技术、现代管理技术联系越来越密切，且人力资源档案工作趋向专业性，当前人力资源档案工作人员结构不适应这种变化趋势，从而延缓了人力资源档案和档案信息建设整合性建设事业的发展。

第二，人才引进困难。人力资源管理人员在很多单位中属于辅助人员和附属人员，相对来说不受重视。不同单位人力资源人才的引进大多是按照上级部门的指导来进行，而上级部门对人力资源档案工作了解不够彻底，往往会产生"需要的人招不来，进来的人不需要"的情况。

四、人力资源管理与档案信息整合性服务实施意义

施行人力资源管理与档案信息整合性服务，可以通过工程管理过程和文档管理过程的整合，提高人力资源档案管理质量，解决档案文献管理权限之间的矛盾，平衡各级人力资源档案管理机构之间的水平，实现管理主体、管理资源要素和管理技术等的全方位整合，最大限度地发掘人力资源档案的潜在价值和经济效益，并通过提高人力资源档案服务的社会化程度，提高档案工作的社会地位。

（一）调解人力资源档案管理权限矛盾

对人力资源档案现有的管理模式进行梳理整合，将"条块分明"的管理模式转化为合作、协调和整合的联盟模式，是解决人力资源档案管理权限矛盾，调整各级人力资源档案管理机构之间关系的必由途径。

在梳理整合过程中，结合现有工作实际和实践经验，将人力资源档案管理体系作为一个整体系统，以提高系统工作效率、优化系统各部分沟通协作为出发点，以优化系统资源

配置为目的，明确界定人力资源管理与档案信息整合管理过程中各主管部门的责任分工。

通过组织协调，将彼此分离的职能、存在共同期望的单位进行重组，形成跨部门、跨区域、跨专业的大众化人力资源信息服务系统。

（二）推进人力资源档案行政管理体制改革

若要实现人力资源档案和档案信息整合性服务，首先要对人力资源档案进行整合管理，而整合对象又可分为实体对象和信息对象。人力资源档案实体保管采用的是条块化管理，即档案行政管理部门和其他专业主管部门相结合的档案管理体制模式。这种管理体制不利于人力资源档案跨专业、跨领域的交流与共享。档案行政管理体制要有所突破，打破专业壁垒，通过人力资源档案和档案信息整合性服务，对人力资源档案管理主体进一步明确权责、调整管理结构，推进档案行政体制改革，提高综合竞争力，实现档案实体整合。

（三）促进工程管理过程和文件管理过程整合

在当前的人力资源档案工作中，影响人力资源档案和档案信息整合建设质量的因素主要体现在以下两点：第一，在人力资源档案形成过程中，由于人力资源档案工作人员变更、档案形成主体单位变更等原因，导致人力资源档案信息在其形成周期中衔接不畅[①]。第二，当前的项目管理和人力资源档案管理在具体工作中被分开操作，导致人力资源档案管理水平未被纳入项目质量验收中，导致项目负责人忽略了人力资源档案工作（包括人力资源档案和档案信息整合性建设工作等）。

对于上述问题，可以通过对项目管理过程和文档管理过程的整合来解决。依据后现代文件观，注重文件的形成过程，对动态文件进行研究，结合文件的形成背景，将文件生命周期和工程生命周期相结合。

通过观察研究，我们发现，不仅工程档案的产生、管理过程周期长，涉及主体单位多，而且建设项目同样也具有历时周期长、涉及主体单位多的特点。由于各级各单位在进行项目工程建设时将重点工作放在项目工程而非档案管理上，故而导致项目档案管理和项目工程不同步且质量低下。只要通过相关规范、标准将工程档案质量标准纳入项目质量验收，达到工程档案与项目同步进行，项目档案质量就可以从根本上得到提高。

这一点可以通过系列标准对文件管理的促进作用来佐证。

系列标准是对单位所提供的产品和服务进行验收的标准。该系列标准规定，该单位的产品设计、生产流程、出厂质量、设备机械维护等工作都需要相关文件进行证明，如果证明文件虚假、错漏，则影响产品通过标准验收。这一规定促进了该单位质量文件的产生和

---

① 黄衢征.地方档案信息资源整合实施探讨 [J].科技创新导报，2011（7）：244.

管理，提高了单位对质量文件的重视程度。以此类推，如果将项目管理和项目档案管理整合，项目质量验收必须通过项目文件作凭证，两者相互依存，那么项目档案的质量必将得到提高。

（四）发掘人力资源档案潜在经济价值

由于各行各业之间巨大的差异，其所形成的档案资料自然也被分散保存在不同单位的档案室内，这就阻碍了人力资源档案信息的有效利用。而对人力资源管理与档案信息的整合性服务，首先利用通信技术、网络技术、计算机技术等，在逻辑上对现有的档案信息资源进行汇总，突破物理距离的限制，将某一专题、某一专业的档案信息资源进行汇总整合，根据馆藏档案结构特点、社会需要等因素对现有的档案信息资源进行编辑研究，发掘档案资源的潜在内容，提高人力资源档案信息的利用效率。通过发掘人力资源档案的潜在价值，将档案信息转化为生产力，合理利用人力资源档案，在经济建设过程中可以减少重复投入，节约人力、物力、财力。

（五）促进人力资源档案管理理论发展

目前，"人力资源管理与档案信息资源整合"是档案界研究的重点问题，但至今为止没有完善的理论体系指导该类档案整合管理服务工作。"整合"的概念从数字环境和信息环境下的系统管理、业务流程管理、信息管理等逐步引申到文件管理、档案管理。在管理理论的摸索研究过程中，档案界学者先后引入了集成服务模式构架、后现代档案管理思想、文件连续体模式、以人力为核心的管理理念等。本书认为，只有不断探索其他学科相关理论的借鉴价值，深究档案学的学科外延与内涵，将学科基本理论与管理手段结合，才能指导其他各要素全方位整合，最终促进人力资源档案管理理论发展。

（六）提高人力资源档案工作地位

在当今市场经济环境中，档案信息资源及产品具有了商品属性，利用者为了满足自身信息需求，愿意为有用的信息产品支付报酬。如果人力资源档案工作者能以顾客需求为导向，通过咨询服务和信息商品定制等方式，提高档案信息产品的质量和契合度，更好地发挥人力资源档案的潜在价值，满足客户预期，这无疑将拉近档案与大众的距离，推翻长久以来人们对人力资源档案工作以及人力资源档案工作者的刻板印象。市场经济的竞争机制激发了人力资源档案工作的生机，人力资源管理与档案信息整合性服务，为档案管理体系注入了新鲜活力。

档案信息社会化整合性服务可以摆正大众对人力资源档案工作的认识，提高利用者的档案意识，使人力资源档案工作获得相关单位和广大群众的理解、支持。可见，加快人力资源管理与档案信息整合性服务工作，引入市场机制，加快档案信息资源社会化进程，将提升人力资源档案工作的社会认可度，提高人力资源档案工作的社会地位。同时，本书认为，为了加快这一进程，还需要健全相关规章制度，加大人力资源档案工作的资金投入，引进全方位人才，加快档案信息化建设，使人力资源档案工作部门深刻认识到档案信息资源服务利用工作的重要性，从体制内部迸发力量，实现高水平、高层次档案信息资源整合性服务工作。

第三节　人力资源管理与档案信息建设整合性服务的对策与措施

一、人力资源管理与档案信息整合性服务的基本指导思想

人力资源管理与档案信息整合，以系统论和方法论为基础，对优化人力资源档案管理与档案信息建设的途径、提高人力资源管理与档案信息服务质量进行创新性探索。对人力资源档案管理工作各模块的整合，是一项复杂的系统工程，不仅需要考虑分散的人力资源档案信息逻辑上的聚类组配，还要考虑人力资源档案各管理部门的职能划分、协调配合，力求从系统的角度出发，实现现有人力资源档案工作各模块的有机组合、提高人力资源档案工作系统的整体效益、输出"1+1＞2"的整合产品效果。

由于人力资源档案管理工作涉及社会各领域，档案信息资源涵盖面广、档案类型复杂，就其档案本身的复杂性而言，若要对人力资源管理与档案信息进行整合性服务输出，不仅需要政策、标准、技术层面的支持，还要求在工作正式实施之前，对人力资源管理与档案信息整合系统做出整体设计方案、提出基本指导思想。

（一）建立具有社会共享机制的档案服务有机整体

就人力资源管理与档案信息整合系统的特征来说，人力资源档案和档案信息整合性服务必须走规模化和集约化的发展道路，在人力资源档案行政管理部门牵头的基础上，明确各管理单位的职责分工，促进各部门的协调沟通，拓宽人力资源档案管理工作的实现思路，积极实现区域互补、专业互补、馆藏结构互补，通过各个人力资源档案管理部门的资源共享，实现人力资源管理与档案信息整合性服务的高效益。

在人力资源档案管理系统内部资源共享的基础上，建立大容量数字档案信息仓库，通过计算机技术、通信技术、信息管理技术等，将人力资源档案信息通过互联网实现人力资源档案和档案信息整合性服务社会共享。在用户有档案利用需求时，通过登记注册、身份验证、信誉评估等工作手段，实现"人力资源档案和档案信息整合性服务的公共服务模式"。建立区域性、跨机构、多层次、多专业、高效率的人力资源档案社会公共服务系统，是人力资源管理与档案信息整合性服务实现的外在表现形式；而社会共享机制，是人力资源管理与档案信息整合性服务的基本属性。

（二）从管理角度入手建立系统模型

人力资源管理与档案信息整合工作，是基于人力资源档案管理信息系统平台实现的创新型档案服务工作。人力资源档案管理信息系统置身于开放的管理系统之内，在社会各部门协同合作的条件下，需要完成系统的能量、物质、信息交换。可见，人力资源管理与档案信息整合工作，归根结底是一项管理工作。要求系统能协调内外各元素间的关系，各部门达成共识，统一工作目标、沟通衔接顺畅，从而实现系统内部各组织机构合理运作。

建立人力资源管理与档案信息整合性服务系统，从管理的角度出发，以发掘人力资源档案潜在价值、优化人力资源档案信息服务质量、实现人力资源管理与档案信息整合性服务为目标，建立工作目标明确、上行下达高效、管理层次精简的扁平化的人力资源档案信息管理系统模式。首先，通过对不同单位人力资源档案和档案信息的整合性建设，部门内明确小组分工，完成沟通、监督、宣传等工作，对现有人力资源档案的结构体系、后期人力资源档案服务产品的需求导向进行规范引导；其次，督促、协同行政区域完善各人力资源档案管理规章条例；再次，组建人力资源管理与档案信息整合性服务工作专家领导小组，对具体工作进行咨询、规划、指导、监督，并形成固定的人力资源档案管理联盟；最后，对人力资源档案整合工作的价值、作用、管理方式进行宣传，把握正确的舆论导向。本书认为，从管理角度入手，建立高效系统运作模型，协调各组织机构关系，是实现人力资源管理与档案信息整合性服务的重要指导思想。

（三）实现各分布异构的人力资源档案信息管理子系统整合

人力资源管理与档案信息整合性服务工作在各行各业的档案系统中，若要实现人力资源管理与档案信息整合性服务整体效益的提高，一方面要考虑提升人力资源管理与档案信息的建设，另一方面要考虑如何提高人力资源管理与档案信息整合性服务的质量。所以，本书认为，人力资源管理与档案信息整合性服务系统，涉及各分布异构的人力资源档案信息管理子系统，也涉及人力资源档案信息建设子系统和人力资源档案信息服务子系统的集成。

人力资源档案管理子系统需要完成的工作有：人力资源档案信息的集成、信息资源的存储、信息资源的维护。这里所说的各项子系统工作不仅针对计算机技术、信息技术环境下的电子档案信息资源，也涉及面对档案实体的工作。而人力资源档案信息服务子系统，则主要负责对档案信息资源的著录标引、元数据的存储管理、用户需要的处理、网络工作流的管理等内容。在档案文件资源管理技术的支撑下，实现优化档案建设、提高档案信息资源质量、创新档案信息资源服务。

（四）合理构建人力资源管理与档案信息整合方案

如上所述，人力资源档案信息分布于各个领域，档案类型多样、物理位置分散、专业覆盖面广是其突出特点。不同于文书档案或人事档案，人力资源档案依据其专业不同或项目工程的不同，其档案构成、档案类型等特征也不一样。在进行人力资源管理与档案信息整合工作时，不能根据档案特征构建起大而化之的管理模型，而需要根据人力资源档案的专业特点、档案类型构成特征分别设计整合方案。在构建人力资源档案管理系统时，利用信息技术、网络技术实现人力资源档案信息逻辑上的整合；根据档案信息资源特点、档案类型、服务目标的不同，有选择、有侧重地设计人力资源档案整合方案。

例如，人力资源档案实体大多分存在市档案馆、区县档案馆以及其他各专业档案馆[①]，对这部分档案的整合性服务，强调档案材料的收集整理，需要尽可能全面、完整地收集现有档案，以能展现立体的、完整的行业面貌为目的。而行业管理类档案等不同档案实体也分布于不同的物理位置，在档案资料的整合工作中，针对某一问题所需要的档案信息资源编研产品应准确、精练、有深度，这就意味着档案整合性服务不再是简单对所需相关材料的收集整理，同时还要根据服务产品需求，对材料进行更深一步的发掘。而不同的人力资源管理与档案信息整合方案，在利用信息技术进行数据库整合和人力资源档案信息著录时，也有不同的设计方案。可见，利用信息技术，针对不同人力资源档案合理构建信息资源整合方案，是人力资源管理与档案信息整合性服务的最终实现策略。

（五）探索方便彻底的人力资源管理与档案信息整合性服务方式

目前，基于互联网向大众提供的档案信息资源在线服务，大多停留在本档案馆的档案目录查询和部分馆藏特色在线展示，而实际可以做到的在线信息服务应该更加便捷彻底。

第一，建立联机公共检索目录，实现跨馆服务。各档案管理部门根据本单位档案著录标引内容，建立档案信息资源数据库，并将数据库内容上传，生成一定范围内的联机公共目录查询系统。系统中的档案信息按照学科分类法和主题分类法两种途径进行分类，并进

行规范化著录标引。用户在进行档案信息资源检索时，可以通过逻辑从属关系，或者通过输入档案号、分类号、责任者号，甚至主题词等方式迅速定位所需档案。

第二，建立联机检索数据库。建立面向公众的、覆盖某一领域或某一地区的联机检索数据库，向用户提供网上档案有偿服务。各档案馆在提供档案著录标引信息、建立联机公共检索目录的同时，要加强自身的数字化建设，根据实际情况不断更新数字档案馆的馆藏内容，将原有的纸质档案、照片档案、音像档案等不同类型档案进行数字化转换，建立微缩档案数据库、音像档案数据库、转化数据库等，并将数据库连接到联机公共检索目录系统。客户可在一个统一的界面上看到不同地域档案馆的馆藏，并进入数字档案馆，通过身份认证和权限赋予，进行付费式的档案在线阅览或档案下载。

第三，跨馆协同服务。打破原来档案管理壁垒分明的模式，建立覆盖某一区域的档案管理信息系统，结合办公自动化，在局域网内统一管理所有档案信息资源，通过跨馆协同服务，实现"一站式"档案管理。横向上，实现平级档案行政管理部门间的协同服务。各县区、各市档案馆的档案资料，通过档案管理信息系统实现跨区域查询，用户在某一行政管理部门或科技部门，提交相关证件和查询证明，工作人员跨馆进行档案检索，并在一定期限内，利用档案数据库，通过跨馆出证的方式，将证明或档案复印件提供给用户。纵向上，各级档案行政管理部门协同服务。通过档案管理信息系统，用户只需到上一级行政管理部门提出业务申请，工作人员通过网络办公，连接下一级档案行政管理部门，在一个窗口为用户办理所有业务，省去逐级跑证明的烦琐环节。

二、人力资源管理与档案信息整合性服务的实施模式

人力资源档案信息涉及范围广、档案类型多、管理结构复杂，在设计人力资源管理与档案信息整合性服务模型时，要考虑实施的理念模式，找准角度、突出重点、循序渐进。

（一）从局部整合到整体整合

局部整合是指在特定范围内，如某些行业范围内、某些行政区域内，进行人力资源管理与档案信息的整合；整体整合是指在更大的范围内，如县市级行政区、特别经济行政区，甚至省级区域内，对人力资源管理与档案信息的整合。局部整合是整体整合的基础。整体整合是从人力资源管理与档案信息整合性服务系统的角度出发，对人力资源管理与档案信息进行全方位的特征分析、归类排列、总体规划，在局部整合的基础上进行资源调配。

（二）从初步整合到完全整合

初步整合是指对人力资源档案信息进行初级的管理，保持档案的完整性和准确性，在

有效管理的基础上，对档案信息资源进行第一层的划分聚类并挖掘利用。完全整合则是在现有的人力资源档案信息和人力资源档案管理基础上，利用科学手段，对档案实体和档案信息进行完全整合，理顺人力资源档案管理结构，协调各方关系，实现资源共享，最后能高效、方便地输出档案信息资源服务产品。

（三）从横向整合到纵向整合再到立体整合

横向整合指同一行政级别或同一隶属关系的人力资源档案保管机构针对人力资源档案的信息资源整合；纵向整合是指存在上下级行政关系或从属关系的人力资源档案保管机构互相之间的档案信息资源整合；立体整合是指既包括横向整合又包括纵向整合的人力资源管理与档案信息整合模式。在进行人力资源管理与档案信息整合工作时，一般从横向整合出发，根据客户要求、工作目的、整合专业方向等因素逐渐扩大整合工作范围，从横向整合过渡到纵向整合，逐渐形成纵、横共存互补的立体整合系统。

（四）以实体整合为辅，以信息整合为主

人力资源档案工作首先要求工作者面对实体档案。传统的档案服务，是在档案的收集、整理、鉴定、分类、统计利用等工作的基础上，对档案实体进行借阅和展览，但在进行人力资源管理与档案信息整合时，档案的实体整合不能满足档案服务工作的需要。借助计算机基础、信息技术、网络技术，实现物理位置上的档案信息逻辑层面的整合，是人力资源管理与档案信息整合性服务的主要实现方式。但从另一个方面来说，档案实体整合是档案信息资源开发利用的基础，没有基础工作，上层工作很难顺利进行。所以说，在实施人力资源管理与档案信息整合性服务系统工程建设时，要以实体整合工作为辅，以信息整合工作为主，协调共进。

在实际工作中，应对人力资源管理与档案信息整合性服务系统进行统筹规划，以实现总体整合、完全整合和立体整合为目标。在具体实施过程中，应充分考虑各地区、各行业、各单位的人力资源档案工作目标、管理现状、经济政策环境、技术支持等因素，在顶层规划的框架下，结合具体情况，逐步从初步整合、局部整合向完全整合、总体整合过渡，结合人力资源管理与档案信息整合性服务的具体实施模式，实现不同类型、不同专业、不同服务目标的人力资源管理与档案信息整合共享服务。

三、人力资源管理与档案信息整合性服务的实现方案

人力资源管理与档案信息整合性服务是一项复杂的系统工程，档案实体种类繁多且存放分散、管理单位权责不清等管理现状由来已久。在人力资源管理与档案信息整合工作中，需理顺各项工作顺序并使之顺利衔接，搭建人力资源管理与档案信息整合系统的组织

结构，以信息技术、计算机技术、信息管理技术等为依托，完成人力资源档案信息管理系统的构架与维护，以及人力资源档案电子信息资源质量的提高与保持工作，最后实现人力资源管理与档案信息整合性服务内容的输出。

（一）搭建领导组织结构模型

在"统一领导、分级管理"的中心指导思想下，档案行政管理单位是人力资源档案工作的领导部门，而下级档案实际保管单位涉及人力资源档案馆、各单位的档案室等。针对这种情况，搭建契合人力资源管理与档案信息整合性服务目的的系统领导组织构架模型、理顺系统中各部分的关系、解决人力资源档案管理中的矛盾，是实施人力资源管理与档案信息整合性服务的首要工作。

从人力资源档案管理现状来看，模型的核心领导部分不能从现有的管理机构中划定，而是要整合当前的管理资源，重新组织。由于各级人力资源档案馆保管本行政区域内各行各业的人力资源档案资料，且与档案行政单位、其他机构等都有联系，同时负责指导各行各业档案室的人力资源档案工作。本书认为，可以各区域人力资源档案馆为依托，成立人力资源管理与档案信息整合性服务管理委员会，对人力资源管理与档案信息整合性服务工作进行工作指导和资源调配。

人力资源管理与档案信息整合性服务管理委员会下设人力资源管理与档案信息整合领导小组、人力资源管理与档案信息整合性服务总务办公室、人力资源管理与档案信息整合性服务工作咨询办公室、人力资源管理与档案信息整合技术办公室、人力资源管理与档案信息整合性服务调查取样办公室等部门。

领导小组负责对人力资源档案信息客户需求进行总体把握，设计人力资源管理与档案信息整合的整体方案，并制定各部门沟通协调的具体实施策略，最后将任务下达各级工作部门。在具体人员任命方面，可以请市级人力资源档案工作主管领导任最高责任人，档案行政管理部门等单位的负责人为小组成员。

总务办公室负责协调委员会下设各部门之间的关系，以及各部门之间的协调沟通、文件传递、后勤保障、人员调遣等日常行政工作。

咨询办公室负责对人力资源管理与档案信息整合系统的构建、市场的需求导向、人力资源档案信息产品的维护和质量的提高，并提出解决方案。咨询办公室可以聘请各行各业的专家兼任。

人力资源管理与档案信息整合技术办公室，负责构建、维护、升级人力资源档案管理信息系统；负责系统内信息资源的存储、输入、输出；负责对数据库内的人力资源档案数据进行处理和维护，并解决由于操作系统不兼容带来的数据共享等问题。

在人力资源管理与档案信息整合性服务工作管理委员会总体组织结构下，人力资源管理与档案信息整合性服务领导小组，以及总务办公室、咨询办公室、调查取样办公室存在领导和协作关系，其下还可以设立分工不同的各部门，用来处理更加细化的工作。

（二）全面了解人力资源档案用户的利用需求

随着人力资源档案信息商品化进程的深入，以用户需求为核心，满足用户的信息需求，向用户提供增值性信息服务，是人力资源管理与档案信息整合性服务的目的所在。通过对人力资源档案用户类型、影响人力资源档案用户需求的因素进行分析探讨，了解人力资源档案用户需求。

1.人力资源档案信息用户类型

一般来说，人力资源档案信息的用户主要分为四种：第一，政府行政主管部门利用人力资源信息数据进行相关项目的统筹规划、决策和管理等；第二，不同行业的项目规划、设计等部门在开展实际工作时，可以利用人力资源档案信息进行技术性参考；第三，专业研究部门，如高校或科研单位等，利用人力资源档案进行相关专业学术研究等；第四，社会团体及个人展开的各种商业性服务，比如，有些机构以人力资源档案为社会团体或个人所展开的定制服务。

2.影响人力资源档案用户需求的因素

为全面了解人力资源档案用户的整合性信息资源利用需求，还需要对人力资源档案用户行为的影响因素进行调查研究。目前，影响用户需求的因素主要分为个人因素和社会因素。

（1）个人因素

所谓个人因素，包括人力资源档案利用者的工作年龄、专业、学历、职业背景、专长爱好、档案素养等。对于专业人力资源工作者来说，在利用人力资源档案信息时，专业背景、职业年龄是决定其人力资源档案利用需求的主要因素；而对于非专业人力资源工作者来说，专长爱好、档案素养则在很大程度上决定了档案利用者的需求方向。

（2）社会因素

随着我国经济、文化水平的不断提高，我国各行各业也进入高速发展时期，这在很大程度上促进了人力资源档案利用的社会环境的改变。之前，人力资源档案用户多关注本国出版的档案文献、中文文献、本单位保存的或易查找的档案资料。随着社会环境因素的改变，人力资源档案用户将档案信息利用范围扩展到外国人力资源档案资料、外文文献、人力资源管理与档案信息整合资料等内容。

3.为以用户为中心的人力资源档案提供利用方法

了解人力资源档案信息用户类型，明确影响人力资源档案用户需求的因素，紧接着以用户为中心，通过社会调查的方法，了解人力资源档案用户的整合性信息资源利用需求。

第一，用户行为调查。对于重要用户、长期用户，可以通过调查其借阅档案资料的专业领域，论文、著作的研究方向，相关团体的活动情况等，对用户的热点信息、关注专题进行评估，预测用户的人力资源档案需求方向。

第二，用户环境调查。在用户行为调查的基础上，通过了解用户的专业背景、学历背景、职业背景等环境因素，对其档案需求层次、档案利用综合素质进行评估，从而预测该用户的档案需求方向。

第三，提供服务定制并收集结果反馈。通过上述用户行为调查和用户环境调查，针对用户人力资源档案需求方向的预测结果，为用户提供定制服务，及时收集反馈信息，并根据反馈信息及时作出调整。在以用户为中心，对人力资源档案信息需求进行预测时，要考虑用户需要档案类型、用户所需档案数量、用户所需档案内容及主题，以及用户获取信息的方法。

（三）构建人力资源档案信息管理系统

人力资源档案信息被分散保存于不同的地理位置，上文已经提到，人力资源管理与档案信息整合，以逻辑上的信息整合为主要实现方式，通过计算机技术、信息技术、网络技术等将人力资源档案信息数字化，通过管理信息系统进行信息的传递、存储，并提供利用。而档案信息资源的数字化，一方面将现有的实体档案进行数字化格式转换，另一方面通过建设电子文件管理信息系统，引入文件连续体模型对文件进行超前控制。

1.人力资源档案信息管理系统模型搭建

本书认为，将各分布式异构人力资源档案管理信息系统进行逻辑上的整合，利用元数据对人力资源档案信息进行规范控制和存储，建立集中式与分布式相结合的人力资源管理与档案信息整合性服务系统，是实现人力资源管理与档案信息整合性服务的技术环境依托。由于人力资源档案各管理单位分布于不同的地理位置，存在于各单位数据库中的各类电子文件涉及范围广、专业多、种类多，导致人力资源档案信息总量巨大。人力资源档案馆无法建立足够大容量的数据库，将所有人力资源档案信息集中保存。基于这种情况，本书提出不改变分布于各单位数据库中人力资源档案信息的保存状态，而各相关部门则积极建立人力资源档案信息元数据体系，在人力资源档案馆建立元数据数据库，从而形成集中式与分布式相结合的管理策略。

在人力资源档案信息管理系统中，将对征集对象的信息收集看作信息生产模块，将已生成的人力资源档案的日常维护、政策制定实施、业务操作等看作信息管理模块，将人力资源档案信息产品向系统外的输出服务看作信息用户服务模块。

建立档案信息资源管理系统的核心部分在于以人力资源档案馆为依托的人力资源档案信息管理模块，人力资源档案信息的生产者将人力资源档案信息包传入人力资源档案馆，人力资源档案馆对人力资源档案信息进行加工、管理。其中，人力资源档案管理信息包是整个人力资源管理与档案信息整合性服务工作的管理对象，人力资源档案管理者根据用户需要和服务目标，将多个人力资源档案生产提交信息包转化为一个或多个人力资源档案管理信息包，待人力资源档案馆接到人力资源档案信息用户的利用需求后，将符合用户需求的人力资源档案信息包输出。

2.人力资源档案"集中式"管理策略的实现

首先，所谓人力资源档案信息的分布式管理，是指人力资源档案信息生产者与人力资源档案馆之间的分散保存、集中领导的管理模式。人力资源档案信息一部分由人力资源档案馆保存，其他大部分分散在各专业档案馆。引入文件连续体理论，将各行业相关的电子文件管理信息系统一直延伸到文件的产生节点，从各单位的文件阶段开始控制，把人力资源档案馆作为管理枢纽，通过指令的上传下达，对分布的人力资源档案信息进行管理指导和监督。

其次，各单位的管理技术人员将人力资源档案实体、后期产生的该单位的电子文件资源，进行数字化转换并导入人力资源档案信息库，各单位保存的实体档案信息一定在档案信息库中，同时信息库内还存有后期生成的、没有实体形式的信息资源。各人力资源档案保管单位建立自己的存储系统，即人力资源档案信息存储的物理位置，对于用户来说，人力资源档案信息服务产品是在人力资源档案馆获得的，所以人力资源档案馆便成为人力资源档案的逻辑存储位置。而人力资源档案馆一方面建立人力资源档案信息数据库，导入需要永久保存或长期保存的重要档案信息资源；另一方面建立人力资源档案元数据库，对分散的人力资源档案信息进行有效控制。另外，人力资源档案馆中同样保存了大量的实体档案。

再次，人力资源档案馆对存储于不同单位的人力资源档案信息进行远程控制，是通过对元数据的控制而实现的。元数据对人力资源档案信息的全宗信息、案卷信息、档案类型、保密期限、存储位置等进行描述，从而实现指向的唯一性和调用的实时性。

最后，由于人力资源档案具有产生周期长、随项目更新等特征，人力资源档案馆通过元数据进行档案信息资源控制时，人力资源档案信息更新系统需要定期将各单位的人力资源档案信息元数据与人力资源档案馆元数据库中的信息进行比对，如发现有差异，则应及时向系统反馈并更新。系统通过人力资源档案信息更新系统对元数据的控制，实现人力资源档案信息的分布式存储模式。应用人力资源档案信息的分布式存储策略，可以减少系统核心部分的工作负担、避免大量"非必须"档案信息资源占据系统存储空间、使人力资源档案馆工作目标明确、提高人力资源管理与档案信息整合性服务工作的效率。

3.利用元数据进行"集中式"控制

人力资源档案信息采取分布式策略进行逻辑保存，人力资源管理与档案信息整合性服务系统是以人力资源档案信息管理系统，以及各单位的电子文件管理信息系统整合而成，各单位各部门搭建的电子文件管理信息系统，相互之间很容易出现电子文件所依赖的系统平台、应用平台、数据结构、数据模型、数据格式等方面的异构性，从而影响电子文件的正确性、完整性和持久有效性。

具体表现有：数字信息依赖的软件环境没有通用性，离开系统电子文件无法独立生存；不同信息的管理模式和信息查询端口不同；软件平台和支撑技术的互不兼容产生信息孤岛等。

为了使管理信息系统内部的信息流能在分布式、异构性的网络环境中正常传递、管理、利用，如今档案界都在努力作出各种研究尝试。数字档案馆、电子文件管理信息系统、数字图书馆等研究热点都将注意力放在信息的共享和系统建设上。当前，我国已有不少档案馆在数字化档案馆的建设上取得了不错的成绩，但由于我国档案馆数字化建设的相关标准滞后，当前的理论研究尚不足以解决建构过程中出现的很多问题。从今后的发展趋势来看，利用元数据对不同系统环境下的档案信息进行描述，并集中控制，是行之有效的方法。元数据是与电子文件的创建形成、运转、处理、存储、检索、传输和利用有关的数据，它是在上述过程中自动随机或由人工帮助产生的，可以独立于文件之外记录、积累、保存、管理和利用信息。人们可以通过它来帮助记录电子文件形成时的背景信息和软、硬件环境，记录文件的内容和结构以及整个的管理和检索利用过程。构建一个可以操作的元数据模型，必须完善元数据的三个结构，即内容结构、语法结构和语义结构。一般来说，元数据的内容结构决定了元数据需要描述的信息内容构成，内容结构通常使用国际标准ISO11179来完成，其定义了元数据的10个属性；语义结构是对元数据元素具体描述方法的规定，尤其是对元数据所采用的标准和著录规则的描述。

将人力资源档案信息进行元数据收集，并进行集中式的描述管理，是为了人力资源档案信息分布式存储模式的实现。在对元数据进行设计时，需要实现以下几点要求：

（1）模块可划分

由于人力资源档案信息管理系统需要对人力资源档案信息进行存储、管理、更新、维护等，且该系统下又包含若干分布式子系统，针对不同的目的，系统需要对人力资源档案信息进行不同的处理，进而对元数据不同层次、功能、应用进行逻辑模块的划分，满足对人力资源档案信息进行各级别描述的要求。在这里，不同模块的元数据之间不仅可以进行相互组合，而且每个模块需要具备即插即用的功能，增强不同元数据元素之间的联系。

（2）设计的标准性

当前，元数据的标准多种多样，国家标准、行业标准、政府标准等种类繁多。人力资源档案管理信息系统元数据在设计时，要保持与现行的国家标准、行业标准相一致，从而实现信息的一致性。

（3）通用性

通过设计元数据的语义结构和语法结构，可以实现元数据的可转换性。即设计的元数据不仅适用于自身系统，实现同构系统中元数据的传递，亦可在异构系统中、不同元数据标准间实现元数据的传递、转换。

（4）多层次定义

元数据是对信息内容的描述，也是信息的一种，如要满足档案管理信息系统对元数据的多重要求，就要对元数据进行多层次定义。一般情况下，元数据需要通过另外的"元元数据"进行定义描述，层层递归，每一层都具有独立的元素，且能够被系统追溯，从而实现系统对元数据的准确性、真实性和完整性进行验证和解析。

（5）开放性

要求元数据在设计和投入使用时具有开放性，能适应不同的信息种类和系统平台，同时具有一定的可扩充性，对新的数据信息类型能快速反应并消化。首先，人力资源档案信息元数据通过对档案的基本信息、档案实体的整理归档信息、档案信息资源的鉴定情况、档案的更新维护情况，以及档案信息资源的利用情况进行描述，对档案信息资源的质量进行有效控制和提高。其次，系统组织构架元数据、系统管理运行元数据对人力资源档案管理信息系统进行了制约，减少了由系统异构带来的信息孤岛和"死数据"情况的出现，提高了系统工作效率。最后，所有的元数据由"元元数据"的统一标准进行规定制约，实现系统的可扩展性、元数据的通用性等要求。

可见，引入文件全过程理论，将各行业的电子文件纳入人力资源管理与档案信息整合工作中，建立以人力资源档案馆为依托、以人力资源档案信息管理系统为核心，各人力资源档案管理机构自行进行人力资源档案管理工作的人力资源档案信息分布式管理模式，需以建立符合标准的元数据系统为初步实现途径，通过对元数据及元元数据的集中控制来实现对整个系统的管理维护，从而实现人力资源管理与档案信息整合性服务。

（四）实现信息服务产品对用户的输出

人力资源档案信息建设要遵循循序渐进的工作原则，从部分到整体、从初步到完整，纵横相结合形成立体的人力资源管理与档案信息整合逻辑构架。在以人力资源档案馆为依托、以人力资源管理与档案信息整合性服务委员会为领导的前提下，将各行业、各部门、各种类型的人力资源档案信息进行逻辑聚类整合并建库，形成可查、可找、可用的人力资源管理与档案信息整合性服务数据库。

人力资源档案相较文书档案或人事档案，其档案类型丰富，涉及专业广泛，包含很多专业知识和跨学科内容。本书认为，在对人力资源档案信息进行聚类整合建立人力资源管理与档案信息整合性服务数据库时，可以先将人力资源档案信息按照行业进行划分，再按照人力资源档案涉及的专业领域进行分类，最后将同一专业档案按照不同载体类型，如图纸、照片、票据、音像等进行归类，最终形成一个层层递进的人力资源管理与档案信息整合逻辑构架，为后期人力资源管理与档案信息整合工作提供完善的资源后台。

在实际的逻辑构架设计中，各人力资源档案保管单位应依据本单位的馆藏档案结构、所属区域（城市）人力资源档案内容涉及领域，以及针对市场需要所提供的整合性人力资源服务产品等，合理设计人力资源管理与档案信息整合服务的逻辑构架。只有在逻辑构架的指导下，对本单位人力资源档案管理信息系统、所属行业电子文件管理信息系统的元数据进行标准化定义，才能实现不同逻辑构架下的人力资源档案信息管理系统间的组合互补、人力资源档案电子信息资源的相互传递利用。

另外，人力资源档案室或人力资源档案馆设计的人力资源管理与档案信息整合性服务逻辑构架与人力资源档案的实体管理并无实际关联，而是依托计算机技术、信息技术、数据库技术实现的档案信息资源虚拟性重组。所以，在确定了基本的逻辑构架并建立了人力资源档案数据库之后，可以通过对人力资源档案信息元数据的控制、调用，从不同角度进行人力资源管理与档案信息整合方案的设计，最终实现人力资源管理与档案信息整合性服务的目标。

第十章　人力资源开发与档案管理的融合实践

第一节　人力资源开发与档案管理的内在联系

在当今时代，随着科技的飞速发展和市场竞争的日益激烈，人力资源的开发与档案管理成为单位运营中不可或缺的两个重要环节。它们不仅各自承载着独特的功能与价值，而且在实践中更是相互依存、相互促进，共同推动着单位的持续发展与进步。

一、人力资源开发与档案管理的独特价值

人力资源开发是单位获取和保持核心竞争力的关键。它涉及人才的选拔、培养、使用和激励等多个方面，旨在通过一系列有效的手段和方法，将员工的潜能充分激发出来，转化为单位的实际生产力。人力资源开发不仅关注员工的技能提升，更重视员工的全面发展，包括心理素质、团队协作、创新思维等多个维度的培养。

而档案管理则是人力资源管理中的一项基础性工作。它是对员工个人信息、工作记录、培训经历等各类信息进行收集、整理、保存和使用的过程。档案管理不仅有助于单位了解员工的基本情况，更能为人力资源开发提供有力的数据支持和信息保障。通过档案分析，单位可以更加精准地识别员工的优势和不足，制订更具针对性的培训计划和发展路径。

二、人力资源开发与档案管理的内在联系的体现

人力资源开发与档案管理的内在联系主要体现在以下几个方面：

1.档案管理为人力资源开发提供数据支持。在人力资源开发的过程中，单位需要根据员工的实际情况和岗位需求来制订培训计划和发展方案。而员工档案中记录的个人信息、工作表现、培训经历等数据，为这些方案的制定提供了重要的参考依据。通过对档案数据的分析，单位可以更加准确地把握员工的成长轨迹和发展需求，从而制订出更加符合实际的人力资源开发计划。

2.人力资源开发同时又促进了档案管理的完善。随着人力资源开发工作的不断深入，单位对员工信息的需求也越来越精细化、多元化。这要求档案管理工作必须不断跟进和完善，以适应新的需求。同时，人力资源开发过程中的各种培训、考核、晋升等活动也会不断产生新的档案信息，这些信息的及时收集和整理也是档案管理工作的重要任务。

3.两者共同推动人力资源管理的优化与升级。人力资源开发与档案管理的紧密结合，不仅提高了人力资源管理的效率和效果，也为单位的发展提供了有力的保障。单位通过人力资源开发可以不断提升员工的素质和能力，增强单位的核心竞争力；而档案管理的完善则为单位提供了更加全面、准确的人才信息，为单位的决策提供了有力的支持。

人力资源开发与档案管理之间存在着密不可分的内在联系。单位应更加重视人力资源开发与档案管理的融合与创新，以推动人力资源管理的持续优化和单位的持续发展。

第二节　人力资源开发与档案管理的融合策略

一、人力资源开发与档案管理的融合原则

（一）信息互通原则

人力资源开发与档案管理融合的首要原则是信息互通。人力资源部门需要及时、准确地获取员工的档案信息，以便在人才选拔、绩效考核、职业规划等方面做出科学决策。同时，档案管理部门也应根据人力资源开发的需要，不断完善档案内容，确保信息的完整性和时效性。通过双方的信息共享与交流，可以打破信息孤岛，进而提高人力资源管理效率。

（二）协同合作原则

人力资源开发与档案管理的融合需要双方协同合作。人力资源部门在制订人才开发计划时，应充分考虑档案管理的实际情况，确保计划的可行性和有效性。档案管理部门则应积极配合人力资源部门的工作，提供必要的档案支持和信息查询服务。双方应建立定期沟通机制，共同解决工作中遇到的问题，推动人力资源开发与档案管理的深度融合。

（三）标准化管理原则

标准化管理是人力资源开发与档案管理融合的重要保障。单位应建立一套完善的档案

管理标准，明确档案的分类、存储、查询等操作流程，确保档案管理的规范化和标准化。同时，人力资源部门也应遵循统一的人才评价标准，确保人才选拔和使用的公平性和科学性。通过标准化管理，可以提高工作效率，减少人为因素的干扰。

（四）动态更新原则

人力资源开发与档案管理的融合是一个动态的过程，需要不断适应单位的发展变化和员工的成长需求。单位应定期对员工的档案信息进行更新和完善，反映员工的最新状态和成长轨迹。同时，人力资源部门也应根据单位的发展战略和市场环境的变化，及时调整人才开发计划，确保人才资源的合理配置和有效利用。通过动态更新原则，可以使人力资源开发与档案管理始终保持与时俱进的状态。

（五）安全保密原则

在人力资源开发与档案管理的融合过程中，必须始终坚守安全保密原则。员工档案涉及个人隐私和单位机密，必须严格保护，防止泄露。单位应建立健全的档案管理制度和安全防护措施。同时，人力资源部门和档案管理部门的工作人员也应增强保密意识，确保员工档案信息的安全使用。

综上所述，人力资源开发与档案管理的融合应遵循信息互通、协同合作、标准化管理、动态更新和安全保密等原则。这些原则的实施将有助于提升单位的管理效能、优化人才配置，为单位的可持续发展提供有力支持。未来，随着单位管理的不断创新和发展，人力资源开发与档案管理的融合将更加紧密和深入。

二、人力资源开发与档案管理融合应采取的策略

在当今这个知识经济时代，人力资源已成为单位最宝贵的财富。而档案管理作为记录员工信息、反映单位历史的重要载体，其在人力资源开发中的作用愈发凸显。如何将人力资源开发与档案管理紧密结合，实现两者的有效融合，已成为单位提升人力资源管理水平、推动持续发展的关键所在。

（一）明确融合目标，强化理念引导

人力资源开发与档案管理的融合，首要任务是明确融合的目标。这不仅是为了提升档案管理的效率和准确性，更是为了将员工的信息资源进行深度挖掘和利用，为单位的人力资源开发提供有力支持。因此，单位需要强化理念引导，让全体员工充分认识到人力资源开发与档案管理融合的重要性，形成全员参与、共同推进的良好氛围。

（二）优化档案管理流程，提升信息质量

要实现人力资源开发与档案管理的有效融合，必须优化档案管理流程，确保信息的准确性和完整性。单位可以引入先进的档案管理系统，实现档案的电子化、数字化管理，提高档案的查询效率和利用率。同时，加强档案信息的审核和校验，防止信息失真和遗漏，为人力资源开发提供可靠的数据支持。

（三）深入挖掘档案资源，促进人力资源开发

档案中蕴含着丰富的员工信息和单位发展历史，这些资源对于人力资源开发具有极高的价值。单位可以通过对档案资源的深入挖掘和分析，了解员工的个人特点、职业经历和发展潜力，为员工的职业规划和发展提供有针对性的指导。同时，通过对单位发展历程的回顾和总结，提炼出成功的经验，为单位的人力资源开发提供有益的借鉴和参考。

（四）加强人才队伍建设，提升融合能力

人力资源开发与档案管理的融合需要一支高素质的人才队伍来支撑。单位应加强对档案管理人员的培训和培养，提高他们的专业素养和业务能力，使他们能够更好地适应人力资源开发与档案管理融合的需求。同时，鼓励员工积极参与档案管理和人力资源开发工作，发挥他们的创造性和主动性，推动融合工作的深入开展。

（五）建立完善的评估与反馈机制

为了确保人力资源开发与档案管理的融合策略能够取得实效，单位需要建立完善的评估与反馈机制。通过对融合策略的实施效果进行定期评估，及时发现问题和不足，并进行相应的调整和优化。同时，鼓励员工对融合策略提出意见和建议，及时反馈给管理层，以不断完善和提升融合策略的效果。

人力资源开发与档案管理的融合是一项系统而复杂的工作，需要从多个方面入手，采取多种措施加以推进。通过明确融合目标、优化档案管理流程、深入挖掘档案资源、加强人才队伍建设以及建立完善的评估与反馈机制等策略的实施，单位可以逐步实现人力资源开发与档案管理的深度融合，为单位的持续发展提供有力保障。

在未来的发展中，单位应继续关注人力资源开发与档案管理融合的新趋势和新技术，不断创新融合策略和方法，以适应不断变化的市场环境和业务需求。同时，加强与其他单位的交流与合作，共同推动人力资源开发与档案管理融合工作的深入开展，为行业的进步和发展贡献更多的智慧和力量。

第十一章　档案数字化风险管理

第一节　数字档案资源风险管理

一、数字档案资源风险的内涵

（一）数字档案资源的界定

当今社会，信息化、智能化和网络化深入各行各业，电子文件单轨制进一步推广，产生了大量数据资源。数字资源是将文字、音频、视频等以数字形式存储在光磁载体中，形成能通过网络传输并依靠计算机等终端读出的信息资源。

数字档案资源是数字资源的一种，将具有长期和永久保存价值的电子文件以及由档案资源数字化形成的电子档案存储在光磁等载体上，可依靠计算机等终端读出。

关于数字档案资源概念，在目前档案学领域仁者见仁，尚无统一的说法。但关于数字档案资源的概念一直在不断探讨中，且各自从不同角度阐述了数字档案资源的内涵及外延，这也为形成数字档案资源统一概念提供了参考。

国家档案局局长李明华在第十八届国际档案大会上做了题为《中国的数字档案资源建设》的主旨报告。报告中指出，数字档案资源是指在办公自动化条件下形成的电子文件归档后，形成的数字档案资源和档案馆（室）藏传统载体档案资源数字化后形成的数字档案资源。

倪代川在《数字档案资源研究综述》中将数字档案资源界定为"数字档案资源是国家机构、社会组织和个人在社会活动过程中直接产生的具有一定保存价值的数字记录，它是一种新型的档案信息资源"。

金波等在《数字档案馆生态系统研究》中提出数字档案馆信息资源也有狭义和广义之分，即"狭义的数字档案馆信息资源是指馆藏数字档案信息资源，以及通过网络与之链接的其他数字档案信息资源。广义的数字档案馆信息资源是指纳入数字档案馆建设范畴的一切信息资源，包括馆藏传统档案信息资源、数字档案信息资源、通过网络与之链接的其他数字档案信息资源，以及与数字档案馆（室）紧密相连的信息人、信息设备、信息管理系统、信息网络等"。

以上关于数字档案资源的界定，主要产生手段为档案资源数字化和网上直接生成。本书所研究的数字档案资源属于狭义的范畴，主要是指办公自动化条件下形成的电子文件归档后形成的和馆藏传统档案资源数字化后形成的数字档案资源。

（二）数字档案资源风险的特征

目前，学术界关于风险的定义尚无统一表述，但都共同认为风险是具有不确定性的。数字档案资源风险是指数字档案资源在接收、整理、保管与利用的过程中可能存在破坏性行为，如丢失、泄密等，并因此造成的一系列损失。

为消除和解决数字档案资源存在的风险，需要对数字档案资源风险的特征进行了解，具体问题具体分析，寻求有效的解决办法。为了能使档案馆数字档案资源风险管理做得更好，需要充分了解大数据等新技术环境下数字档案资源风险所具有的鲜明的时代特点，只有这样才能使风险应对措施契合度更高。数字档案资源风险大致具有以下主要特征：

1.数字档案资源风险具有客观性

风险无处不在，无时不在。多种多样的风险因素决定了风险的多样化。档案馆内外环境对数字档案资源的影响是一直存在的，不存在真空的存储环境。比如，数字档案资源面临的内部人员操作不当的风险和外部制度标准缺失的风险都不以人的意志为转移，并且这些风险因素在源源不断地出现并随时发生着变化。

2.数字档案资源风险具有广泛性

一方面，影响数字档案资源安全的风险因素来源广泛，有人为风险、自然风险、软硬件技术风险、政策法规风险等，一旦引起风险事故，都将造成严重损失。另一方面，数字档案资源风险事故损失范围大。若数字档案资源不可读、不可用，造成有的重要信息丢失而无法为决策提供参考依据，将会因决策失误造成严重损失。

3.数字档案资源风险具有隐蔽性和突发性

在新技术环境下，技术更新换代飞快，网络黑客、病毒、钓鱼链接等网络攻击的破坏水平也显著提升。黑客、病毒无孔不入，这些外界威胁因素的攻击水平不断提高，且会在防御较强时潜伏下来，一旦风险防范薄弱便立即发起攻击，造成信息泄露或系统崩溃等后果。

4.数字档案资源风险具有可控性

数字档案资源风险虽然是客观的，但通过充分发挥主观能动性，分析各种风险事件的原因、发生概率，寻找风险发生的规律，可以提前采取措施进行预防。通过构建风险防控体系，增强工作人员的风险意识，做好风险控制，将损失降到最低。

（三）数字档案资源风险的类型

为了更准确地应对新技术环境下层出不穷的风险，必须做到对数字档案资源风险种类的了解。按照不同的分类标准，数字档案资源面临的风险可以分为不同风险类型。

1.根据数字档案资源管理环节分类标准

数字档案资源风险可分为收集风险、整理风险、保管风险、开发利用风险。由于数字档案资源管理过程包括诸多环节，需要各部门人员密切配合。此过程中接触的工作人员由于操作不当、规章制度不规范等都容易存在风险隐患。例如，网络档案资源收集不全、保管和利用不严，极易造成重要信息泄露。

2.根据数字档案资源风险事件发生概率分类标准

数字档案资源风险可分为常见风险、不确定风险、罕见风险。档案馆工作人员通过分析研究风险事故发生的成因和类型，列出风险清单并注明发生次数，进而确定常见风险、不确定风险和罕见风险，然后做好对常见风险的全面预防和不确定风险的应对准备。

数字档案资源常见风险有人为操作不当、档案丢失或损坏、计算机等设备老化、系统缺陷、管理机制僵化、电磁干扰等，不确定性风险有网络攻击、非法访问、病毒和黑客入侵等，罕见风险有较大的地震、气候恶劣等自然灾害和社会战争等。

二、"互联网+"时代数字档案资源的安全风险

（一）"互联网+"时代数字档案资源的特征

国内学术界认为数字档案资源具体包括两方面：原生性电子文件归档与传统载体档案资源数字化得到的数字副本。最初，"数字档案"作为一个依附于实体档案的数字副本而存在。而随着"互联网+"时代原生性数字档案的出现，使人们认识到数字档案也可以独立于实体档案之外的事实，"互联网+"时代下可供分析与利用的数据正汇集成数量庞大的信息，促成了档案资源更为集中的态势。

在"互联网+"时代下，数字档案资源呈现出以下特点：

1.软硬件上的依赖性

数字档案资源的信息显示必须以计算机的原则出发，信息信号都转化为二进制代码，然后在数字处理设备上进行读取，再将其转换为人们能识别的文字、符号形式表达出来。在使用上，人们对数字档案资源的管理也必须通过计算机和相应的软件环境才能进行操作。

2.数字档案资源的原生性

数字档案资源的来源已经不再限制于实体档案的转换，在"互联网+"背景下，数字档案资源概念的外延更大，大量原生性数字档案资源在"互联网+"环境下不断生成，对于此类信息还需要进行采集和捕获。

3.资源共享性更强

数字档案资源的信息相对于载体来说是独立的、可流动的，凭借这个特点，通过互联网数字档案资源可以实现高效的数据传输，突破物理空间界限，掌握信息压缩技术后，更进一步减轻了传输的负担，使信息传输实现高效、实时处理。运用数据的无损压缩技术，在传输过程完成后可完全恢复原始数据而不引起任何失真，解决了传输质量与传输速度后，数字档案资源的共享性变得更强。

4.资源管理效率的评估形式

由于数字档案资源的管理过程大致处于计算机环境之中，工作数据都被记录在服务器上，数字档案资源管理效率的评估更为自动化与量化。对"互联网+"时代数字档案资源的内涵与新特点的梳理，将有利于明确"互联网+"时代数字档案资源安全风险管理的内容，以及加深对数字档案资源安全风险特征的了解，为后续对数字档案资源安全风险的进一步研究打下基础。

（二）"互联网+"时代数字档案资源安全风险的内涵与特点

1."互联网+"时代数字档案资源安全风险的内涵

风险是指在一定条件下和一定时期内，损失发生的不确定性，而数字档案资源安全风险具体是指数字档案资源管理中可能存在的风险因素。传统的数字档案管理处于档案管理工作数字化的起步阶段，这个阶段的安全风险认识大多局限在一个单位、一个部门之内，而"互联网+"时代是一个信息互联互通的网络时代，风险事件时有发生，比如，"电子信息载体丢失""政务网站涉密""网络病毒攻击"等，数字档案资源安全风险出现了新的特点，安全风险问题更为突出。

2."互联网+"时代数字档案资源安全风险的新特点

第一，安全风险的出现更为广泛。在过去，保障档案实体安全就相当于保护了档案信息安全，而现在必须同时强调数字档案资源收集、归档、保存、利用与管理过程等多方面的安全。在"互联网+"时代背景下，当数字档案资源通过信息技术手段，实现区域性、跨部门之间的整合后，这些海量的资源数据来源于不同的部门、机构，通过数据库、网络平台进行各种操作管理，而对于数据库的进程来说，所有数字档案资源的存储、交换、管理与利用都是同时进行的，这也意味着各阶段的风险也是并存的。

第二，安全风险的影响更为深刻。一直以来，档案都被视为国家的重要财产，它涵盖了政治、军事、经济、文化、科技等各方面的重要信息，并且是宝贵的历史凭证。从国家角度出发，数字档案资源具有极高的情报价值，在"互联网+"时代，数字档案资源安全一旦出现风险，机密情报被窃取必然会对国家安全和利益造成严重损害；从民族文化角度出发，数字档案资源的保存与利用将有助于传承中华民族优秀的传统文化，借助电子设备、移动设备，为文化的传播增添了时代活力，一旦数字档案资源安全出现问题，将不利于维护档案的完整与安全，不利于文化的弘扬与继承；从社会层面看，数字档案资源是社会信息化发展的重要部分，它与人民群众的切身利益直接挂钩，一旦出现数字档案资源安全风险，无论是资源丢失、损毁还是被篡改、被滥用的情况，都有可能导致社会关系混乱、群众利益受损，由此引发各种各样的矛盾纠纷甚至群体性事件。

第三，安全风险的联系更为复杂。社会上的不安全、不稳定因素有可能对数字档案资源安全风险产生影响，数字档案资源安全本身也有可能对社会稳定产生溢出效应。在"互联网+"时代下，不仅要解决传统的档案安全问题，而且要解决数字档案资源安全风险带来的新问题。

3. "互联网+"时代数字档案资源安全风险的种类

对现有风险进行分类，有助于管理者作出针对性的应对。根据不同的标准，"互联网+"时代数字档案资源安全面临的风险可以分为不同的种类，常见的有以下几种：

（1）按照损害程度划分的风险种类

根据风险造成的损害程度，数字档案资源安全风险可以划分为轻度风险、一般风险以及严重风险。这个等级的判断依据具备两方面内容：第一，当风险事件发生后，受影响的数字档案资源信息内容是否完整、是否可读、是否被泄露；第二，风险事件对管理工作的影响程度及灾后工作恢复的速度。档案管理部门根据这个分类来决定灾后恢复工作的优先顺序，合理地配置救灾资源，以提高工作效率与质量。

（2）按照产生环境划分的风险种类

按照数字档案资源的管理环境，数字档案资源安全风险可以划分为内部环境风险和外部环境风险。内部环境风险是档案部门、机构在管理过程中因人为失误、软硬件故障而造成威胁数字档案资源数据的风险；外部环境风险是指影响数字档案资源安全管理工作变化的风险，如政策条例的颁布、社会信息化进程的变化、社会档案安全意识的变化以及自然灾害的发生等。而内部风险还可以进一步按照风险的性质分类，划分为管理人员素质、管理效率、信息技术、财务事项等风险。

（3）按照危害类型划分的风险种类

根据风险对数字档案资源的危害性，数字档案资源安全风险可大致划分为资源真实性风险、资源完整性风险、资源可识别性风险以及资源保密性风险。无论是传统档案资源还是数字档案资源，真实性和原始凭证性都是其价值的核心。而在"互联网+"时代下，由于数字档案资源对软件的依赖性，还面临着资源可识别性的风险，经过存储、压缩、传输、系统迁移等处理后无法读取或部分信息丢失，以及诸如软件版本过期、格式与软件类型不匹配等问题，都会导致数字档案资源失去应有的信息价值。

（4）按照管理阶段划分的风险种类

按照管理阶段不同，数字档案资源安全风险可以划分为建设环节的风险、技术应用环节的风险、接收环节与保存环节的风险、利用环节的风险。

一是数字档案资源数字化建设环节的风险。数字档案资源建设风险处于管理工作的初步阶段，其中主要包括档案资源数字化任务和数据库的建立。现阶段由于网站平台、新型社交媒体信息的收集、整理、归档的意识不强，互联网信息已经占了相当大的比重，忽视对互联网及新媒体信息的归档，将不利于档案信息的完整保存。

二是数字档案资源技术应用环节的风险。由于数字档案自身的特点和对信息技术的依赖性，一旦出现软件故障、遭遇病毒袭击等事故，后果将十分严重。

三是数字档案资源接收环节与保存环节的风险。主要表现在对数字档案资源真实性、完整性和可用性的破坏上，如归档范围不明确、接收流程不完善、归档时间不及时、归档结构数据不完整、归档格式不符合标准、未进行定期备份等错误操作，都将威胁到数字档案资源的核心。

四是数字档案资源利用环节的风险。数字档案资源利用环节的风险核心涉及信息泄露的问题，例如，未经开放鉴定就将数字档案资源提供利用，网络或载体平台存在隐患，一旦遭到黑客袭击，资源数据将被非法窃取或破坏。

上述分类可用于评估数字档案资源安全风险的危害程度，为档案管理者认识档案安全问题提供了不同的视角，但其在实际工作中，即使是一般风险亦可能引发安全事故。因此笔者认为只有对现有的实践问题、事件进行分析，才能更好地认识"互联网+"时代数字档案资源安全所面临的风险。

三、加强"互联网+"时代数字档案资源风险管理的策略

伴随着"互联网+"时代的到来，数字档案资源安全风险问题愈发凸显，安全风险特征的表现亦愈发多样化，只有与时俱进地更新风险应对策略，才是维护数字档案资源安全的有效举措。在"互联网+"时代，对数字档案资源安全风险应对策略的制定，笔者从实际安全风险案例出发，立足风险影响因素及来源进行了系统分类，归纳了安全意识风险、法律法规风险、技术应用风险以及组织管理风险，并提出对应分类的针对性建议。

（一）健全安全教育与培养体系，提升安全风险意识

无论是传统的档案管理时代，还是"互联网+"时代，管理人员都是档案管理实际工

作的操作者，人员素养深刻地影响着档案管理质量。现有的数字档案资源安全风险体现出管理人员安全知识的匮乏与管理工作保密意识不足的问题，必须加强对人员的培养教育，从整体上提高档案管理的自律环境。

1.加大安全知识教育与培训力度

要加大"互联网+"信息技术知识的教育力度，使部门内领导、工作人员熟悉并掌握新时期下网络安全、电子文件管理等各项法律法规。

健全人员安全知识教育与培养体系的重点，一方面要围绕行为养成抓教育，利用典型安全风险案例作警示教育，定期开展知识与技能培训班，使管理人员充分认识到养成安全行为规范的必要性、重要性，提高管理素养。另一方面，要健全管理人员日常行为养成机制，包括上岗保密承诺、在岗保密行为记录、离岗脱密期管理、定期讲评制度等形式，及时发现和纠正违规行为，营造行为规范的良好氛围。

2.实施容灾演练，强化安全预防意识

容灾演练是容灾安全风险控制的保障之一，通过演练结果来完善、修改、补充已有的预案计划，修补可能存在的系统漏洞。同时，实施容灾演练对培训人员的安全意识和容灾能力提升有推动作用。

通过技能培训，确保档案部门人员了解容灾系统结构，熟悉应急预案流程，并明确自身职责，从而提高其工作技能和灾难应对能力。

"互联网+"时代下的容灾备份不是一蹴而就的，更不是单纯地确保了档案备份的安全就认为达到了容灾的目标。影响档案安全的因素是动态的、复杂的，尽管有计算机系统的帮助，但实际操作管理的核心还是人，要从根本上加强档案工作人员的安全意识，重视容灾演练，及时学习相关技能并且更新已有知识，只有这样，才能真正提高作用于容灾演练有效性，从而进一步为档案安全保障管理打下良好的基础。

档案管理工作在不同的发展阶段都面临着不同的风险。风险应对工作是一项漫长的工作，这要求管理人员要用整体的眼光看待问题，看到每个风险因素相互联系的部分，不断提高内部监督与外部威胁的控制力度。风险应对策略应该根据数字档案资源的使用需求、保存技术、管理环境的变化而作出相应的动态调整，优化工作环节，抛弃不合时宜、低效落后的部分。

（二）健全相应的法规制度，加强风险识别与防控能力

完善数字档案资源安全风险应对策略，必须先从法规制度的指引出发，针对"互联网+"时代数字档案资源安全相关法规制度的不足，如指导力度不强、监督力度不足、相关内容不够完善等问题，可通过规范与健全数字档案资源安全相关法规制度，确保制度内容的有效性，解决现有法规条款内容对数字档案资源安全工作的笼统和模糊描述。

1.落实风险分级与管控规范

风险是客观存在并且会变化发展的，所以风险识别是一项具有持续性和系统性的工作。数字档案资源安全风险识别是指对在数字档案资源管理过程中客观存在的各类风险进行识别与归类。

第一，落实风险分级与管控规范，要确立获取风险分析信息的途径，如总结归纳本部门数字档案资源管理经验、组织专家组的访谈与咨询、对近期发生的重大网络与信息安全事件进行分析总结、对现有数字档案资源安全风险防范策略和相关文件进行复查等。

第二，落实风险分级与管控规范，需要确立规范内容，主要包括：根据信息调查确立档案部门、单位内管理过程中核心保护的数字档案资源的价值，以及在管理过程中面临哪些潜在风险，并且需要对安全风险事件后带来的损失与影响作程度评估等。

第三，落实风险分级与管控规范，还应该及时补充、更新新出现的风险影响因素、风险来源等信息。

2.健全安全与保密制度

数字档案资源在互联网开放环境下的在线利用率增加，对涉及保密、不宜公开的数字档案信息、文件通知要做好把关，平衡"保密与开放利用"的功能。

首先，必须在法律上明确档案的开放范围，做到实践过程中"有法可依"。美国《信息自由法》中明确规定，政府的文件记录和档案资源在原则上向所有公民提供开放获取，也有九类豁免公开的政府档案信息，从而保证了档案工作人员与群众在档案利用上有法可依，确保了在推动档案信息化和公开化过程中公民使用档案的权利。

其次，做好网络审查，对开放的在线数字档案资源要定期审核。因为有关部门执行的网络检查不是十全十美的，调查信息数据过于庞大，可能存在漏查的情况，被检查出来的安全问题只是极少数。事实上通过互联网检查而暴露的泄密事件数量逐年增加，足以说明紧抓网络泄密的迫切性。

最后，对需要落实泄密案件的查处，包括立案、调查与执法的环节，加强与公安、侦查机关的合作，查处违法源头；采取必要的管控措施，防止组织内部的二次泄密，对涉案组织、单位进行保密整改。

3.提高技术规范针对性

在已有的标准中，国家级别的标准有电子文件归档与管理的规范，也有公务电子文件的归档与管理规范，也有地方性准则，比如，《重庆市归档电子文件接收暂行办法》《上海文书档案目录数据元规范》等。但是缺少"从上而下"或者"从下而上"与时俱进的改变，缺少实践性的监督指导。针对数字档案资源管理部门内的技术规范的不足，要制定一份覆盖数字档案资源形成、传输、归档、保存、提供利用环节的安全操作制度，在"互联网+"时代通过加强标准化建设来实现数字档案资源安全技术发展，构建一套完整的、具有可操作性的数字档案资源安全技术的监督指导体系。

4.补充外包规范的内容

在"互联网+"时代，应加强部门与商业合作下的数字档案资源安全技术的监督。基本上档案管理部门的软件、硬件技术都是来自商业厂商，现阶段有不同的软件公司、档案设备公司等为国内的数字档案资源安全工作提供技术支援，采用购买服务的方式对数字档案馆系统软硬件开展维保工作，由第三方公司委派专业技术人员上门定期巡检和实时解决突发问题。同时包括劳动力的支持，例如，不少地区会将数字化的工作外包给单位进行，在国外，多伦多大学档案馆、康考迪亚大学档案馆、渥太华大学档案馆与公益性质网站等合作，通过付费完成档案资源数字化工作。

与数字档案资源安全相关的产业服务越来越丰富，有市场就必然会有竞争，良性竞争可以引导更好地发展，而恶性竞争不仅会破坏产业本身，而且将威胁到数字档案资源本身。如果单位为控制成本而忽略工序的标准化，很容易造成信息泄露或造成信息的不可读，所以必须坚持从法律层面的引导与监督，加强对单位、机构在新型数字档案资源工作管理的指导，为单位与部门对接发展营造良好环境，破除体制机制障碍，从整体上提高工作效率。

（三）推动安全管理技术进步，提高安全风险控制与评估能力

完善数字档案资源安全风险应对策略必须以信息技术为核心进行讨论，在"互联网+"时代，管理人员需要规避的是安全风险，而不是规避信息技术的应用，应该在有效的技术监控下，加强数字档案资源安全风险识别工作，以监测平台为基础收集数据，以加大信息技术的自主研发力度为手段，维护信息技术的可用性，最大限度地推动信息技术与数字档案资源安全工作的有效结合。

1.构建数字档案资源安全监测平台

信息平台以其数据集成性、信息交互性的优势在社会各领域发挥着重要的作用，例如，美国的公共卫生信息沟通系统，其中涵盖国家应急行动中心、全国医院传染病监控报告系统等，其能在突发风险事件发生后，有效地做好应急信息的收集，以及缩短病情信息的传输时间与提高响应效率。

第一，新时代背景下，构建信息平台来监测数字档案资源的管理活动，要先确定平台建设的规划。"互联网+"时代下，数字档案资源安全管理的关键在于对风险事件的反应与危机信息的获取和预警，一旦迅速地采取应急措施就能争取到更多宝贵的时间，信息交流平台便是其实现的关键。良好的信息沟通可以在短时间内启动预警系统，控制时态，并且及时对风险信息进行处理，为准确分析风险发生的概率以及风险可能带来的负面影响提供数据分析与支持。

第二，严格按照档案管理制度规范各单位档案管理系统应用。按照国家档案局下发的《档案行业网络与信息安全信息通报工作规范》的规定，结合各部门的地方规范与实际工作需求，各级档案局应制定对应的档案网络与信息安全信息通报工作规范，涵盖档案局在通报机制中的具体职责任务。对于重大事项推进情况及存在的问题，各部门要定期通报，公开信息，及时反馈和告知其他相关部门。

第三，充分利用各部门已经建立的业务系统及网络途径，通过互联网信息技术搭建跨地区、跨部门的系统互联互通平台，发挥信息平台的交流作用，加强国内省直有关部门横向联动和省、市纵向的协调合作与信息互通，协同重大事项落实。例如，南京市的档案信息系统已经建立了可联通市、区两级国家综合档案馆的信息交换平台。

2.建立数字档案资源安全技术评估机制

数字档案资源的管理是一项长期性工作，首先因为数字档案资源的保存目标较为长远，其次因为在管理过程中，数字档案资源管理的程序、硬件、系统平台会持续更新迭代，因此需要对现有数字档案资源管理技术进行定期跟踪、验证和完善。

第一，建立技术发展跟踪机制，保持技术革新。通过与国外经验的交流、合作，借鉴成熟、具有参考性的技术体系标准，有利于控制资金成本和实施风险。

第二，执行定时评估。国家和大学档案馆、图书馆的数字基础设施都必须遵守其所在地区的国际公认的可信要求，定期使用审计工具对数据库的存储状态进行审核，长期保存计划和框架必须定期进行调整。

3.加强数字档案资源安全技术的自主研发

我国数字档案资源的研究主体在档案馆、图书馆、博物馆和若干高校领域中，它们长时间接触数字档案资源管理业务，位于理论和实践的第一线，并拥有人才队伍储备的优势。

国外大部分关于数字档案资源安全的研究亦是通过实践项目进行的，我国亦有类似实践，如每年的国家档案局科技项目，但在项目开展数量与范围上还有待加强。

鼓励机构依托资源和人才优势开发研究项目需要国家层面的统一规划与引导，以文件或标准的形式消除项目开展的不确定性，并提供充足的经费支持。利用"互联网+"时代下信息交流的优势，通过实践合作项目联合各方资源、整合力量，组建一支集中性和综合性的人才队伍。

第二节 数字档案资源风险管理的优化对策

为了提高我国综合档案馆数字档案资源风险管理水平，使数字档案资源风险管理工作更加全面、系统，需要从上往下、从宏观到微观进行规划设计，确保风险管理工作的高效完成。

一、健全风险管理组织机构

风险管理组织机构是展开档案馆数字档案资源风险管理的主体。只有具备合理的风险管理组织体系，职责明确，才能落实好风险管理的各项工作。同时，还要加强与社会组织开展合作，借助各组织的优势来提高数字档案资源风险管理水平。建立领导层和工作人员的配备关乎数字档案资源风险管理的效果。

（一）成立数字档案资源风险管理组织联盟

仿照单位动态联盟，综合档案馆应积极与社会组织开展合作，建立数字档案资源风险管理动态联盟。根据不同社会组织具有各自的技术优势、人才优势等成立社会组织动态联盟，使联盟成员共同承担风险损失，资源共享，跟上时代的步伐，实现共赢。综合档案馆可与图书馆、博物馆、文化馆等文化事业组织、单位以及个人组成动态联盟，实现风险责任共担、优势互补。

建立组织动态风险联盟是符合全球化和科技飞速发展趋势的。档案馆可以充分利用动态联盟的优势，将风险分担给各个成员组织，实现馆内数字档案资源安全风险的动态分布和管理。数字档案资源所处的安全风险环境纷繁复杂，建立数字档案资源风险管理动态联盟可以充分整合各自的优势资源，对数字档案资源风险防御作出及时的响应，快速抓住新技术的机遇，进行数字档案资源风险管理工具的开发研究。

（二）建立健全风险管理组织

为了深入贯彻落实总体国家安全观，全国各级档案馆都非常重视档案安全工作。馆内数字档案资源风险管理工作的开展需要设立和完善风险管理组织体系，健全和落实档案安全工作领导机制。设立主抓风险管理的管理岗位能确保数字档案资源风险管理工作的有力开展。档案安全工作领导层可有目的地将档案安全列入重要议事日程并定期研究部署档案工作，将数字档案资源风险管理工作当作项目来开展。前提是需要在档案馆内部设置专职的数字档案资源风险管理组织，主要由风险管理委员会和风险管理小组组成。

档案馆风险管理组织主要职责包括以下内容：

（1）收集风险管理信息和预测风险。

（2）形成风险管理清单和识别风险。

（3）明确岗位风险管理职责。

（4）制订风险管理决策和风险管理目标、规划。

（5）确保风险管理各环节的执行。

（6）评价和反馈风险管理效果。

风险管理组织的设置和风险管理决策要具有弹性，要随着风险的大小变化、内外部环境的变化等及时调整组织结构和决策，同时要加强与其他部门的沟通交流，了解综合情况，提高风险管理水平。

数字档案资源风险管理委员会主要由领导层、专家学者、数字档案安全负责人、信息技术主管等组成，制订数字档案资源风险管理规划和设立风险管理目标，并定期开会制定风险应对方案，将开会通过形成的数字档案资源风险管理决策转发给风险管理小组来实施具体的风险管理工作。

风险管理小组主要负责风险识别与分析、风险监控、风险应对等风险管理具体工作或日常事务等，组员主要配置风险管理专业人员、信息技术人员、档案专业人员等。根据内外部条件的变化，及时调整小组成员知识结构。数字档案资源由于其敏感性较强，且内外部环境变化较快，因而需要将数字档案资源风险管理流程与PDCA循环结合起来，不断循序渐进，每完成一次循环都能使数字档案资源存在的风险减少，数字档案资源存储和利用环境相对安全。

（三）采用多部门联动风险应对机制

风险应对需要多部门协调联动，明确各自的任务，职责清晰，统一指挥，协同配合，合理授权。

1.各自的任务

数字档案资源风险事故发生时，由档案馆牵头建立风险事故统一指挥平台，根据信息数据库存储的各个联动单位的基本情况、分工情况、物资装备、保障途径等基本信息，统一指挥调度各个风险管理单位以加快反应速度和提高效率。

2.职责清晰

承担着不同职责的各个部门可以通过网络实时交换各种风险信息来实现多部门实时协作。

3.统一指挥、协同配合

根据引起风险事故的不同原因，将指挥调度权授权给应对方式较好的部门，由其牵头，其他部门联合行动。利用牵头部门的优势能更好地组织协调其他部门展开工作，事半功倍且速度快。

4.合理授权

为了风险应对及时，必须确保相关档案工作者在岗办公。坚持执行24小时轮流倒班值班制度，并成立检查小组以巡查岗位是否空缺。

二、完善数字档案资源风险管理机制

管理机制本质上是指整个组织系统的内在联系、功能和运行原理，决定着组织管理的效果。从目前国内综合档案馆针对数字档案资源风险管理工作现状来看，关于数字档案资源风险管理机制尚不完善，难以使数字档案资源风险管理工作取得显著成果。为此，本书主要从以下三方面来完善风险管理机制，以期能对档案馆风险管理工作有所助益。

（一）健全风险管理工作协调运行机制

档案馆运行机制能够确保档案馆各项工作有序进行，而运行机制需要管理制度的支撑与辅助。数字档案资源风险管理工作运行机制需要建立健全风险管理制度和其他相关机制或活动来联合推进。档案馆应确立明确的数字档案资源风险管理的目标、数字档案资源实施风险管理的范围、人员职责、违规处罚办法或细则等，如可以制定《数字档案资源管理制度》《数字档案资源保密制度》《数字档案工作人员职责制度》《数字档案资源安全违规处罚办法》等。在大数据环境下，组织管理需要具有弹性，避免僵化。

档案馆关于数字档案资源风险管理工作可以仿照华为、腾讯等围绕项目组建风险管理机构，避免风险管理各个部门之间责任推脱、消极应付等沟通不畅的问题；建立岗位人员更新管理机制，使不同专业的人员在合适的岗位上发挥最大化的作用；加强与馆外组织的合作和沟通交流，如召开与图书馆、博物馆界关于风险管理的研究探讨会议，将各自的风险管理成功经验在会上分享；积极参加由高校牵头召开的学术会议，如中国人民大学电子文件管理会议等，借此机会询问专家学者关于风险管理工作的问题和热情邀请专家学者来馆调研等；积极参加信息技术交流会和座谈会等，可以了解保密技术产品、信息安全保密问题及实例等，可以学习到信息安全保密的一些注意事项。

做好充分的后勤保障，确保档案馆数字档案资源风险管理的顺利运行。档案馆对物资、设备、资金等信息熟悉、了解，可以利用新技术实现对物资设备等的动态化管理，要保证物资信息数据动态性，更新及时，物资等可通过条形码扫描等智能化入库方式将收集的信息数据自动导入标准化的、联网的数据信息库。

为确保风险应对及时，档案部门可简化风险储备资金审批流程，保障资金及时到位；要保证物资存储位置明确、具体且易获取，通过配备计算机管理系统来掌控物资信息、出入库信息、物资设备及时报修等信息，以实现物资保障的全程化管理；根据现在掌握的风险事故发生频率情况，对未来有可能发生的风险事件确定分类和级别，以便做好及时的预防。当风险事件发生时，各种风险和信息在不断发展变化，根据风险事故的类型和损失程度进行分级分类，并依据事态的变化调整级别，制定符合实际的应急策略和优化资源配置。

（二）健全风险管理工作制约机制

档案馆健全数字档案资源风险管理工作制约机制，有利于保证数字档案资源风险管理工作的有序进行。

第一，发挥内外监督的作用。档案馆通过建立健全内外部共同监督机制来促使档案工作者自觉落实数字档案资源风险管理的工作行为。档案馆内部监督主要通过成立监督小组和监督标准对工作者的风险管理工作进行监督。外部监督主要来自社会监督，包括来自社会利用者的监督和社会舆论监督等。社会各行各业的利用者根据自己已有的档案知识和数字档案资源的安全保护意识，监督档案部门对数字档案的安全保护工作，通过线上或线下平台提供意见和建议。大众传播媒介也要积极对数字档案资源安全管理实例进行报道，以传播经验和教训，促使档案馆积极改进数字档案资源风险管理工作。

第二，健全数字档案资源风险管理考核评价制度和方法。档案馆定期开展工作人员关于风险管理工作的理论和实践考核活动，如举行知识竞赛、员工资格考试等，以保证工作人员对知识和技术的了解和掌握。为形成档案馆关于数字档案资源风险管理的学术研究氛围，可以辅助增加关于数字档案资源风险管理研究情况的奖励机制，如把发表论文、主持重大课题项目等作为加分项，侧面促进数字档案资源工作人员学术素养的提升。

第三，应努力建设风险监控评价机制。在实际工作中，数字档案资源的管理涉及收集、整理、保存、利用等多个环节，管理方式和手段纷繁复杂，风险事故极易发生。因而对各个环节风险的监控必须切实到位，做好风险应对准备工作。档案馆需要设立风险监控评价小组，成员由领导层、专家学者、风险管理负责人、信息安全技术人员等组成。

针对数字档案资源存在的风险，将每次风险监控的记录与风险管理目标进行对比，来进一步确定风险监控技术和方法是否需要改善；制定风险监控评价制度，来保证风险监控切实可行。

评价小组根据风险监控制度进行风险监控工作评价，奖罚分明，奖励风险监控切实做好的工作人员，对消极对待风险监控的人员进行通报批评以警示；定期开展风险监控评价工作，以督促风险监控工作；档案馆风险监控评价小组根据掌握的工作情况可以指导建立持续监控部门，并明确监控人员的工作职责和确立监控工作的具体操作规范，以保证对数字档案资源存在的异常进行及时监测和预警。

（三）健全风险管理工作激励机制

档案馆可通过建立奖励机制来推动数字档案资源风险管理工作。为促使档案馆数字档案资源风险管理工作的落实，可以建立健全专门的风险管理工作奖励制度，通过物质奖励和精神奖励来调动工作人员的工作积极性、主动性和创新性。如物质奖励，给予优秀的数字档案资源风险管理者奖金、休假旅游、升职等福利和待遇，来推动数字档案资源风险管理工作的积极开展；精神奖励，通过颁发"优秀工作者""劳动模范""工作标兵"等荣誉证书，也可由文书部门出具表彰通报，转发给档案馆内各部门传阅，或者召开表彰先进大会，将先进的数字档案资源风险管理工作经验分享给全员学习和吸收。还要注意出台具体的各个优秀称号评价标准，标准内容主要包括思想品德、职业道德、社会责任感、工作技能、学习研究等。这些标准从侧面规范和推动着数字档案风险管理工作的完善。

另外，还可从规章制度和心理认知方面来推动档案馆工作人员进行数字档案资源风险管理工作。档案馆内制定数字档案资源风险管理部门规章，以部门制度或规章的形式要求工作人员开展和落实数字档案资源风险管理工作，以推动档案馆关于数字档案资源风险管理水平的提升；通过开设档案工作人员人生观、价值观的课程，提升工作人员的岗位责任感，从心理上加强对数字档案资源安全的认知，积极投身于风险管理工作中。

三、加强档案风险管理人才培养和管理

档案工作人员是数字档案资源管理的主体，其自身业务素质能力的高低直接关系着数字档案资源安全和价值的发挥。实现高效的数字档案资源风险管理离不开工作人员风险管理意识和能力的提高。因而，综合档案馆需要加强馆内负责风险管理工作人员的管理，可从通过注重工作人员的安全教育培训、重视对档案馆人力资源的风险管理和形成良好的风险管理文化氛围来加强档案风险管理人才培养和管理。

（一）注重工作人员的安全教育培训

数字档案资源风险的突发性客观要求风险管理部门要根据新的形势提高工作人员自身素质和完成知识更新。作为数字档案资源风险管理的主体，其风险意识水平和综合素质的高低直接关乎数字档案资源风险管理水平，因而在档案馆内开展安全教育工作是必不可少的。以部门制度、规章的形式来规定安全教育工作，以讲座、座谈会等形式加强风险管理重要性的宣传，进而强化档案工作人员的整体风险意识。

档案馆通过定期开设安全教育培训课程来组织工作人员学习，由负责数字档案资源安

全的风险管理负责人担任讲师，可选在每周五早上对如何从事数字档案资源安全工作展开叙述，汇报馆内风险管理工作情况，使每人做到心中有数，在实现档案馆风险管理目标的大方向下，做好自己的本职工作。

档案馆与高校联合建立教学实习基地，优势互补，通过提供进入高校学习、聘请专家学者开展风险管理课程等培训机会，使工作人员深入了解、掌握信息技术和专业知识等，从而提高工作人员的信息素养。需要注意的是，在培训课程中加大计算机技术、通信网络和信息安全等技术的比重，以适应时代发展要求；注重风险管理方面知识的宣传与传播，组织学习风险管理案例以了解不足和引以为戒。还可以在人流较多的中厅进行一些有关风险管理知识的展示，以漫画或动画等形式将其展现出来以吸引来访者驻足。

（二）重视对档案馆人力资源的风险管理

对档案馆人力资源的风险管理也是数字档案资源风险管理的重要内容之一，关乎档案馆风险管理水平的高低。档案工作人员直接接触载有重要信息的数字档案等不同类型的档案资源，因而需要对工作人员的工作情况做好详细了解。除了提高档案工作人员自身综合素质，还需要及时更新馆内工作人员信息，定期对工作人员在职、离职情况进行审查。

档案馆可建立档案工作者在职和离职制度，作出明文规定。档案管理人员要及时将离职人员从数字档案管理系统中删除，取消其内部使用权限，避免重要信息的泄露。同时，做好工作人员参与培训情况的统计，使馆内人员都有平等参与安全教育的机会，提升档案工作人员整体素质。还要根据实际工作情况将有需要学习交流的人员尽快安排培训，以免耽误工作。还要鼓励工作人员做好日常风险管理工作的日志，可追踪数字档案资源面临的风险情况和人员操作情况，做到全面监管。

四、健全风险管理技术应用体系

当今社会是一个高风险的社会，数字档案资源存在于复杂多变的风险环境中。信息技术日新月异，数字档案资源所处的环境不断变化，风险因素也在不断发生变化。只有通过利用高科技，结合人工管理，提高分析的自动化水平和处理能力，才能逐步提高风险监测的准确性和及时性。

为保证数字档案资源风险管理高效实施，下面主要从采用大数据等技术做好风险分析与预测、利用多种技术方法做好风险识别与反击、应用新媒体促进风险信息流通顺畅、借助区块链等新技术减少传输风险以及借助动态监管技术加强风险监控来健全风险管理技术应用体系。

（一）采用大数据等技术做好风险分析与预测

以大数据为代表的新技术在数字档案资源风险管理中的应用是保证数字档案资源安全工作的重要手段。档案馆要积极致力于风险管理信息化建设，充分利用大数据分析技术，将已有的风险信息量化成数据进行分析，由定性转变为定量分析，使分析结果更具备真实性和客观性。

大数据技术的应用有利于对未来数字档案资源可能面临的风险作出预测，加强工作人员的风险意识以便做好及时的风险防范工作。由于云计算技术具有存储能力强、数据备份、个性化服务等优势，将其运用到数字档案资源风险管理中有利于提高工作效率。

云计算可以为大量的数字档案资源提供足够空间的云存储环境，并能够在云端进行下载、编辑等操作，这有效避免了计算机等设备、网络软硬件系统因老化、更新换代等问题而存在的风险隐患。云存储服务为数字档案资源风险管理减少了人力、物力等资源的消耗，使风险管理组织有足够的能力去处理别处的风险隐患。

为了提前做好数字档案资源的风险防范，在线备份可加以充分运用，即在线备份能将档案数据信息自动通过互联网备份到远程数据中心，具有自动、安全、快捷、及时的特性，确保了数字档案资源安全。例如，华润集团旗下的华润置地有限公司东北大区档案室通过档案系统服务器实时备份、电脑数据备份和移动硬盘备份来确保档案信息资源的安全。

（二）利用多种技术方法做好风险识别与反击

大数据时代下，面临着隐蔽突发的风险，需要利用多种技术相结合的方式来实现对多种不同风险隐患的精准识别。

档案馆内部应继续研发防火墙技术、杀毒软件的升级和防病毒安全体系，使其防御能力更强；以明确规章的形式强令使用正版软件，通过官方网站下载，可借助360病毒查杀等来仔细检查是否携带病毒或钓鱼链接等；做好数字档案资源日常风险安全审计工作，层层分析、筛出和排除潜在的风险隐患。信息安全审计应全面审查风险事件，排查漏洞和非授权入侵情况并做好记录，为档案馆数字档案资源风险管理对策制定时提供参考。

另外，可在数字档案管理系统中增添风险管理模块，使风险管理人员能对数字档案资源工作流程做好前端控制；数字档案管理系统工作人员登录密码采取数字、字母和特殊符号等多种组合方式，提高密码安全强度和避免密码泄露；在把不同权限分配给不同主体来有效防止档案工作人员或外界人员数据窃取的基础上，使用户权限保持动态性，根据具体任务不同而改变。通过对用户访问的严格控制将数字档案资源管理、利用中带来的人为、外在风险隐患降到最低。

（三）应用新媒体促进风险信息流通顺畅

一旦风险事件发生后，风险信息的传播是否及时关乎风险损失的严重程度。档案部门应建立贯穿于整个风险管理基本流程，连接上下级、各部门和业务单位的风险管理信息沟通渠道，确保信息沟通的及时、准确和完整。档案部门要做好与内外部的顺畅沟通，对内确保上下之间、同部门之间沟通顺畅，对外做好与行政部门、其他社会组织和用户等的沟通。新媒体具有交流性强、及时准确、成本低、易推广等特点，非常适合急需风险信息的传播。

当在数字档案资源风险预警中发现风险的存在时，可以立即借助微信等新媒体平台发布风险信息并能够及时传递给风险管理的各有关部门，使各部门马上采取风险防范措施。当风险事故发生时，风险管理委员会和小组发出及时风险预警信号，借助新媒体在第一时间传递给各部门，以便各部门及时作出风险应对。

为了确保档案馆内新媒体等平台在风险信息传播中的落实，需要发布有关信息报送的相关办法和规定，依靠部门规范的强制要求来促使风险信息报送快捷、及时。另外，档案行政管理部门也可制定和出台《数字档案资源风险信息传递办法》《数字档案资源风险管理人员职责规范》等办法，其内容可包括信息报送主体及职责、报告时限及方式、传递流程、考评及责任追究等，有利于确保风险信息准确传递和快速接收。

（四）借助区块链等新技术减少传输风险

维护好数字档案资源在通信网络环境中的安全，确保数字档案资源的安全收集、归档和利用。随着人工智能、区块链技术和移动互联等信息技术逐渐发展成熟，网络环境也愈加复杂多变。档案风险管理部门应密切追踪区块链等新技术，利用其优势来实现数字档案资源网络通信环境的安全。

利用区块链技术保证数据全程传输加密以及可信网络接入、MD5算法来实现数字档案资源安全传输。做好日常的通信网络检查和体检，查寻网络漏洞并及时排除风险隐患；引进区块链技术，确保数字档案资源安全，区块链全程加密。

数据传输采取对称加密和非对称加密相结合的数据加密技术，在继续采用对称加密技术的基础上，同时借助非对称加密技术的用不同密钥进行加密和解密的优势来增强数字档案资源的安全性。区块链技术具有独特的结构框架，若对区块内部数据进行非法篡改，需要控制全网一半以上的客户端节点，因而很难进行修改。还可借助MD5算法，利用其不可修改性和强抗碰撞的优势，来确保数字档案资源在传输过程中的完整一致。

（五）借助动态监管技术加强风险监控

因信息网络技术等科学技术更新周期越来越短，需要确保数字档案在不断更新的技术环境下长期可读和可用。数字档案资源面临的风险因素多种多样且千变万化，所以档案馆要加强对数字档案资源进行实时风险监控。

档案风险管理组织应综合考虑不同实际情况选择不同的动态监测技术，并寻求专业人员的指导，保证动态监测技术在数字档案资源风险管理系统安全漏洞防范中正确应用。入侵检测系统作为计算机的监视系统，能够主动对数字档案资源所在网络环境中的信息进行及时收集，并对这些信息进行分析和检测，监测恶意入侵行为，对病毒传播及攻击进行有效的预防。

入侵检测系统通过实时监视，能够对异常情况进行实时警告，以便采取及时的风险预防与应对措施。所以，档案信息技术部门要深入研发入侵检测技术（入侵检测系统），以发挥其在数字档案资源风险监控中的作用，能够对数字档案资源进行积极主动的安全防护。

加强数字档案资源的风险监控还可以借助动态备份技术、日志系统全面跟踪、动态数据安全监控机制等方式和手段来实现对数字档案资源存在的风险进行动态监管。

动态备份技术具备镜像备份数据生成功能，通过对接收的数字档案资源自动录入，能够实现对数字档案资源再次备份；在数字档案资源管理系统中增加周期性监测功能，监测存储的数据是否可使用；在应用系统平台添加和加强能够记录系统操作行为的日志系统的功能，做到对数字档案资源各种操作行为的全面跟踪。

在数字时代背景下，各行各业产生了海量的数字档案资源，并承载着重要的信息。数字档案资源是国家信息资源的重要组成部分，数字档案资源的安全事关国家信息的安全，事关国家安全。当今社会是高风险的社会，数字档案资源面临的风险变幻莫测。在现实工作中，档案部门在对数字档案资源进行风险管理过程中还是采用传统的安全管理模式，对变化的数字档案资源仅采取静态防护措施，无法及时应对风险，从而造成巨大损失。因此，数字档案资源风险管理工作亟待引起重视。本书通过引入动态管理、应急管理、全程管理的理念来使数字档案资源风险管理工作更高效，并提出几个主要的建议和策略，以期能够为提高档案部门风险应对水平和保护数字档案资源的安全水平出一份力。

五、数字档案资源安全保障体系

（一）数字档案资源安全的影响因素

1.数字档案资源管理环节中安全的影响因素

管理传统形态档案的各项工作在时间上具有一定的次序，且工作内容之间大都区别明显、泾渭分明。而管理数字档案的许多工作不再具有线性流程，各项工作内容也相互交织，具有一定的集成性。因此，在探讨管理环节中安全的影响因素时，将工作内容划分为收集、保管、利用三大环节，更有助于我们明确数字档案资源存在的安全隐患。在三大环节中，每一环节因工作内容和管理形式的不同，安全的影响因素也就有所不同。

（1）收集中安全的影响因素

在数字档案的生成过程中，虽然对业务活动中的文件进行干预可能会给文件形成者的工作带来不便，但是如果在生成阶段无法对影响数字档案安全的隐患进行有效规避和控制，之后档案部门在工作中将继承数字档案生成过程中的安全隐患。这不仅会导致档案部门工作的被动，也极易造成无法补救的损失。因此，在档案部门开展工作之前，业务部门先要肩负起保障数字档案在生成过程中的安全责任。

数字档案在生成中与在收集、保管、利用中的安全需求是相互关联的。如果文件形成者未能履行在文件管理工作中的职责，弱化了办公自动化系统的归档功能，可能导致档案部门所接收的数字档案并非对业务活动的真实记录，档案部门随后的管理工作也就会失去意义。

①对于原生性数字档案，即文件形成部门在业务活动中直接以数字形态生成的数字档案，系统首先要具备翔实的元数据标准，并在接收过程中保障网络的畅通，否则无法对数字档案进行捕获。

系统的捕获功能应当完善。如果被捕获文件的内容、结构和背景信息不全，或未能保持背景信息与文件之间、文件与全宗内其他文件之间的有机联系，则无法在源头上确保数字档案的真实性、完整性、可用性。

当系统进行在线接收时，数字档案的内容、结构和背景信息存在被非法访问、窃取、篡改的威胁，因此系统需要具备对数据进行真实性和完整性的验证功能。如果系统不具备验证功能或验证功能不完善，则无法证明数字档案的真实性和完整性，也会造成数字档案无法使用。

②对于非原生性数字档案，即传统形态的档案经数字化产生的数字版本，要采取措施对档案资源数字化实施过程中存在的安全隐患进行防范，应加强扫描、图像处理、建立数据库等数字化相关工作流程和各操作环节的安全管理，以减少数字化操作过程中的安全

隐患。

在档案资源数字化操作中要密切留意对原件的保护，维持其原貌。数字化除了要扫描产生数字副本，还要生成存储档案目录数据，以及数字化工作的各个阶段随之产生的工作文件，否则无法保障数字副本的真实性、完整性、可用性。同时，针对涉密档案的数字化工作，要确保档案信息不泄密。

③收集中系统应能够及时对数字档案的保管期限进行正确鉴定，及时对数字档案的密级进行正确鉴定。文件的鉴定不当、捕获滞后将会造成具有保存价值的数字档案未被档案部门接收，也就导致数字档案的丢失。

④收集中存在的以下安全隐患将可能造成数字档案打开之后出现信息丢失或无法识读，甚至无法打开的情况，进而导致档案信息不可用。

第一，未保存数字档案生成时的软硬件或对软硬件的维护不善，导致档案信息不可用。

第二，数字档案的生成系统与数字档案的管理系统之间缺乏硬件平台数据接口，造成数字档案内容、结构和背景信息无法从生成系统导入管理系统，导致档案信息不可用。

第三，没有传输数字档案的链接或链接地址有误，导致档案信息不可用。

第四，数字档案传输后，其格式发生变化，或系统支持的格式有限，导致档案信息不可用。

第五，数字档案在传输过程中因加密、压缩的操作不当，导致档案信息不可用。

第六，系统若未能登记分类或登记分类不当，也将造成管理员和合法用户难以顺利地对其在利用权限范围内的数字档案进行检索，导致档案信息不可用。

（2）保管中安全的影响因素

在漫长的保管时间里，数字档案的安全会经受更多风险的考验。大量的安全隐患会导致数字档案不真实、不可用，甚至永久消失。此外，进入保管阶段，安全的影响因素一旦发作，造成的损失往往更加严重。当然，在保管阶段能够对数字档案的安全造成影响的不只包括这一阶段所独有的因素，收集过程中安全的影响因素也会对保管阶段的数字档案造成影响。

①导致数字档案丢失的安全隐患。保管中存在的以下安全隐患将导致数字档案的丢失：

第一，保管中对存放数字档案的磁盘、光盘等存储介质的可靠性没有进行必要的检验或认证，存储介质一旦发生故障，将导致数字档案的丢失。

第二，数字档案的存储介质应当有序存放，存储介质的丢失或下落不明，将导致数字档案的丢失。

第三，鉴定不够严格细致，或程序运行发生错误，仍具有保存价值的数字档案被系统自动销毁，将导致数字档案的丢失。

第四，人工操作失误将数字档案删除，同时系统缺乏警告功能，或删除后无法复原，将导致数字档案的丢失。

第五，在读取过程中系统一旦崩溃，将导致数字档案的丢失。

②导致数字档案不真实的安全隐患。保管中存在的以下安全隐患将造成内容、结构或背景信息被篡改，导致数字档案的不真实，或无法证明其真实性。

第一，系统缺乏监控、审计功能或监控不力、审计不严，导致无法证明数字档案的真实性。

第二，系统未有效禁止内部未被授权用户对数字档案的改动，导致数字档案的不真实。

第三，系统的口令、密钥、数字档案的证书被泄露，导致无法证明数字档案的真实性。

第四，系统未能成功阻止黑客攻击或病毒入侵对数字档案的伪造或篡改，导致数字档案的不真实。

③导致档案信息不可用的安全隐患。保管中存在的以下安全隐患将可能造成数字档案打开之后出现信息丢失或无法识读，甚至无法打开的情况，导致档案信息的不可用。

第一，在系统升级、变换时未处理好新旧系统之间的兼容问题或数字档案的格式与新系统不兼容，导致档案信息的不可用。

第二，存储介质质量不合格、老化，或存储介质与管理系统之间缺乏硬件平台数据接口，导致档案信息的不可用。

第三，没有自动更新数字档案的链接，或信息组织不科学、检索路径无效，造成数字档案无法检索，导致档案信息的不可用。

第四，没有定期对数字档案数据进行读取，或没有对载体及其软硬件环境进行测试，错过了发现和解决问题的良机，导致档案信息的不可用。

（3）利用中安全的影响因素

由于数字档案的虚拟性，对数字档案的利用不像对传统形态档案的利用那样有实体被损坏的风险，但数字档案在利用中的泄密隐患尤为突出。此外，也要保障合法用户能够便捷地进行利用，避免因数字环境下的技术因素导致利用上的不便。

首先，利用中系统应具有审计功能，对利用过程详细记录，对敏感操作行为予以跟踪。若缺乏对利用过程的记录或记录不够详细，将无法察觉对数字档案的非授权访问或篡改，也无法判断数字档案是否未经改动、是否还具有真实性。

其次，利用中存在数据泄密风险，即非法用户利用了数字档案。其主要体现在三个方面：一是涉密数字档案中的信息被不具有权限的人利用，包括高密级的档案信息被较低权限的人获取、非法用户获得了登录权限、未及时对已完成任务的用户撤销授权等；二是系统及其网络平台技术水平低、功能存在漏洞，容易造成恶意程序入侵；三是随着档案信息服务的加快推进，在强调服务的过程中，没能很好解决档案信息公开与安全之间的矛盾，对数字档案的保密期限和密级鉴定不当，造成应当保密的信息人尽皆知，或是公开和共享超前。

再次，利用中合法用户可能无法获取数字档案。其包括以下四个方面：一是数字档案若不能与其链接或关联对象同步更新，会导致数字档案无法打开；二是组织和检索的系统设计有问题，会导致数字档案无法检索；三是在网络通信中出现网络拥堵或系统瘫痪，会导致数据无法正常传递；四是对数字档案的访问权限控制，应当根据数字档案的密级及时划分权限，权限划分不当或是划分滞后，都将造成合法用户无法获取数字档案。

2.数字档案资源管理环境中安全的影响因素

数字档案资源及其管理系统处于一定的环境之中，这首先要求档案馆的基础设施齐备，比如温湿度、防尘、电压等应当达到一定的标准。

数字档案的载体和系统硬件平台这些精密的数字设备对库房环境的要求很高，倘若库房的物理环境恶劣，则会导致这些设备的使用寿命缩短，或无法稳定地发挥出应有的性能，给数字档案的安全带来不利影响。与此同时，人员、技术、经济和地区条件这些因素同样会对数字档案资源的安全产生极大的影响，需要我们密切关注。

（1）人员因素

人员因素可以分为档案部门内部人员和档案部门外部人员两方面。

①内部的人员因素。档案部门内部的人员因素主要包括以下四个方面：

第一，工作人员业务能力。工作人员素质不高，业务能力不足以胜任数字档案的安全工作，也没有通过培训手段提高工作人员的管理水平，将造成数字档案的安全隐患。

第二，工作人员安全意识。工作人员在思想上没有清醒地认识到数字档案随时面临的形形色色的安全隐患及其所产生的严重后果，对安全抱有轻视、侥幸心理，对有关规定缺乏执行力，随意降低标准，违规操作，将造成数字档案的安全隐患。

第三，责任制度。机构内领导不重视，对数字档案安全工作未做出明确规定，安全工作主管人员的缺位或权责不明确，将造成数字档案的安全隐患。

第四，职业操守。档案馆内部人员不履行安全工作的职责，将造成数字档案的安全隐患。同时，工作人员倘若安全意识强、业务水平高，有足够的能力应对数字档案安全方方面面的工作，认真履行职责，将会对数字档案资源的安全产生积极的影响。

②外部的人员因素。档案部门外部的人员因素主要包括以下两个方面：

第一，国外敌对势力、不法分子或其他别有用心之人对数字档案馆网络系统的蓄意攻击，通过各种途径、采用各种手段非法获取档案信息，危害数字档案的安全。

第二，档案人员在开展机构或部门间的合作中，其他机构（如数字证书认证机构、软件供应商）、其他部门（如业务部门、信息技术部门）工作人员的业务能力、安全意识、责任制度、职业操守是否符合数字档案安全工作的要求，以及其他机构或部门与档案部门之间的配合，也会对数字档案的安全产生一定的影响。

总之，人既可以是数字档案安全的守护者，也可以是数字档案的伪造者、窃取者、篡改者和泄密者，因此需要从正反两方面看待人员因素对数字档案资源安全的影响。

（2）技术因素

技术因素对数字档案安全的影响有以下三个方面：

第一，如未采用严格的网络通信技术，或隔离技术存在缺陷，将会更加难以防范黑客攻击、病毒入侵等恶意程序对数字档案的访问、窃取、篡改或伪造，容易造成数字档案的不真实，以及信息内容的泄露；即使在没有人为恶意干预的情况下，如果在长期保存中数字档案的迁移技术落后，也可能导致数字档案内容、结构或背景信息发生变动，引发数字档案不真实和不完整的安全隐患。此外，数字档案馆系统在运行中散发的电磁辐射也有可能被不法分子通过特殊的技术处理将数据还原，造成数字信息的泄露。因此，需要采取屏蔽、数据压缩等手段防止电磁辐射造成的泄密。

第二，目前我国信息技术产业缺乏自主研发和创新，核心技术和关键设备如操作系统（CPU）长期依赖于国外。因此，我国要加强自主研发和创新，彻底摆脱核心技术和关键设备长期依赖于国外的不利局面，使我国数字档案的安全得到切实的保障。

第三，由于技术上的不断更新，不法分子随时都有可能利用新的技术对数字档案馆系统和网络进行攻击，对通信中的数据进行截取，导致已有安全防御技术过时，新的隐患也将随之产生。此外，如果对技术的依赖性过大，应用的技术过于复杂，会给工作增添不必要的困难和资源的浪费，也不利于数字档案安全目标的实现。

（3）经济因素

资金是实现数字档案资源安全的基本物质保障，引进专业人才、配置完善的软硬件设施设备都需要大量的资金支持，因此相关工作的顺利开展对资金投入的依赖性较高。工作人员一方面能否争取更多的财政支持，另一方面能否利用好现有的经济条件，都能够成为影响数字档案资源安全的因素。

（4）地区因素

地区因素对数字档案资源安全的影响体现在以下两个方面：

第一，数字档案馆系统处于自然和社会的环境之中，不可抗的自然环境灾难，或在不可预知的社会事件发生率较高的地区，会增加物理设施设备被破坏的概率，进而给数字档案资源增添更多威胁。

第二，倘若档案馆所在地区的计算机网络技术落后、基础设施不完善、执法不严、标准规范不健全，或是地区主管部门未进行全面有效的数字档案管理规划，或是地区资源匮乏、人才缺失，都将造成该地区在数字档案管理上的低水平，进而给数字档案资源增添更多威胁。

如上文所述，数字档案资源的安全隐患是客观存在的，情况复杂而严峻，因此，对数字档案安全隐患的警惕和防范绝不是小题大做、杞人忧天之举。同时还应当看到，数字档案的安全隐患之间存在一定的关联性，比如数字档案的不完整将无法确定数字档案的真实性，也很可能导致数字档案的不可用。因此，我们在制定安全措施时应当对容易引起更大量更严重灾害事故的安全隐患给予首要的关注，并且对容易引起其他风险连锁发作的安全隐患要采取措施进行严格控制，可更有效、更有针对性地提升数字档案安全保障工作的水平。

（二）数字档案资源安全保障体系的构建

针对管理环节和管理环境中安全的影响因素，只有构建起多维、立体的体系，才能从宏观上对数字档案资源进行更有效的保护。总的来讲，就是要在加强技术的研究与应用、提升管理水平、健全法律规定的基础上，对各方面的手段和措施进行整合，致力于消除威胁数字档案资源安全的各类因素，降低风险事故发生后对数字档案资源的破坏程度；也要注意促进有利因素充分发挥作用，在保障安全的同时，实现利益和效率的最大化。

1.保障数字档案资源安全的技术路径

对数字档案管理工作进行划分，可以将技术上的安全手段分为两类：一是数字档案通信中的技术手段，涉及的安全技术主要有加密技术、数字签名技术；二是数字档案存储中的技术手段，其中又可分为网络防护中采用的技术手段和长期保存中采用的技术手段。在工作实践中运用哪一种技术手段，取决于数字档案形成时的类型、技术上的特点以及在通信和存储各个阶段对档案信息操作和使用的需求。

（1）数字档案资源通信中的技术手段

数字档案馆需要对各立档单位产生的数字档案进行接收。与此同时，数字档案馆出于安全考虑，也需要对数据进行实时备份。此外，社会公众对档案信息的远程查询和使用也在不断增加。因此，数字档案馆系统需要通过网络进行大量的数据交换。其中，部分档案信息有一定的密级或开放限制。为防止敏感档案信息被不法分子或别有用心之人访问或挖掘，应当采用加密技术和数字签名技术解决网络通信中数字档案的安全传递问题。

①加密技术。加密的实质是数据发送方对数据进行重新编码，将其从明文转换为无法被理解的密文，也就隐藏了数据的真实内容。倘若是对称式加密，接收方可以用同样的密钥进行解密，对数据进行还原；倘若是非对称式加密，则通信双方都要持有公钥和各自的私钥，且公钥与私钥之间不可相互推导。这样，黑客或不法分子就无法对数字档案中的数

据进行窃取和阅读。

通信中的加密技术分为链路加密、节点加密、端到端加密三种方式。链路加密中的数据仅在物理层进行加密，包括路由信息在内的链路上的所有数据均以密文形式出现，从而遮蔽了通信数据的源点与终点；节点加密在协议传输层上进行加密，不会使数据在网络节点以明文形式存在，从而克服了链路加密在节点处容易遭受攻击的不足；端到端加密是在应用层上进行加密，数据在整个通信过程中始终以密文形式存在，从而在通信时完全被保护，仅在发送端和接收端才进行解密。

②数字签名技术。数字签名技术可以证实通信过程中发送者的合法身份和签名的时间，或是使接收者能够鉴别数字对象的真实性和完整性，验证数字对象与传输之前保持一致。

数字档案的签名技术可以划分为手写式和证书式两大类型。手写式数字签名是将专用的软件模块嵌入文字处理软件中，使用者可以通过光笔直接在显示器上签名，不仅操作简单，输入后响应的速度也很快，呈现出的"笔迹"效果如同用签字笔在纸上签名一样。由此可见，手写式数字签名的做法仍是沿袭传统档案形态署名的观念。证书式数字签名可以看成是非对称式加密的一种形式。其过程可以划分为通信双方身份认证、发送方对数字对象进行签名、接收方验证签名。通信双方在使用证书式数字签名之前，需要先在专门的第三方认证机构或服务中心登记注册、申请数字证书。数字证书的原理是利用相互配对的公钥和私钥进行加密和解密，经某一私钥签名的数字对象只有与其匹配的公钥成功配对，才能通过认证，而通信双方通过数字证书进行身份认证。

数字水印是将经过特殊处理的数字信号嵌入文字、图像、视频等各种媒体的数字对象中，可以将其看作数字签名技术的一种形式。水印通常不易察觉，不会影响数字对象的呈现与表达，通过复杂的算法使非法用户不能意识到水印的存在或无法对水印进行破解。通信双方在通信中使用数字水印，一是接收方可以通过水印检验数字对象的来源，进而验证发送方的身份；二是接收方可以通过检测水印是否完整，进而验证数字对象中的原始数据是否完整；三是可以通过检测水印是否发生过变动，进而验证数字对象中的原始数据是否被篡改；四是可以通过水印把涉密数据的重要标注隐藏起来，以保障数字对象的保密性。

（2）数字档案网络长期保存中的技术手段

长期保存中需要采取的技术手段可以分为作用于数字档案数据和作用于管理系统两大类，作用于系统的技术手段主要有审计技术和数据存储加密技术，作用于数据的技术手段主要有仿真技术、迁移技术、数据恢复技术、风干技术和元数据技术。这类技术手段主要针对未开放的、需要保密的数字档案，也是目前在实际工作中对数字档案应用的主要存储方式，能够解决数字档案数据在长期保存中的真实性、可存取和不泄密的问题。长期保存技术针对数字对象的档案管理阶段，也真正体现了具有长久保存价值的数字档案资源与一般信息资源之间的区别。应当注意到，每一种技术手段都有其独特的功能，同时每一种技术手段都不是完美的，不一定适用于所有类型的文件。

①审计技术。审计技术的目的是检测系统的运行是否正常，对系统的异常运行进行记录，包括未经授权的登录系统、删改数据，或是系统自动断电、死机等。通过将这些事件发生的日期、时间、过程、结果等一切相关细节记录到日志中，可以实现管理员对系统的有效监控。总之，对系统的每一次操作或对数据的每一次处理都应当予以详细记录。

②数据存储加密技术。数据存储加密技术的作用是防止在存储环节上的数据失密，保障数字档案资源的保密性，通过密文存储和存取控制两种方式实现。密文存储包括加密算法转换、附加密码、加密模块等方法和手段；存取控制则是一种身份认证技术，系统通过对使用者登录时所输入的指令或密码加以审查，进而对使用者的身份进行验证。合法使用者通过验证即可对数据进行访问，这样可防止非法访问数据或使用者对数据进行超越权限的操作。

③仿真技术。仿真技术是使技术过时的数字档案仍然能够顺利读取和使用的一项技术，让新技术条件下制造和研发的计算机设备和软件实现过时的系统功能，也就是说，创造出了与技术落后的数字档案相兼容的数字环境，进而为技术过时的数字档案创造出生存条件，使其能够将最初的状态显示出来。仿真能够使技术过时的数字档案以生成时的状态重现。对于极大依赖专门软硬件系统而又无法进行迁移的数字档案，当它们的技术被淘汰后，仿真为其数据的可用性提供了技术保障。目前，仿真技术中模拟出的软硬件系统与数字档案的兼容性以及数字档案运行过程中的可靠性仍然有待提高。

④迁移技术。迁移是指定期将数字档案从一种格式转换为另一种格式，或定期地将数字档案从旧载体转移至新载体，使数字档案能够适应技术的更新换代，在新技术的条件下也能够被读取和利用。数字档案迁移的关键问题是选择适合的载体和恰当的时间。迁移时间太晚必然会因技术上的落后而导致数据丢失，而迁移过于频繁也有可能因迁移技术本身存在的缺陷而导致数据丢失，造成存储载体不必要的浪费。

由于技术的与时俱进、设施设备的不断升级，这就需要对数字档案进行不断的迁移，使其作为社会历史记忆长久保存。同时，数字档案迁移之后还可能在新的技术平台中有了新的功能。但也应当看到迁移技术本身还存在一些安全隐患。在迁移过程中出现数据丢失或迁移后数字档案的外观和表现形式与迁移前不一致的情况时有发生，造成的后果往往不可预知。

⑤数据恢复技术。数字档案中的数据会因设备损坏或操作失误等原因无法进行正常读取，而数据恢复技术能够把这些看似丢失的数据恢复出来，相关技术手段涉及文件格式、应用软件、存储设备等多个方面。要根据具体的故障原因合理选择数据恢复的方法，否则不仅不能对数据进行恢复，还会对数据的载体和硬件系统造成危害。

⑥风干技术。风干技术是指在保存数字档案原始版本的同时，派生一个简单、低技术含量、经过"干燥处理"的数据版本，也就是生成了一个原版数字档案的精简版，只保留原版数字档案中基本的文件属性和最有价值的数据。

风干技术的优点是，通过简单、便捷的操作即可实现对数字档案关键数据的存储，便于将来用简单的操作识读和理解所存储的关键数据，同时降低了数字档案在存储过程中对技术的依赖性。风干技术的缺点也很明显，就是不能完整地存储与一份数字档案相关的所有数据，因此风干技术只可作为一种补充手段使用。

⑦元数据技术。如前文所述，元数据标准因其是保障数字档案安全的关键，相关技术也就成为数字档案存储中必不可少的技术要素。元数据也理所应当与数字档案同时归档，共同进行存储。

数字档案元数据的存储方式有两种：嵌入式和外部存储。嵌入式是指将元数据标准嵌入文件内部，如果将数字档案迁移为另一种格式进行存储，就必须把有价值的元数据提取出来。在元数据的外部存储方式中，通过封装方式将元数据与数字档案"打包"是目前常用且有效的技术手段。封装技术不仅能够保持元数据与数字档案之间的有机联系，有利于数字档案存储中的安全，同时使元数据与数字档案之间还留有一定的独立性，也有利于数字档案的利用。

2.保障数字档案资源安全的管理路径

传统形态的档案灾害预防主要是针对字迹、去污、防酸、防霉、装具等，十分直观地呈现在实体上。数字档案因其所产生的数字环境以及自身的特点，与传统形态的档案灾害有所不同。因此，在提出数字档案资源安全的管理手段时，有必要将数字档案灾害的特别之处加以研究，才能更有针对性地制定数字档案的防灾措施。

（1）数字档案资源的灾害防范管理

①数字档案资源的应急预案。2008年，国家档案局印发了《档案工作突发事件应急处置管理办法》，对档案部门处理和解决各类突发事件进行了规范，以提高档案部门及时应对和处置突发事件的能力。其中，第二条指出，"本办法所称突发事件，是指由人为或自然因素引起的突发性危及或可能危及档案安全和严重干扰档案工作秩序，需要采取应急处置措施以应对的事件"。

也就是说，数字档案的应急预案是档案部门为预防自然灾害以及人为破坏等突发事件而专门设计的一套方案，主要目的是提升档案馆的应急准备能力。充分的准备工作可增强工作人员处置灾害事件的能力，在灾害来临时最大限度地减小灾害对数字档案安全的影响。安全工作要主动迎接和适应突发的新情况，并采取有效措施做好主动防御，防患于未然。灾难事件发生的概率虽然低，但造成危害的程度大；等到灾害来临时才如梦方醒，可能已经追悔莫及。

我国档案领域目前的应急预案本质上多为应急响应性方案，因此应该更新应急预案建设的理念，修正内容，把应急管理的重点由应急处置转向应急准备上来。可见，为防备灾害的破坏，档案馆需要根据本地区和本单位的数字档案资源以及物质力量、技术条件等制定一套完整的应急预案。此外，还要有长期规划，着眼长远，根据形势和条件的变化完善和丰富应急预案的内容，保证预案的可行性和可操作性。

②数字档案资源的备份。档案馆应该结合本单位的数字档案资源及相关设施设备的实际情况选择不同的备份策略。

第一，备份周期。备份周期可划分为实时备份和定时备份。实时备份是指在数据被写入主系统的同时，就经由网络将数据传输到容灾系统；定时备份是指由系统定期自动对数据进行备份，也可以由人工以脱机的方式实现。

第二，备份模式。一般来说，备份与简单地对数据进行复制或拷贝不同。备份是对包括数据在内的整个系统平台进行备份，这样不仅保留了数据，也保留了一个能够运行和读取数字档案的环境。

第三，备份方式。备份方式可划分为完全备份、增量备份和差量备份。

完全备份是只要数据出现了新增和变化，就对所有的数据进行一次备份。这种方式在系统运行过程中会消耗大量的内存，降低系统运行的效率，甚至引起系统崩溃或硬件故障。因此，即使采用完全备份，一般也只是有选择地对部分数据进行完全备份。

增量备份只备份新增和变化的数据，这样就不会有重复备份的数据，节省了存储空间。但备份时需要对增量进行准确的识别和提取，恢复时也需要对多次的增量逐次恢复，这些操作都较为烦琐，容易出错。

差量备份是在完全备份的基础上进行的增量备份，在数据的新增和变化累积到一定程度时，才进行一次完全备份，否则只进行增量备份。差量备份在对数据进行恢复时，先恢复完全备份的数据，再逐次恢复增量备份的数据，是完全备份和增量备份的一种折中方式。

③人才队伍建设。档案馆应当在引进和培养档案专业人才的基础之上，重视针对灾害事件的人才队伍建设。倘若档案馆缺乏相应的人才，那么即使拥有充实的物质准备条件，也没有人能够熟练操作和使用；即使制定出了天衣无缝的应急响应措施，也没有人能够使其得到落实。因此，必须通过数字档案资源的人才队伍建设，提高应急处置能力，重视加强"技防"之外的"人防"。

要成立专门针对突发灾害的应急中心，中心的领导者应当由档案馆主要负责人担任，其成员不仅包括档案专业人员，还应当有计算机网络相关技术人员以及平时负责档案馆各项设施设备维护的人员。也就是说，应急中心不仅要精通档案学专业知识，具备计算机网络技术，也要对档案馆的建筑结构以及档案的存放位置、重点档案目录及清单等了如指掌。当灾害发生时，应急成员要各司其职，迅速采取行动，根据灾害的类型、程度及响应级别启动应急预案，根据事态的发展变化随时对预案进行调整。

对于数字档案安全而言，工作人员要掌握网络攻击的类型和方式，尤其需要关注本地区或本部门曾经发生的信息安全事件或其他类型的群体事件，在平时做好网络与信息安全的监测。数字档案的风险事故一旦发生，可能会迅速蔓延和失控；只有在平时对工作技能熟练掌握，才能在灾害发生时有条不紊地采取行之有效的措施，保障应急响应的质量。此外，每一名工作人员都要明确自己的任务和职责，将安全责任的分工落实到位。这样，在灾害发生的瞬间，每个人就能够十分清楚自己接下来所应当采取的行动，才能把握住数字档案的最佳处置期，提高灾害发生时应急响应的效率。

④数字档案资源防灾应急演练。档案馆通过演练，一是可以在最大限度上熟悉灾害场景和相关工作任务，检验应急中执行应急预案的能力。二是可对信息系统进行风险评估，检验应急预案的可行性和可操作性，加强档案馆全体工作人员在灾害面前的相互协调，暴露出当前存在的问题和不足，不断改进和增强档案馆在灾害发生时的应急能力。此外，选择在一些有特殊意义的时间举行演练，比如国际档案日，这不仅能够使应急演练起到常规的效果，还能够更好地提高工作人员的档案安全意识和使命感。

对于数字档案馆而言，灾害发生后，还需要及时将主系统的服务切换到容灾系统，因而在演练中需要检验容灾系统的运行状况。这种测试应当定期进行，以检验容灾系统的有效性。在模拟的灾害到来时，立即切断主系统，倘若容灾系统能够正常运行，说明其能够取代主系统进行服务，也就发挥了应急作用；倘若容灾系统出现数据丢失、无法下载、系统瘫痪等异常状况，说明容灾系统还无法完全取代主系统，还需要对容灾系统进行完善和改进。

⑤分等级保护。

第一，基于鉴定的分等级保护。目前，对数字档案的内容鉴定所采取的方法是在宏观的职能鉴定法的基础上辅以微观的直接鉴定法，进而在提高鉴定效率的同时尽可能降低鉴定误差。数字档案要在鉴定的基础上，合理划分保管期限，对具有永久保存价值的数字档案进一步实行分等级管理，有利于在实现资源合理配置的基础上突出重点，最大限度地保障关键数字档案的安全。

第二，基于系统安全的分等级保护。依照数字档案馆各子系统的功能，对各子系统划分安全等级，也是档案分等级管理思想的一种体现。一般来说，在安全等级高的系统中，档案的密级和敏感度也较高；只有数字档案馆中安全等级最高的系统，才能够对涉密程度最高的数字档案进行存储和处置；应当严格禁止不同安全等级的系统之间数据的相互流动。

第三，基于风险应对策略的分等级保护。影响数字档案安全的各类因素发生的可能性及对数字档案的破坏性并不相同。此外,安全的影响因素之间存在着因果和连带关系。因此,在保护工作的具体实施上有轻重缓急之分。对于危害性大的风险应当采取更加积极、主动的应对策略,通过防止这类风险的出现或是予以及时消除,可更有效地防止灾害事件的发生。

(2)数字档案资源的应急响应管理

数字档案资源的应急响应管理仍需要像传统形态的档案那样重视因自然因素引起的危及档案载体安全的事件。但与此同时,来自网络环境对管理系统的攻击和破坏也是数字档案资源应急响应的重点。

①发布警报。警报是指灾害发生后,或灾害尚未完全爆发但即将到来时,档案部门要及时发出报警。对自然灾害而言,要向公安、卫生、文件形成机构等有关部门通报灾情,同时与上级、同级、下级档案部门取得联系,必要时也要向社会公众和媒体说明情况,广泛获取相关领域专家、学者的建议,为救灾工作的顺利进行尽可能多地争取外部支持。

针对网络攻击行为,如果管理员发现网站页面打不开、内容被篡改,或意识到有入侵者疑似正在对网络进行攻击,应及时向应急中心、负责人通报,启动应急预案。也可以由系统自动检测恶意行为,安装入侵检测系统启动警报模块,入侵检测系统需要实现基于主机的入侵检测和基于网络的入侵检测两大功能。遭受网络攻击也需要对攻击现场进行保护,保留有效证据追究入侵者的法律责任,必要时向公安部门报警。

②实施重点抢救。重点抢救主要指当自然灾害来临时,必须依据档案分等级管理中的分级标准,对珍贵的数字档案实施优先抢救。这就要求平时做好数字档案的分级鉴定,将最具保存价值的珍贵数字档案的存储载体集中于设备齐全的库房里或相对安全的位置,在进行抢救时便于迅速进行搜集,尽可能避免使珍贵数字档案遭受损失。

3.保障数字档案资源安全的法治路径

相关法律法规的完善首先要求我们全面地了解目前与数字档案安全工作相关的档案法律,也可以避免出现法律文件之间相互重复和矛盾的情况,可使我们更好地发现当前法律规定存在的问题和不足,为相关法律的修订和实施以及今后出台更多的相关法律奠定坚实的基础。同时,目光不能仅局限在立法环节,还应当包括法的遵守和执行。

(1)形成以《档案法》为核心的规范性法律文件体系

《档案法》规定了我国档案管理工作的基本问题,是档案法律规定中的核心要素。但也应当看到,该法自1996年修订以来已有20多年的时间,档案事业从形式到内容已经发生了极大的变化。尤其是在1996年对该法进行修订时,数字档案在各级档案馆所占比例并不大,安全问题也不突出,而如今数字档案的地位和安全的重要性与日俱增。因此,今后在对该法的修订中,急需增添数字档案及其安全的相关内容。

国家档案局于2005年启动了《档案法》的第二轮修订,应根据档案管理工作的发展变化在总则第二条的档案定义中加入数字档案的有关内容，使档案的定义向数字方向倾斜，更符合当今的需要。同时，对数字档案的收集、归档、鉴定等工作内容提出一些要求，补充具有普适性的法律条款，还可以通过对数字签名、身份认证、迁移等通信和存储技术手段的明确和认可，提升数字档案在司法或行政活动中的证据价值和法律效力。

完善《档案法》之后，循序渐进地修订相关行政法规和规章，或将一些暂行办法和征求意见稿立法。例如，2009年中共中央办公厅、国务院办公厅联合下发的《电子文件管理暂行办法》、2011年国家档案局发布的《电子文件安全管理指南（征求意见稿）》，倘若这些文件最终成为规范性法律文件，将极大填补当前我国在相关领域的法律空白，对数字档案资源的安全工作起到直接的规范和指导作用。

面对日新月异的社会，应加强对数字档案单独立法，对实际工作中亟待解决的问题加以规范。对于尚不具备制定法律条款的，也可以先颁布行业标准，再上升为法律文件，或是借助相关领域的法律对与数字档案有关的行为进行规范。最终形成覆盖数字档案各项管理环节的法律体系，体现出数字档案立法的主动性和社会发展的适应性，增强全社会对数字档案管理工作的认可。

（2）加强对已有标准的引用

目前，我国档案工作中所使用的标准基本上都属于推荐性标准，因此其贯彻执行的力度难以得到保障。与此同时，标准的制定相对于法律文件一般更加具体和富有前瞻性，更能贴近实际工作的需要。因此，加强在法律文件中对标准进行引用，不仅使标准具有了法律效力，也完善了法律文件的内容构成，恰好可以充分发挥二者的优势，弥补不足。

（3）鼓励地方先行探索相关法律文件的制定

2015年3月，我国对《立法法》进行了修订，所有设区的市都将被赋予立法权限，这充分体现了国家对地方立法的重视。地方立法具有一些明显的优势，地方立法可以结合本地区的战略机遇和档案行业的实际情况做出更有针对性的规定，具有国家层面立法所不具备的优势。同时，国家立法本身的抽象性和综合性，也给地方立法带来较大的发挥空间。此外，由于地方立法仅对地区范围内的活动进行调整，也容易达成共识，便于法的制定和实施。这样，先由地方立法在探索中取得创新性成果，再由国家立法进行借鉴和吸收，有助于补充国家尚未立法的空白领域，在国家层面形成普适性、效力更高的规范性法律文件。

（4）依法办事、违法必究

要加强守法意识和加大执法力度。再完善的法律规定，倘若得不到贯彻执行，也只能成为一纸空谈，无法发挥任何作用。因此，在制定相关的规范性法律文件的同时，应当充分采取措施，使档案管理部门及其人员能够认真履行相应的法律责任，保障法律文件的规定得以实施。

因此，要在思想上强化档案人员的法律意识。与此同时，对一些法律和行政法规条款中规定的行政处分，要有相应的规章或强制性标准与之配套，自上而下确保法律体系的完善和法律规定的落实。此外，要加大督查力度。对于在检查工作中发现的漏洞，要对结果进行通报；对于违法行为要及时查处，坚决对没有履行法律义务的工作人员给予行政处罚。

（5）重视经验的借鉴与总结

一方面，数字档案在国外起步和发展较早，一些国际组织对数字档案资源管理的研究较为深入，理论也经历了长时间的实践检验。借鉴其成功经验可以使我国数字档案立法取得较高的起点。另一方面，我国是四大文明古国之一，在漫长的文明进程中针对档案保护工作已经积累了丰富的经验，出台了各式各样的法律条款；高度重视对我国古代立法工作的传承，也可以使当前数字档案立法工作少走弯路。

（6）进一步加大对信息犯罪的制裁

我国在1997年修订的《中华人民共和国刑法》中首次增加了计算机犯罪的罪名，此后我国针对计算机和网络信息犯罪的法律规定逐渐系统化和规范化。今后可以对危害信息安全、造成重大经济损失和恶劣社会影响的信息犯罪行为进一步加大制裁，如针对数据的窃取、伪造、滥用、过度挖掘，或是非法进入计算机系统、破坏系统功能、篡改计算机应用程序等。通过严惩信息安全犯罪行为，可以起到法的警戒和警示作用，减少今后类似行为的发生。

保障数字档案资源的安全，技术维度是必要手段。数字档案是高新技术的产物，这不仅为我们的档案管理各项工作提供了方便，也为不法分子和黑客对数字档案馆系统的攻击和入侵提供了条件。因此，档案工作者也要用技术手段予以回应、攻克技术难关，运用多种技术手段保障数字档案的安全。一方面在通信中对数字档案进行加密和数字签名，另一方面在存储中针对数字档案的脆弱性采取各项防护措施，最大限度地保障数字档案资源的安全。

保障数字档案资源的安全，管理维度是战略依托。要未雨绸缪，在日常工作中加强对数字档案安全隐患的防范，要根据数字档案资源灾难的特点制定应急预案，做好备份工作。只有这样，才能尽可能地将安全隐患遏制在萌芽状态，在各种安全隐患发作时能够有条不紊、迅速采取相应措施做好应急响应，避免或降低各种灾害对数字档案的破坏，最大限度地保障数字档案资源的安全。

保障数字档案资源的安全，法治维度是中流砥柱。"不以规矩，不能成方圆"，再好的理想和行动计划也需要得到贯彻执行，如果没有法律规定保障落实，也只能形同虚设，成为一纸空谈。只有通过法的指引作用，才能使我们更加明确数字档案安全的工作内容，使每个人更加明确自己应当履行的职责。只有通过法的强制作用，才能实现对工作人员的有效监督，确保安全工作落实到位，最大限度地保障数字档案资源的安全。

造纸术是我国的四大发明之一，体现了我国古代人民的勤劳和智慧，它不仅改变了当时社会的生产方式，也对我国档案事业的发展做出了贡献；数字时代为档案工作提供了更加广阔的舞台。作为档案工作者和档案资源安全的守护者，我们绝不能辜负祖先的期许，要在新的历史起点上做好数字档案资源的安全工作，认真履行时代赋予我们的职责，使档案这一国家和人民的宝贵财富大放异彩，竭尽我们所能传承和发扬中华文明的华彩乐章。

结束语

时光荏苒，转眼间，笔者已深入探讨了人力资源开发与档案管理实践这一课题。回首这段旅程，笔者见证了人力资源开发与档案管理之间千丝万缕的联系，以及二者在企事业单位发展中所扮演的重要角色。

人力资源开发是单位持续发展的动力源泉。通过科学的选拔、培养、激励和管理，单位能够不断挖掘员工的潜能，从而实现人力资源的优化配置。在这个过程中，档案管理发挥着不可或缺的作用。档案作为员工个人信息的载体，为人力资源部门提供了全面、准确的数据支持，使得人力资源开发工作更加精准、高效。同时，档案管理实践也在不断发展与创新。随着信息化技术的广泛应用，档案管理逐渐实现了数字化、网络化和智能化。这不仅提高了档案管理的效率和准确性，也为人力资源开发提供了更加便捷的信息获取途径。通过对档案信息的深入挖掘和分析，单位能够更好地了解员工的需求和期望，从而制定出更加符合员工发展的人力资源策略。

当然，人力资源开发与档案管理实践也面临着诸多挑战。如何确保档案信息的真实性和完整性？如何有效保护员工的隐私权益？如何在信息化背景下进一步提高档案管理的安全性？这些都是笔者需要深入思考和探讨的问题。

展望未来，笔者将继续探索更加科学、高效的人力资源开发方法，不断完善档案管理制度和技术手段，进而为单位的可持续发展提供有力保障。同时，笔者也期待着更多的学者和实践者加入这一领域的研究中来，共同推动人力资源开发与档案管理的发展与创新。

参考文献

[1]王巧菊.农村人力资源问题及对策[J].现代农村科技，2024（4）：152-153.

[2]宋建美.新农村建设中农村人力资源开发现状及问题分析[J].山西农经，2024（7）：66-69.

[3]李改莲.人力资源档案管理存在的问题及解决措施探究[J].乡镇企业导报，2024（7）：225-227.

[4]张龙.人力资源开发与经济可持续性之间的关系研究[J].中国集体经济，2024（9）：117-120.

[5]王枫叶.人力资源管理视角下人事档案管理模式探究[J].中小企业管理与科技，2024（6）：63-65.

[6]王巧菊.加强农村人力资源开发助力农村经济发展[J].现代农村科技，2024（3）：138-139.

[7]孙向楠.论人事档案在人力资源管理中的效用[J].兰台内外，2024（8）：34-36.

[8]唐文丽.农村人力资源开发：价值导向、现实困境与路径选择[J].云南农业，2024（3）：42-45.

[9]康宝玉，赵小龙.乡村振兴背景下农村实用人才培养模式构建与实践：以定西市为例[J].甘肃农业，2024（2）：20-24.

[10]靳松.乡村振兴背景下农村实用型人才建设路径研究[J].吉林农业科技学院学报，2024，33（1）：19-23.

[11]潘凤.新时期人力资源社会保障制度改革研究[J].商讯，2024（4）：183-186.

[12]倪东衍.探寻农村实用人才精准培养的密码：来自广东仁化县平甫村培训基地的调查[J].农村工作通讯，2024（3）：30-31.

[13]崔海燕.农村人力资源开发与农村经济发展的关系分析[J].山西农经，2024（1）：143-145.

[14]侯志强.人才管理与人力资源档案的协同优化[J].黑龙江档案，2023（6）：78-80.

[15]黎明辉，张崇旺.新时代我国农村实用人才队伍建设的成就、问题及对策[J].农业经

济，2023（12）：126-129.

[16]王晓萍.加强人力资源开发利用助力中国式现代化[J].中国人力资源社会保障，2023（11）：7-8.

[17]周爱静.用有效激励破解人力资源开发难题[J].人力资源，2023（20）：78-79.

[18]张涛，许婷.农村实用人才助力乡村振兴的问题与对策：以陕西省靖边县为例[J].经济研究导刊，2023（19）：4-6.

[19]苏振鹏.人力资源开发与培训技巧研究[J].就业与保障，2023（8）：190-192.

[20]江伟.农村人力资源开发对农村经济的推动[J].湖北开放职业学院学报，2023，36（15）：123-125.

[21]褚雯.学习型组织视角下的人力资源开发[J].人力资源，2023（14）：146-148.

[22]李英.培育农业农村人才助力乡村人才振兴[J].基层农技推广，2023，11（7）：132-134.

[23]张铭伟.人力资源开发与县域经济的可持续发展探讨[J].营销界，2023（13）：71-73.

[24]修艳蕾.基于人力资源开发的人事档案管理创新研究[J].现代企业文化，2023（17）：141-144.

[25]姜太军，姜雨潇.探索农村实用人才培育新模式：基于湖南农村实用人才示范培训的实践[J].农民科技培训，2023（6）：43-46.

[26]盛嵘.新经济下人力资源开发与管理的战略特征[J].中国产经，2023（10）：125-127.

[27]孙成武.农村实用人才队伍建设瓶颈及优化对策[J].国家治理，2023（10）：74-78.

[28]张珊.新经济时代下人力资源开发困境与对策分析[J].人才资源开发，2023（10）：79-81.

[29]王琪，于巧娥，赵真.乡村振兴背景下农村实用人才培养的问题与对策[J].农业科技与装备，2023（3）：79-80.

[30]常艳.如何在新时期提升人力资源档案管理工作[J].市场瞭望，2023（9）：91-93.

[31]白秀文.浅析人力资源开发对区域经济发展的影响[J].营销界，2023（8）：83-85.

[32]王文燕，王娜.新时期提升人力资源档案管理工作的策略探析[J].兰台内外，2023（11）：40-42.

[33]王吉平.实施战略性人力资源开发[J].中国电力教育，2023（4）：1.

[34]刘佳.新形势下人力资源档案开发与利用策略[J].兰台内外，2023（6）：72-74.

[35]杨洪俏.人才档案库建设研究[J].黑龙江档案，2022（6）：16-18.

[36]梁安，廖作文，吕明.现代人力资源管理下的人事档案管理工作探讨[J].办公自动

化，2022，27（22）：53-55+30.

[37]任万杰.浅析基于乡村振兴战略下农村实用人才培养对策[J].农家参谋，2022（22）：162-164.

[38]韩灵灵，乌云高娃.农村实用人才队伍建设现状、问题及对策：以通辽市M旗为例[J].内蒙古统计，2022（5）：60-62.

[39]孙迪，赵黎炜.以农村实用人才建设为引领，着力打造乡村振兴新支点[J].农业机械，2022（10）：68-70+74.

[40]裴英凡.乡村振兴背景下农村实用人才建设探究[J].人才资源开发，2022（17）：43-45.

[41]刘玉萍.记账凭证的审计[J].农村财务会计，2015（10）：22-24.

[42]顾叶乔.企业人事代理制度的分析[D].南京：南京林业大学，2014.

[43]李鹏.完善人事代理制度研究[D].蚌埠：安徽财经大学，2014.

[44]赵大伟，刘慧芳，倪梦琳，等.培训与人力资源开发[M].北京：北京理工大学出版社，2022.

[45]张立富.人力资源开发[M].天津：南开大学出版社，2009.

[46]李长禄，尚久悦.人力资源开发与管理[M].大连：大连理工大学出版社，2006.

[47]梁裕楷，袁兆亿，陈天祥.人力资源开发与管理[M].广州：中山大学出版社，1999.

[48]杨力行，谢昕.公共人力资源开发与管理[M].福州：福建人民出版社，2010.

[49]匡萍波，申鹏，李强彬.当代中国人力资源开发研究[M].贵阳：贵州人民出版社，2007.

[50]刘祎.档案管理[M].长春：吉林人民出版社，2018.

[51]冯强.档案管理[M].北京：中国农业出版社，2006.

[52]赵嘉庆，张明福.档案管理[M].北京：档案出版社，1991.

[53]郭虹.城建档案管理与信息安全保障体系研究[M].银川：宁夏人民出版社，2023.

[54]宋晓芬，李思思，刘妍.人力资源与档案管理[M].哈尔滨：北方文艺出版社，2022.